Damaris Kofmehl
Verschollen in der Südsee

Damaris Kofmehl

Verschollen in der Südsee

SCM
Hänssler

SCM

Stiftung Christliche Medien

Dieses Buch basiert auf einer wahren Geschichte. Sie wird aus Filos, Jonathons und Damaris Kofmehls Perspektive erzählt und muss nicht unbedingt die Ansichten oder die Empfindungen von Dritten widerspiegeln. Einige Namen und Details wurden aus Gründen des Persönlichkeitsschutzes und aus anderen Gründen geändert.

Der SCM-Verlag ist eine Gesellschaft der Stiftung Christliche Medien, einer gemeinnützigen Stiftung, die sich für die Förderung und Verbreitung christlicher Bücher, Zeitschriften, Filme und Musik einsetzt.

2. Auflage 2015

© der deutschen Ausgabe 2015
SCM-Verlag GmbH & Co. KG · Max-Eyth-Straße 41 · 71088 Holzgerlingen
Internet: www.scmedien.de · E-Mail: info@scm-verlag.de

Die Bibelverse sind, wenn nicht anders angegeben, folgender Ausgabe entnommen: Neues Leben. Die Bibel, © der deutschen Ausgabe 2002 und 2006 SCM-Verlag GmbH & Co. KG.

Umschlaggestaltung: gestalterstube, Arne Claußen
Titelbild: shutterstock.com
Kartengrafik: Kathrin Spiegelberg, Weil im Schönbuch
Satz: Breklumer Print-Service, Breklum
Druck und Bindung: CPI books GmbH, Leck
Gedruckt in Deutschland
ISBN 978-3-7751-5623-3
Bestell-Nr. 395.623

In Erinnerung an meinen Vater, Erwin Kofmehl,
den besten Vater der Welt.
Durch ihn habe ich die Faszination
des Meeres entdeckt.
Ohne ihn wäre ich nicht, wer ich bin.

INHALT

CHINA

Shanghai

TAIWAN

Hongkong

LAOS

VIETNAM

THAILAND
Bangkok

KAMBODSCHA

Manila

PHILIPPINEN

SÜDCHINESISCHES MEER

PAZIFISCHER OZEAN

BRUNEI

MALAYSIA

CELEBESSEE

SINGAPUR

INDONESIEN

PAPUA-
NEUGUINEA

Jayapura

JAVASEE

BANDASEE

Port
Moresby

ARAFURASEE

TIMORSEE

KORALLENS

INDISCHER OZEAN

AUSTRALIEN

Brisbane

Perth

Sydne

Adelaide

Melbourne

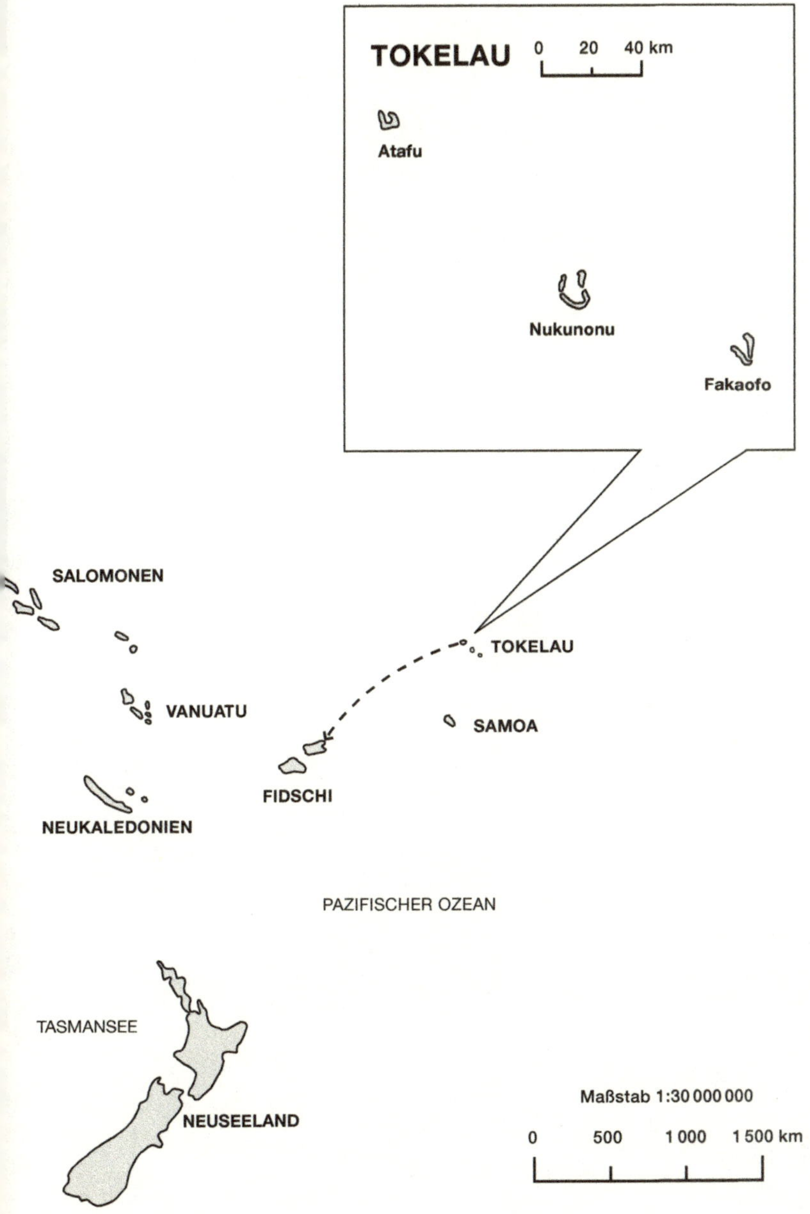

TOKELAU 0 20 40 km

Atafu

Nukunonu

Fakaofo

SALOMONEN

VANUATU

TOKELAU

SAMOA

FIDSCHI

NEUKALEDONIEN

PAZIFISCHER OZEAN

TASMANSEE

NEUSEELAND

Maßstab 1:30 000 000

0   500   1 000   1 500 km

9

1 DIE RETTUNG

Das Meer war glatt, der Himmel wolkenlos, die Luft feucht und heiß. Der neuseeländische Thunfischkutter *San Nikunau* befand sich gut zwei Tagesreisen nordöstlich der Fidschi-Inseln und tuckerte gemütlich durch den Südpazifik. Der erste Maat Tai Fredricsen, Stellvertreter des Kapitäns, ein kräftiger Mann mit krausem, schwarzem Haar, hielt Kurs auf die 1000 km entfernte Insel Amerikanisch-Samoa, wo sie die gefangenen Thunfische wie üblich entladen sollten. Sie hatten einen großen Fang gemacht. Das Wetter war gut. Tai war zufrieden.

»Tai«, hörte der erste Maat die Stimme von Kapitän Joe Soares übers Funkgerät. »Kursänderung. Wir fahren doch nicht nach Amerikanisch-Samoa.«

Tai war überrascht. »Und wohin fahren wir stattdessen?«

»Die Firma hat sich eben über Funk gemeldet. Sie haben spontan beschlossen, dass wir wegen einiger Reparaturarbeiten nach Neuseeland zurückfahren und den Fang dort entladen sollen.«

»Alles klar, Kapitän.«

Tai drehte das Steuer herum. Das achtzig Meter lange Schiff beschrieb einen weiten 180°-Bogen. Neuseeland lag 3000 Kilometer südwestlich von ihnen, also entgegengesetzt zu der Richtung, in die sie seit Tagen gefahren waren, und war dreimal so weit entfernt wie ihr ursprüngliches Ziel. Das bedeutete, sie würden noch viele Tage auf hoher See unterwegs sein, bevor sie wieder Land zu Gesicht bekämen. Tai kümmerte das wenig. Er liebte seine Arbeit, auch wenn es Knochenarbeit war und er sich 45 Wochen im Jahr auf dem offenen Meer befand. Einmal hatte ihr Schiff Feuer gefangen und Kapitän Joe Soares, er selbst und die gesamte Mannschaft hatten über Bord springen müssen. Erst nach mehreren Tagen waren sie gerettet worden. Trotz dieser dramatischen Erfahrung hätte sich Tai keinen besseren Job vorstellen können. Das Meer war sein Zuhause. Hier gehörte er hin.

Nun stand der erste Maat pfeifend auf der Schiffsbrücke und blickte hinaus auf den weiten Ozean. Nirgends war auch nur ein Fleckchen Land zu sehen. Es gab nichts als Wasser bis zum Horizont. Die *San Nikunau* fuhr bereits mehrere Stunden auf ihrem neuen Kurs und die Sonne brannte vom Himmel herab, als Tai um halb fünf Uhr nachmittags plötzlich etwas entdeckte. Erst konnte er sich keinen Reim darauf machen: Mehrere Hundert Meter von ihrem Bug entfernt fiel ihm ein Glitzern auf – wie von Metall. Tai drehte leicht ab, um eine Kollision zu vermeiden. Während sie sich dem unbekannten Objekt näherten, entpuppte es sich als ein Dingi, ein kleines, vier Meter langes Aluminiumboot mit Außenbordmotor. Es schien herrenlos zu sein.

Wahrscheinlich nichts weiter als Treibgut, dachte Tai.

Wie sonst hätte sich ein Dingi in die Weiten des Ozeans verirren können? Ein solches Boot war nicht hochseetauglich. Damit konnte man Ausflüge auf einem See machen oder an der Küste entlangschippern. Aber niemand wagte sich in einer solchen Nussschale aufs offene Meer hinaus. Das Bötchen, dessen oberer Rand gerade mal vierzig Zentimeter aus dem Wasser ragte, würde bei der ersten großen Welle kippen.

Erstaunlich genug, dass es das nicht getan hat, dachte Tai bei sich.

Er behielt das Dingi weiter im Auge, als plötzlich etwas Unglaubliches geschah: Aus dem scheinbar verlassenen Boot hob sich ein spindeldürrer menschlicher Arm und begann zu winken.

Tai sperrte erschrocken den Mund auf. »Ich fass es nicht! Da ist ja doch jemand drin!«

Die Bewegungen des Armes waren langsam und zittrig. Es schien, als müsste die Person ihre letzte Kraft aufbringen, um wenigstens für ein paar Sekunden den Arm hochzustrecken. Tai ließ sofort die Maschinen stoppen und behielt das kleine Bötchen im Blick. Da! Ein menschlicher Kopf tauchte über dem Bootsrand auf.

Dann ein zweiter! Dann ein dritter! Es war nicht nur ein Schiffbrüchiger, es waren *drei*! Und es waren keine Männer – sondern *Teenager*!

»Ach du meine Güte«, murmelte Tai, während er die drei Jungen in dem dümpelnden Boot in Augenschein nahm. Sie waren komplett nackt, ihre Körper ausgemergelt und mit Verbrennungswunden übersät, ihre Backenknochen traten stark hervor. Unter größter Anstrengung setzten sie sich auf.

»Braucht ihr Hilfe?«, rief ihnen Tai über Lautsprecher zu.

»Ja!«, riefen die drei zurück. »Und ob!«

Die Mannschaft ließ ein Rettungsboot ins Wasser, und Tai machte mit seiner Kamera ein Foto von den Jugendlichen in ihrem kleinen Boot, wie sie ihren Rettern erschöpft, aber voller Hoffnung entgegenblickten – ein herzergreifendes Bild, das schon bald um die ganze Welt gehen sollte.

Die Seeleute holten die Schiffbrüchigen an Bord. Die Teenager mussten auf beiden Seiten gestützt werden. Sie waren so wackelig auf den Beinen wie tattrige Greise. Und genauso sahen sie trotz ihres eindeutig jugendlichen Alters auch aus – wie wandelnde Skelette, die mit ledriger Haut überzogen waren, völlig ausgedörrt und von Kopf bis Fuß übersät mit Ausschlägen und Blasen, die von stärkster Sonnenverbrennung herrührten. Keine Frage, diese drei waren nicht erst seit gestern unterwegs, und so ausgemergelt, wie sie waren, hätten sie bestimmt nicht mehr lange überlebt. Tränen der Dankbarkeit rollten den Jugendlichen über die eingefallenen Wangen, als die Matrosen sie zu Tai brachten, der sie herzlich an Bord begrüßte.

»Danke!«, stammelten sie weinend. »Danke, danke, danke, danke ... tausend Dank!«

»Nichts zu danken«, lächelte der erste Maat. »Die Männer werden euch mit allem Nötigen versorgen. Fühlt euch wie zu Hause.«

Die drei nickten voller Rührung. Vorsichtig, als wären sie aus zerbrechlichem Porzellan, führten die Matrosen sie ins Innere des Schiffes. Tai blickte ihnen staunend hinterher. Die Wahrscheinlichkeit, die Jungen in ihrem Dingi inmitten dieser gewaltigen Wasserwüste direkt vor dem Bug zu haben, war so gering wie die Chance, eine verlorene Münze in der Sahara wiederzufinden. Es war ein absolutes Wunder. Eine andere Erklärung gab es nicht dafür.

Unfassbar, dachte Tai. *Hätte der Kapitän nicht befohlen, den Kurs zu ändern, wären wir gar nicht hier vorbeigekommen.* Und hätte ich die San Nikunau *auch nur vierhundert Meter weiter steuerbord oder backbord durchs Meer gelenkt, hätten wir die drei mit hundertprozentiger Sicherheit übersehen. Unfassbar.*

Das Dingi wurde an Bord gebracht. Tai nahm es genauer in Augenschein. Der Außenbordmotor schien noch intakt zu sein. Die vordere der beiden Holzbänke sah hingegen aus, als hätte ein Hai ein großes Stück davon herausgebissen. Es gab keine Essensvorräte, kein Trinkwasser, keine Kleider, keinen Erste-Hilfe-Kasten, keine Schwimmwesten und auch keinerlei Anglerwerkzeug zum Fischen. Die einzigen Gegenstände in der Nussschale waren eine grüne Abdeckplane, ein Mayonnaiseglas und eine dreißig Zentimeter lange Machete.

»Was habt ihr drei bloß da draußen auf dem Meer gemacht?«, fragte sich Tai kopfschüttelnd. »Wer seid ihr? Woher kommt ihr? Und wie um alles in der Welt habt ihr ohne Trinkwasser und ohne die Möglichkeit zu fischen überlebt?«

2 DER ERSTE KONTAKT

Als ich vielleicht neun Jahre alt war, hörte ich in der Sonntagsschule eine Geschichte, die ich nie wieder vergessen habe. Sie handelte von amerikanischen Fliegern, die 1942 nach einem Flugzeugabsturz in drei Schlauchbooten 21 Tage lang im Pazifik verschollen waren. Am meisten hatte mich damals fasziniert, dass James C. Whittaker und seine Kameraden erlebten, wie Gott sie mit Regenwasser versorgte. Sie beteten, und eine Wolke, die der Wind von ihnen wegtrieb, wechselte plötzlich die Richtung und entlud sich genau über ihnen. Was für ein Wunder! Seither haben mich Geschichten von Schiffbrüchigen nie mehr losgelassen.

Eines Tages, das schwor ich mir, *werde ich einen Schiffbrüchigen finden, der dort draußen auf dem Meer ebenfalls Unglaubliches mit Gott erlebt hat, genau wie diese Männer aus dem Zweiten Weltkrieg. Und dann schreibe ich seine Geschichte auf.*

Jahre vergingen. Von meiner fantastischen Schiffbruch-Geschichte gab es keine Spur am Horizont. Bis ich eines Sonntagnachmittags im November 2012 planlos im Internet surfte – und auf eine Geschichte stieß, die mir schlicht und einfach den Atem raubte! Es war die unglaubliche Geschichte von drei tot geglaubten Teenagern, die 2010 für 51 Tage im Pazifik verschollen gewesen waren, bevor ein Thunfischboot sie vor den Fidschi-Inseln gefunden hatte. Mein Puls schlug schneller, und ich wusste es. Ich wusste es einfach: Das war die Geschichte, nach der ich jahrelang vergeblich gesucht hatte! Das war sie!

Ich las jeden Artikel, den ich darüber finden konnte. Meine Augen klebten förmlich am Bildschirm. Ich sah mir Fernsehberichte von CNN und anderen internationalen Sendern an. Selbst die Nachrichtensprecher bezeichneten die erstaunliche Rettung der drei Teenager als Wunder. Einige zeigten Live-Zuschaltungen zu dem Steuermann Tai Fredricsen, der die Jungen als Erster gesichtet hatte. Sie zeigten auch das Foto, das Tai geschossen hatte, bevor er die Jugendlichen an Bord der *San Nikunau* holen ließ. Und sie berichteten darüber, dass die drei Jungen von der Südseeinsel Tokelau kamen und in ihrem Aluminiumboot sage und schreibe mehr als 1000 Kilometer zurückgelegt hatten.

Ach du meine Güte!, dachte ich. *Das ist ja eine Distanz wie von der Nordseeküste bis hinunter nach Italien! Und wo liegt eigentlich dieses Tokelau?*

Tokelau. Der Name erinnerte mich an Taka-Tuka-Land aus Pippi Langstrumpf. Ich hatte noch nie von der Insel gehört. Ich tippte »Tokelau« in die Suchmaschine ein, und eine runde Weltkarte erschien auf dem Computerbildschirm. Aber nicht die übliche Weltkarte, auf der links Nord- und Südamerika, in der Mitte Europa und Afrika und rechts Asien und Australien abgebildet sind, sondern das Gegenstück dazu, das, was auf der anderen Seite der Erdkugel liegt, nämlich der Pazifische Ozean. Mir war die Größe dieses Ozeans gar nicht bewusst gewesen. Aber zog man mit dem Zirkel einen Kreis um den Pazifik, füllte dieser praktisch den halben Globus aus. Und mitten in diesen unendlichen Wassermassen, leicht schräg unter dem Mittelpunkt des Kreises, auf halbem Weg zwischen Neuseeland und Hawaii, befand sich Tokelau.

Die Insel ist so klein, dass ich sie erst beim Heranzoomen erkennen konnte und selbst dann noch eine Lupe brauchte. Und es ist auch keine einzelne Insel, sondern eine Inselgruppe, bestehend aus drei sogenannten Atollen, ringförmigen Korallenriffen mit einer Lagune in der Mitte. Die Atolle nennen sich Atafu, Nukunonu und Fakaofo. Atafu, von der die drei Schiffbrüchigen stammten, ist das kleinste und nördlichste Atoll. Es ist zerstückelt in gut 40 noch kleinere Inselchen, die eine gut 15 Quadratkilometer große türkisfarbene Lagune in sich einschließen. Die v-förmige Hauptinsel, auf der laut Wikipedia gerade einmal 500 Einwohner leben, besteht aus einem schmalen Streifen Land und ist noch nicht einmal zwei Kilometer lang. Viel Raum zum Leben haben die Inselbewohner also nicht gerade. Das Atoll lässt mich fast ein wenig an Lummerland denken, die Miniinsel aus Michael Endes »Jim Knopf und Lukas der Lokomotivführer« mit ihren zwei Bergen und viereinhalb Einwohnern. Mit dem feinen Unterschied, dass Atafu nicht mal einen Berg hat. Die höchste Erhebung beträgt gerade mal fünf Meter.

Tokelau gilt als eines der entlegensten Länder der Welt, so las ich. Das winzige Inselreich wird seit 1925 von Neuseeland verwaltet. Vorher hatte es zu England gehört. Im Jahre 2007 stimmten die Inselbewohner über ihre Unabhängigkeit ab, doch den Befürwortern fehlten einige wenige Stimmen. Sonst wäre Tokelau das nach dem Vatikan kleinste unabhängige Land der Welt geworden – an der Einwohnerzahl gemessen. Ich fand das alles wahnsinnig faszinierend. Drei verschollene Teenager, die im wahrsten Sinne des Wortes vom Ende der Welt kommen. Je mehr ich über sie und ihre klitzekleine Insel las, desto stärker wurde der Wunsch in mir, diese Teenager aufzuspüren. Ich *musste* einfach mit ihnen sprechen und ihre fantastische Geschichte zu Papier bringen!

Bloß: Wie tritt man mit jemandem in Kontakt, der auf einem winzigen Korallenriff inmitten des Ozeans hockt? Ob es dort überhaupt eine Verbindung zur Außenwelt gibt? Telefon? Internet? Ich stöberte ein bisschen herum: Ja, gab es. 1994 hatte Tokelau als letzter Staat der Erde eine Telefonleitung erhalten. 2003 folgte das Internet. Die Insel war sogar so fortschrittlich, dass sie sich seit 2012 als erstes Land der Welt zu 100 Prozent mit Solarenergie versorgte. Ich schrieb kurzerhand jede Zeitung an, die einen Artikel über die Teenager veröffentlicht hatte, in der Hoffnung, über die Zeitung an die Journalisten und über die Journalisten an die Jungen heranzukommen. Erfolglos. Ich bekam nicht eine einzige Rückmeldung. Was nun? Wie sollte ich die drei finden? Alles, was ich hatte, waren ihre Namen: Filo[1] Filo, Samu Pelesa und Etueni Nasau.

Seltsame Namen, dachte ich, während ich vor dem Computer saß und weiter darüber nachgrübelte, wie ich sie wohl kontaktieren könnte. Und da kam mir plötzlich eine Idee:

---

1 Gesprochen: Filu.

Facebook!

Gab es nicht immer wieder Geschichten von Leuten, die sich längst aus den Augen verloren und über Facebook wiedergefunden hatten? Warum sollte ich die drei Jungen von Tokelau nicht auch auf diese Art finden? Natürlich war das nur möglich, wenn sie auch tatsächlich Facebook hatten und in ihrem Profil ihre richtigen Namen verwendeten. Aber einen Versuch war es auf jeden Fall wert. Nach einigem Durchklicken fand ich einen Jungen namens Etueni, der ungefähr so aussah, als könnte er einer der Teenager sein, die ich suchte. Am 25. November 2012 morgens um 8:16 Uhr schrieb ich ihm folgende Nachricht:

Hey, Etueni. Bist du der Etueni, der 2010 mit zwei anderen Jungs für 50 Tage im Pazifik verschollen war?

Den ganzen Tag wartete ich wie auf Nadeln, ob der Junge mir antworten würde, und am Abend fand ich folgende Nachricht in meinem Facebook-Posteingang:

Ja. Warum fragst du? Das waren ich und zwei Freunde, und wir waren übrigens nicht 50, sondern 51 Tage verschollen. Ich lebe heute auf Atafu, Tokelau.

Mir wurde ganz heiß, als ich seine Antwort las. Wow! Er war es tatsächlich! Ich hatte ihn gefunden! Er lebte auf der anderen Seite der Weltkugel, unmittelbar an der Datumsgrenze, und er hatte mir zurückgeschrieben! War das zu fassen? Voller Begeisterung schrieb ich ihm, dass ich gern jeden von ihnen interviewen würde, um ihre Erlebnisse in einem Buch festzuhalten, falls sie damit einverstanden wären.

Lebt ihr alle drei noch auf Tokelau?, fragte ich ihn. *Hast du noch Kontakt zu den anderen? Wie hat dich dieses Erlebnis verändert? Siehst du das Leben jetzt mit anderen Augen? Glaubst du an Gott?*

Ich holte mir eine Tasse Kaffee, und als ich zurückkam, staunte ich nicht schlecht, als bereits eine neue Nachricht von Etueni angekommen war.

Ja, wir hatten harte, aber auch gute Zeiten auf dem Boot, schrieb er. *Filo und Samu leben heute in Sydney, Australien. Mit Filo chatte ich ab und zu. Samu kommt wahrscheinlich in den Sommerferien nach Atafu. Sein Cousin sagt, er vermisst das Leben hier. Wenn die anderen beiden einverstanden sind, wäre ich stolz darauf, dir bei diesem Buch zu helfen. Wir sind alle Christen. Wir glauben an Gott.*

Jetzt schlug mein Herz noch höher. Nicht nur dass ich den Kontakt zu den Verschollenen hergestellt hatte, sie waren auch noch Christen! Ich war furchtbar neugierig darauf, ihre Erlebnisse zu hören und vor allem zu erfahren, was sie dort auf dem Meer mit Gott erlebt hatten. Denn ich war mir hundertprozentig sicher, dass Gott ihnen auf dem Ozean begegnet war. Es konnte gar nicht anders sein. In meinem Kopf begann ich bereits Pläne zu schmieden. Filo und Samu lebten also in Sydney und Etueni auf Tokelau. Vielleicht könnte ich Filo und Samu in Sydney treffen und danach Etueni auf seinem Atoll.

Ich würde dich gern auf Tokelau besuchen, wenn das möglich ist, schrieb ich Etueni.

Okay. Wann kommst du?, fragte er mich prompt zurück.

Wow, du bist ja schnell, tippte ich in die Tastatur. *Ich muss das erst mal durchplanen. Ich hab gelesen, dass es keinen Flughafen in Tokelau gibt. Ist es kompliziert, dahin zu kommen?*

Nicht wirklich, antwortete der Teenager. *Du nimmst einfach einen Flug nach Samoa. Und dort nimmst du das Schiff nach Tokelau. Es fährt alle zwei Wochen. Aber ich muss dich warnen, die Überfahrt dauert zwei bis drei Tage und ist für Leute, die das nicht kennen, nicht sehr komfortabel.*

Kein Problem, schrieb ich. *Ich liebe Abenteuer. Gibt es irgendeine Möglichkeit herauszufinden, wann genau das Schiff fährt? An welchem Tag und zu welcher Uhrzeit?*

Geh einfach ins »Tokelau Büro« und frag nach dem Zeitplan, erwiderte Etueni.

Ah, okay. Und welchen Flughafen in Samoa muss ich nehmen? Pago Pago?

Nein, das ist Amerikanisch-Samoa. Du musst nach Westsamoa. Der Flughafen heißt Apia. Von dort fährt auch das Schiff.

Alles klar, schrieb ich, dachte kurz nach und schrieb weiter: *Wenn das Schiff nur alle zwei Wochen fährt, dann muss ich wohl zwei Wochen auf eurer Insel bleiben, schätze ich. Gibt es dort irgendwelche Hotels?*

Nein, keine Hotels, antwortete Etueni. *Du kannst ein Familienhaus mieten.*

Gut, vielen Dank, schrieb ich zurück. *Ich werde dich kontaktieren, sobald ich die Reise geplant habe.*

Okay, schrieb der Junge. *Das Schiff ist eben gerade von Samoa angekommen mit vielen Passagieren aus Australien und Neuseeland.*

Mit dieser Nachricht war meine Unterhaltung mit dem Jungen am anderen Ende der Welt zu Ende. Und ich blieb zurück mit jeder Menge Fragen im Kopf, aber einer wilden Vorfreude auf ein sagenhaftes Abenteuer. So weit war ich für eine Buchrecherche noch nie gereist!

3 ETUENI

Wir müssen lernen, entweder als Brüder miteinander zu leben oder als Narren unterzugehen.

Etueni unterstrich das Zitat von Martin Luther King in seinem Schulbuch mit dem Lineal. Eigentlich schrieben die sieben Schüler im Klassenraum gerade einen langen Text über die Entstehung von Atollen von der Wandtafel ab. Doch der Vierzehnjährige war längst damit fertig und langweilte sich.

Wir müssen lernen, entweder als Brüder miteinander zu leben oder als Narren unterzugehen, las der Vierzehnjährige erneut und versuchte zu verstehen, was damit gemeint war. Martin Luther King hatte ihn schon immer fasziniert, auch wenn sie im Geschichtsunterricht noch nie über ihn gesprochen hatten. In der *Matauala*-Schule auf Atafu wurden andere Prioritäten gesetzt. Die Schüler lernten Mathe, Englisch und die Geschichte Tokelaus. Sie lernten, dass im 19. Jahrhundert sowohl katholische als auch reformierte Missionare das Christentum auf die drei Atolle gebracht hatten. Deswegen war Nukunonu heute katholisch, Atafu reformiert und Fakaofo teils katholisch, teils reformiert. Sie lernten, wann die letzten großen Wirbelstürme über die Inseln gefegt waren und alles verwüstet hatten.

Doch von dem, was in der Zwischenzeit in der restlichen Welt geschehen war, hatten die Schüler auf Tokelau herzlich wenig Ahnung. Etueni war so ziemlich der Einzige, der sich für so etwas überhaupt interessierte (und wahrscheinlich auch der Einzige, der jemals den Abschnitt über Martin Luther King im Schulbuch gelesen hatte). Das lag wohl daran, dass er im Gegensatz zu den meisten anderen nicht immer auf Atafu gelebt hatte. Er war in Neuseeland geboren, verbrachte seine frühe Kindheit auf Atafu, ging später auf Amerikanisch-Samoa zur Schule und kam erst 2008 als Zwölfjähriger wieder zurück auf die Insel. Etueni war mittelgroß und sehr schlank. Er war ein vorbildlicher Schüler und wollte später einmal Chirurg werden.

Eine eklig feuchte Papierkugel traf ihn im Nacken und riss ihn aus seiner Gedankenwelt. Reflexartig klatschte sich Etueni an den Hals und hörte hinter sich ein Kichern. Er drehte sich um. Seine Mitschüler Samu und Filo, die nebeneinander in der hinteren Bankreihe saßen, grinsten spitzbübisch.

»Lasst das!«, ermahnte sie Etueni.

»Was denn?«, fragte Filo mit Unschuldsmiene.

»Ja, was denn?«, sagte Samu und versteckte das Plastikröhrchen, mit dem er das matschige Papierkügelchen auf Etueni geschossen hatte, unter der Schulbank.

»Ruhe!«, mischte sich jetzt der Lehrer von der Tafel aus ein. Er trug Gummischlappen, Nike-Shorts, ein buntes Hawaiihemd und einen selbst gebastelten Hut aus Blättern, die mit grünen Halmen umwickelt waren.

»Filo, könntest du uns erklären, warum der Boden auf Tokelau nicht aus Erde, sondern zu 100 Prozent aus Korallen besteht?«

»Äh ...« Filo kratzte sich an der Wange. Der Fünfzehnjährige war sehr groß für sein Alter und hatte einen athletischen Körper vom vielen Rugby-Spielen. Wie alle Tokelauer hatte er braune Haut und schwarzes, leicht gekraustes Haar. Sein Haar war kurz geschnitten mit Ausnahme eines einzelnen geflochtenen Zöpfchens, das ihm bis zur Schulter reichte. Wie alle anderen Schüler in dem Klassenraum trug er ein hellblaues Schuluniformhemd, einen knielangen Wickelrock aus dunkelblauem Baumwollstoff (einen sogenannten *Lavalava*) sowie Flipflops. Filos Beteiligung am Unterricht beschränkte sich hauptsächlich darauf, dass er zusammen mit seinem gleichaltrigen Cousin und besten Kumpel Samu Streiche ausheckte oder sich mit dem Kugelschreiber maorische Kunstwerke auf den Arm malte.

»Nun?«, fragte der Lehrer und zog die Augenbrauen hoch. Er gab Filo eine letzte Chance, bevor er Etueni das Wort übergab, der kerzengerade auf seinem Platz saß und die Hand streckte.

»Unser Boden besteht aus Korallen, weil Atafu ein Atoll ist«, erklärte Etueni.

»Richtig. Und was genau ist ein Atoll?«

»Ein Korallenriff«, sagte Etueni. »Es entsteht, wenn sich um einen Vulkan ein Riff aus Korallen bildet. Wenn der Vulkan im Laufe von Jahrtausenden darunter absinkt, bleibt ein Ring aus vielen kleinen Inselchen, sogenannten Motus, zurück. In seiner Mitte, dort wo einst die Vulkanspitze aus dem Meer ragte, entsteht ein Kratersee. Das wäre dann unsere Lagune.«

»Korrekt«, lobte ihn der Lehrer.

»Streber«, murmelte Filo, worauf der Lehrer auf ihn zuschritt und ihm kurzerhand mit der flachen Hand einen heftigen Schlag auf den Hinterkopf versetzte.

»Irgendein Beitrag von allgemeinem Interesse, Filo?«

Filo rieb sich den Hinterkopf. »Ja«, sagte er. »Was nützt es eigentlich, zu wissen, woraus unser Boden besteht, wo wir sowieso eines Tages im Meer versinken werden?«

Ein Gemurmel ging durch die Klasse, und der Lehrer sah ihn etwas irritiert an.

»Ist doch so, oder?«, fuhr Filo fort und reckte mutig die Schultern. »Ich meine, ich versteh ja nicht viel von Klimaerwärmung und so. Aber der Meeresspiegel soll ja stetig ansteigen. Und wo unsere Atolle gerade mal ein paar Meter aus dem Wasser ragen, gibt das uns wohl höchstens noch ein paar Jahrzehnte. Vielleicht sollten wir uns Kiemen wachsen lassen.«

Er grinste, und Samu und er klatschten sich ab, eine Geste, die ihnen durchaus eine Ohrfeige hätte eintragen können. Doch der Lehrer mit seinem schicken Blätterhut war zu sehr damit beschäftigt, eine passende Antwort auf Filos Weltuntergangstheorie zu finden.

»Das ist blanker Unsinn«, sagte er. »Der Meeresspiegel steigt zwar pro Jahr um mehrere Millimeter an, aber deswegen besteht noch lange kein Grund zur Sorge. In der Bibel steht jedenfalls nichts von einer neuen Flut. Tokelau wird ganz bestimmt nicht untergehen.«

»Darauf würd ich nicht wetten«, meinte Filo. »Ich vertraue niemandem. Genau wie Tupac. Yeah!« Er bewegte seine Hände mit gespreizten Fingern und zusammengelegten Mittel- und Ringfingern von oben nach unten durch die Luft, wie Rapper es zu tun pflegen, und nickte lässig in die Runde. Alle sahen ihn mit großen Augen an, in stiller Ehrfurcht vor seinem Mut zur Provokation.

Filo war das pure Gegenteil eines Musterschülers. Er war ein Rebell, einer, der nichts als Flausen im Kopf hatte. Das war auch der Grund, warum der Fünfzehnjährige überhaupt auf Atafu war. Bis vor drei Jahren hatte er bei seiner Mutter in Sydney, Australien, gelebt, genauer gesagt in Mount Druitt, einem der ärmsten Vororte Sydneys. Doch als seine Noten immer schlechter wurden und er sich vermehrt auf der Straße herumtrieb, schickte seine Mutter ihn zu seinem von ihr getrennt lebenden Vater nach Tokelau. Er war sozusagen strafversetzt. Sie hoffte, das einfache Inselleben unter Kokospalmen würde ihm guttun und ihn wieder auf den rechten Pfad zurückbringen. Aber der Plan ging nicht auf. Filo brachte seine Aufmüpfigkeit einfach mit ins Paradies und steckte schon bald seinen Cousin Samu damit an.

Samu und Filo hätten unterschiedlicher nicht sein können. Filo wurde oft als *Palagi*, als Ausländer, und von seinen Schulkameraden als »Möchtegern-Gangster« bezeichnet. Samu – sein richtiger Name war Samuel, aber alle nannten ihn Samu – war das absolute Gegenteil davon: Er hatte Tokelau noch nie in seinem Leben verlassen und wusste nichts von der Welt außerhalb des ein paar Hundert Meter langen Korallenriffs, das sein Zuhause war. Bis zu Filos Ankunft war er eigentlich ein ganz anständiger Junge gewesen. Er lebte bei seinem Onkel Mele. Seine Familie war vor ein paar Jahren nach Sydney gezogen, doch Samu war auf Atafu geblieben, um sich um die Großmutter zu kümmern, die im selben Haus wie Onkel Mele wohnte. Es war tokelauische Tradition, dass jeweils ein Kind für die ältesten Familienmitglieder zuständig war. Und Samu übernahm diese Aufgabe gern.

Er war stämmig und hatte kräftige Arme und schwielige Hände

vom vielen Fischen. Der Fünfzehnjährige war ein gemütlicher Bursche und redete nicht viel. Er benutzte oft seine Augenbrauen zum Sprechen. Hochgezogene Augenbrauen konnten eine ganze Menge bedeuten: Erstaunen, Zweifel, Zustimmung oder Misstrauen. Mit einem einzigen Zucken seiner Augenbrauen hatte er sich sein erstes Mädchen geangelt. Ihr Name war Koro, und die beiden waren seit einem Monat zusammen. Samu war ein leidenschaftlicher Fischer und ein ebenso leidenschaftlicher Rugby-Spieler. Er träumte davon, professioneller Rugby-Spieler zu werden. Das war auch Filos Traum, und deswegen verstanden sich die beiden Fünfzehnjährigen – obwohl Welten zwischen ihnen lagen – auf Anhieb prächtig.

Insgeheim bewunderte Etueni Filo und Samu. Sie waren cool, sportlich, begehrt bei den Mädchen und scherten sich nicht um irgendwelche Vorschriften. Nicht dass ihr schlechtes Benehmen keine Konsequenzen gehabt hätte. Sie waren deswegen auf der ganzen Insel unbeliebt und steckten dafür reichlich Prügel ein. Aber sie trauten sich wirklich was. Und manchmal wünschte sich Etueni, er hätte genauso viele Muskeln und genauso viel Courage wie sie. Vielleicht würden ihn dann nicht mehr alle als einen Streber bezeichnen.

Am Nachmittag nach der Schule fand ein Dorfausflug zu den Motus statt. Die Motus, die gut 40 flachen Inselchen um die Lagune herum, waren gerecht unter den Dorfbewohnern aufgeteilt. Immer freitags fuhren alle auf ihre Inseln zum Picknicken und Kokosnussernten. Da es eine gemeinschaftliche Aktivität war, funktionierte die soziale Kontrolle gut, und es war gewährleistet, dass keiner dem anderen die Kokosnüsse klaute. Deswegen war es auch verboten, an anderen Tagen außer eben freitags zu den Motus hinüberzufahren.

Etueni lenkte das Aluminiumdingi seines Vaters durch die türkisfarbene Lagune. Mit an Bord waren sein Vater mit Strohhut auf dem Kopf, seine pausbäckige Mutter, die an einer Kokosnussschale herumkaute, und seine beiden Schwestern Tase und Caitlin, die lachend die Füße über den Bootsrand baumeln ließen. Die Fahrt dauerte eine knappe halbe Stunde.

Sie erreichten die kleine Insel gleichzeitig mit zwei anderen Booten. Eine Horde Kinder sprang kreischend ins seichte Wasser. Etuenis Mutter machte ein Feuer am Strand. Zwei Frauen setzten sich in den Sand und begannen, aus Zweigen, die ihnen ihre Männer mit der Machete schnitten, Körbe zu flechten. Sie kicherten und erzählten sich gegenseitig den neusten Dorfklatsch. Tase und Caitlin gingen Kokosnusskrabben fangen, und Etueni half den Männern beim Kokosnusssammeln.

Im Palmenklettern hatte er Übung. Er flocht eine Schlaufe aus Palmfasern, setzte seine Füße hinein, klemmte den Stamm zwischen seine Fußsohlen und hangelte sich hüpfend wie ein Frosch in die Höhe. Die Machete hielt er mit dem Mund fest, da er die Arme zum Klettern brauchte. Flink wie ein Affe erklomm er die elf Meter hohe Palme und schlug mit der Machete vier schwere Kokosnüsse ab. Sie waren grün und groß wie Rugby-Bälle und wogen jede ein bis zwei Kilos. Die eigentliche Kokosnuss befand sich im Innern der Frucht und musste erst mit der Machete herausgesäbelt werden. Das Fruchtfleisch wurde gegessen oder an die Schweine verfüttert, die sich jede Familie im Garten hielt.

Bei der fünften Palme, die Etueni erkletterte, blieb er einen Moment in der Hocke unter der Blätterkrone sitzen, umklammerte den Stamm und schaute über die Lagune hinweg. Von hier oben hatte er einen herrlichen Ausblick. Das Dorf auf der anderen Seite der Lagune war kaum noch auszumachen. Zwischen den vielen mit Palmen bewachsenen Inselchen war ein dunkelblauer Streifen zu erkennen: der Ozean. Darüber wölbte sich ein stahlblauer Himmel mit einigen zerpflückten weißen Wolken. Unter sich am Strand sah Etueni, wie die Kinder Fangen spielten und Muscheln sammelten. Ein kleiner Junge hatte sich aus einem hohlen Pflanzenstängel eine Trompete gebastelt, marschierte am Ufer entlang und blies dabei wie ein Welteroberer in sein Horn. Eine Frau stand im flachen Wasser und stocherte mit einem Stock zwischen den Korallen herum. Sie hebelte einen Tintenfisch aus einem Loch, hob ihn hoch und biss ihm direkt zwischen die Augen, eine bei den Eingeborenen erfolgreiche Methode, Tintenfische zu töten. Dann warf sie sich das Tier an einem seiner Fangarme über die Schulter.

Tase und Caitlin kamen unterdessen mit einem Korb voller tellergroßer Kokosnusskrabben aus dem Busch zurück. Etuenis Mutter legte ein paar der Schalentiere zum Anrösten ins Feuer. Etuenis Vater saß im Schatten einer Palme und schnitzte an einer Holzdose für seine Angelhaken, wobei er seine nach oben gedrehte Fußsohle als Werkbank verwendete. Zwei junge Männer füllten ihr Aluminiumboot mit Kokosnüssen. Danach winkte Etuenis Mutter alle zu sich, um sie von den Krabben kosten zu lassen.

Etueni beobachtete das gemütliche Beisammensein der Männer, Frauen und Kinder von seinem Hochsitz aus und erinnerte sich an das Zitat, das er am Morgen im Schulbuch unterstrichen hatte.

Genau davon hat er gesprochen, dachte er, während er mit ein paar kräftigen Hieben eine Kokosnuss abschlug. *Wir sollen einander helfen und füreinander da sein. Nur so funktioniert das Zusammenleben.*

Zufrieden mit seiner tiefschürfenden Erkenntnis kletterte der Junge vom Baum hinunter und rannte über den Strand zum Feuer.

März 2013, in Deutschland

Mein Plan stand fest: Ich würde zuerst nach Sydney, Australien, fliegen, um Filo und Samu zu treffen, und dann würde ich weiter nach Tokelau reisen. Ich reservierte mir sechs Wochen im Sommer für meine Reise und schrieb Etueni, ob es in Ordnung wäre, ihn im August zu besuchen. Aber er schrieb mir nicht mehr zurück. Ich wartete Tage, Wochen ... keine Antwort. Langsam wurde ich nervös. Wollte er mir nicht mehr schreiben? Oder hatte er einfach keine Zeit? Das Dumme dabei war: Meine Reise nach Tokelau stand und fiel mit diesem Jungen. Er war mein einziger Kontakt auf dem Korallenriff und der Einzige, der mir all die wichtigen Informationen geben konnte, die ich im Internet nirgends fand.

Ich fand zwar Informationen, aber keine, die über oberflächliche Daten und Fakten hinausgingen. Tokelau war nicht nur einer der abgeschiedensten und isoliertesten Orte der Welt, es hieß außerdem, die Inselgruppe wäre schwerer zu erreichen als die Antarktis. Es gab keine Hinweise für Touristen, weil es schlicht keine Touristen gibt, die nach Tokelau reisen. Nur ich war so verrückt, dies tun zu wollen.

Ich wusste von Etueni, dass das Schiff nach Tokelau alle zwei Wochen von Westsamoa vom Hafen von Apia auslief. Aber wann genau? Ich wollte es nicht riskieren, das Schiff zu verpassen, nur, weil ich einen Tag zu spät in Apia landete. Dann müsste ich nämlich zwei Wochen auf das nächste Schiff warten, und mein ganzer Zeitplan käme durcheinander. Möglicherweise verpasste ich dann meinen Rückflug nach Sydney und damit den Rückflug nach Deutschland. Nach langem Suchen stieß ich auf einen offiziellen Schiffsfahrplan, auf dem sämtliche Fahrten nach Tokelau über den Zeitraum von sechs Monaten vorgemerkt waren. Darunter stand klein und unscheinbar geschrieben: *Die Abfahrtszeiten können sich jederzeit kurzfristig ändern.*

Na toll, dachte ich.

Die Zeitverschiebung zu Samoa betrug elf Stunden, also wartete ich bis 22 Uhr, damit es in Apia 9 Uhr morgens war, und rief im »Tokelau Apia Liaison Office« an, dem Büro, das für den Schiffsfahrplan, die Ticketbuchung und alles andere rund um eine Reise zwischen Samoa und Tokelau zuständig war. Nach mindestens fünf Anrufen, bei denen keiner begriff, was ich eigentlich wollte, hatte ich endlich eine Frau namens Paula am Apparat, die etwas gesprächiger war. Ich nutzte die Chance und bombardierte sie mit tausend Fragen.

»Gibt es irgendeine Möglichkeit, mit Sicherheit zu sagen, wann das Schiff wirklich fährt?«, fragte ich sie. »Wird der Fahrplan häufig geändert?«

»Das ist schwer zu sagen«, antwortete sie. »Die *MV Tokelau* ist kein Passagier-, sondern ein Frachtschiff. Sie versorgt Fakaofo, Nukunonu und Atafu mit Lebensmitteln. Aber manchmal wird sie auch für Krankentransporte eingesetzt, wodurch sich der Zeitplan natürlich verschiebt. Oder sie kommt zum Einsatz, wenn jemand in Seenot gerät. Manchmal wird eine Fahrt auch gestrichen und später nachgeholt. Dafür kann es hundert verschiedene Gründe geben. Schlechtes Wetter, Reparaturarbeiten ... Mit Sicherheit wissen wir immer erst am Abend zuvor, ob die *MV Tokelau* in See sticht oder nicht.«

Das war nicht gerade das, was ich hören wollte. Es sah ganz so aus, als bräuchte ich einen sehr flexiblen Reiseplan.

»Und wie lange dauert die Überfahrt?«

»Zwei bis drei Tage«, gab mir Paula Auskunft. »Bis nach Fakaofo sind es 26 Stunden, weitere drei Stunden bis nach Nukunonu und nochmal sechs Stunden zum nördlichsten Atoll Atafu.«

»Wie teuer ist das Ticket?«

»286 neuseeländische Dollar.«

»Und wo kaufe ich es?«

»Wenn Sie in Apia sind, schauen Sie einfach in unserem Büro vorbei. Sie müssen außerdem ein Visum beantragen.«

»Ein Visum?« Davon hörte ich zum ersten Mal. »Ich brauche ein Visum für Tokelau?«

»Richtig. Ich schicke Ihnen das Formular per E-Mail zu. Füllen Sie es aus und senden Sie es an mich zurück. Die *Taupulega*, der Ältestenrat von Tokelau, wird dann darüber entscheiden, ob Ihr Aufenthalt in Tokelau genehmigt wird oder nicht.«

»Okay«, sagte ich und gab ihr meine E-Mail-Adresse durch. *Der Ältestenrat von Tokelau*. Ich musste schmunzeln und stellte mir ein paar alte polynesische Männer mit Baströckchen und Muschelketten um den Hals vor, die unter einer Palme saßen und eifrig darüber diskutierten, warum eine Frau vom anderen der Ende der Welt ausgerechnet auf ihre Insel kommen wollte.

Paula schickte mir das Visumantragsformular, und ich öffnete das Dokument. Die Überschrift lautete: »Regierung von Tokelau, Einwanderungsgesetz von 1991, Antrag auf einen Besuch, dauerhaftes Wohnen oder Arbeit auf Tokelau.« Nach den üblichen Fragen zu meiner Person und dem Grund meines gewünschten Aufenthaltes musste ich bestätigen, dass ich die Bräuche von Tokelau respektieren würde und dass ich, falls ich mich illegal auf Tokelau befände, die Insel auf meine eigenen Kosten mit dem nächsten Schiff wieder verlassen würde.

Ich füllte alles gewissenhaft aus und sandte den Visumantrag zusammen mit meiner Passkopie zurück an Paula. Jetzt hieß es abwarten. Ich machte mir keine Gedanken, ob ich das Visum bekäme oder nicht. Wahrscheinlich war mein Antrag sowieso der einzige überhaupt, und gegen einen einzigen Touristen pro Jahr war wohl nichts einzuwenden. Meine Sorge galt viel mehr meiner Unterbringung auf der Insel. Hotels gab es ja laut Etueni nicht. Ich solle mir ein Familienhaus mieten, hatte er gesagt. Aber wie? Wieder schrieb ich den Jungen an. Aber die Funkstille hielt an.

Na gut, dachte ich. *Dann probier ich's eben anders.*

Ich klickte mich durch Etuenis Familie und schickte kurzerhand einer seiner Schwestern eine Nachricht. Ihr Name war Tase. Ich erzählte ihr von meinen Plänen und fragte sie, ob sie mir weiterhelfen könne.

Du bist doch Etuenis Schwester, ja? Etueni antwortet mir nicht mehr. Ich plane, im August nach Atafu zu kommen. Ist er dann auch da? Außerdem suche ich eine Unterkunft auf der Insel. Hast du eine Idee, wo ich schlafen könnte?

Einen Tag später erhielt ich ihre Antwort.

Ja, ich bin Etuenis Schwester, und ja, er wird im August auf Atafu sein. Er ist nur gerade sehr beschäftigt. Aber ich rede mit ihm, damit er sich bei dir meldet. Ich freue mich, wenn ich dir helfen kann. Ich hab allerdings keine Ahnung, wo du übernachten könntest. Du solltest das aber unbedingt vorher organisieren.

Und wie organisier ich das?, fragte ich sie zurück. *Ich hab keine Ahnung, wie das läuft bei euch. Und Hotels gibt es ja nicht. Vielleicht nehm ich einfach ein Zelt mit und übernachte am Strand.*

Letzteres hatte ich mehr aus Spaß hinzugefügt, doch Tase antwortete mir:

Ich rede mit ein paar Leuten und frag sie, ob du ihr Haus mieten kannst. Ich wünschte, mein Haus wäre schon fertig. Dann könnte ich meine Eltern fragen und wir könnten dich wie einen Gast bei uns empfangen. Aber leider geht das eben nicht. Vielleicht nimmst du tatsächlich besser ein Zelt mit, nur für alle Fälle. Oh, und am besten bringst du auch noch ein Kanu mit, damit du in der Lagune herumpaddeln kannst.

Ein Kanu?! Ich lachte laut, als ich ihren Vorschlag las. Und das Witzige daran war, dass sie es durchaus ernst meinte mit dem Kanu und auch mit dem Zelt. Wobei der Gedanke, in einem Zelt am Strand zu übernachten, gar nicht mal so abwegig war. Immerhin war Atafu eine Südseeinsel und die Temperatur das ganze Jahr hindurch um die 30 Grad. Konnte es überhaupt einen schöneren Ort zum Zelten geben als unter Kokospalmen an einem unberührten weißen Korallenstrand mit Blick auf das weite Meer? Ich hatte Fotos von Tokelaus Stränden gesehen. Sie waren märchenhaft schön.

Vielleicht sollte ich wirklich ein Zelt einpacken. Warum eigentlich nicht? Zwei Wochen im Paradies (oder länger, falls das Schiff nicht mehr kam). Nur ich, der Strand und die Weite des Ozeans. Ich schloss die Augen und hörte bereits das Meeresrauschen und das Rascheln der Palmen über meinem Kopf. Ich spürte den warmen Wind im Gesicht und den Korallensand zwischen meinen Zehen. O ja! Ich wäre blöd, würde ich mein Lager *nicht* am Strand aufschlagen. Kein Zweifel: Das würde der romantischste Urlaub meines Lebens!

4 SAMU

Der Sturm peitschte mit unbarmherziger Härte über die Insel. Es goss wie aus Kübeln. Die Sicht war schlecht, das Meer unberechenbar und rau. Samu saß zusammen mit sieben jungen Männern auf dem motorbetriebenen Verladefloß, das Passagiere und Ladung von der *MV Tokelau* an Land holen sollte. Da es auf Atafu keinen Hafen gab, musste das Frachtschiff vor der Küste ankern und warten, bis das Verladefloß durch einen Kanal im Riff aufs Meer hinausfuhr. Bei hohem Wellengang war das nicht ganz ungefährlich, weder für die *MV Tokelau* noch für das Verladefloß. Am 11. September 2001, am selben Tag, an dem die Zwillingstürme in New York einstürzten, hatte sich die *MV Tokelau* zu nahe an das Korallenriff gewagt und sich ein Leck in den Rumpf gerissen. Für Monate war deswegen die Nahrungsmittelversorgung der drei Atolle ausgefallen.

An diesem stürmischen Morgen lag das Schiff besonders weit draußen vor Anker, um jegliche Kollisionen mit dem Riff zu vermeiden. Samu und die Tokelauer, die das Verladefloß durch den Kanal in Richtung Ozean steuerten, kämpften indessen gegen die hohen Wellen an. Und dann geschah es: Eine Riesenwelle traf sie von der Seite und stellte das schwere Boot senkrecht auf wie ein Spielzeug. Samu verlor das Gleichgewicht. Die jungen Männer rutschten über den glatten Bootsboden, schlugen gegen die niedere Reling und plumpsten ins Wasser. Das Metallfloß kippte ächzend und klatschte kopfüber aufs Meer. Seine wuchtige Masse verdrängte das Wasser um sich herum und wirbelte die Männer unter sich wie Sandkörner durcheinander.

Samu wusste nicht mehr, wo oben und unten war. Er strampelte und drehte sich mehrmals um die eigene Achse auf der Suche nach der lebensrettenden Wasseroberfläche. Endlich gewann er die Ori-

entierung zurück und schoss mit ein paar kräftigen Arm- und Bein-
zügen nach oben. Prustend tauchte er auf und schnappte nach Luft.
Von dem gekenterten Verladefloß ragte nur noch die Spitze aus dem
Wasser. Von den sieben Burschen, die mit ihm auf dem Boot gewe-
sen waren, konnte er vier ausmachen, die dabei waren, in Richtung
Ufer zu schwimmen. Von den drei anderen fehlte jede Spur.

Samu begann ebenfalls zu schwimmen. Er war ein guter Schwimmer, und die Distanz zum Ufer betrug keine hundert Meter, doch die
orkanartigen Böen trotzten seiner Muskelkraft. Die Wellen warfen
ihn mal hierhin, mal dahin, sodass er kaum vorankam. Das Wasser
peitschte ihm ins Gesicht. Immer wieder schluckte er Salzwasser.
Es war, als würde er mit einem schnaubenden, wild um sich schla-
genden Wassermonster ringen. Meter für Meter arbeitete sich Samu
durch die Fluten. Er schwamm um sein Leben, während das Ufer
immer noch in unerreichbarer Ferne lag. Da sah er aus den Augen-
winkeln, wie einer der jungen Männer vom Boot verzweifelt gegen
die Strömung ankämpfte, die ihn aufs offene Meer hinauszutreiben
drohte. Ohne auch nur einmal zu überlegen, schwamm Samu in seine Richtung, um ihm zu helfen. Er schwamm und schwamm, doch
der Abstand zwischen ihm und dem Burschen wurde einfach nicht
kleiner.

»Halte durch!«, rief Samu ihm zu. Nur noch mit Mühe konnte
sich der andere über Wasser halten. Samu kraulte wie ein Weltmeister. Noch vier Meter trennten sie voneinander, dann drei, dann zwei.
Samu streckte seinen Arm nach seinem Landsmann aus.

»Nimm meine Hand!«, rief er. »Komm schon!«

Ihre Finger berührten sich fast. Da wurden sie beide von einer
Welle erfasst und unter Wasser gedrückt. Als Samu wieder auftauchte, war der andere verschwunden. Samu wartete einen Moment, und
als der Mann nicht wieder an der Wasseroberfläche erschien, holte
er tief Luft und tauchte, um nach ihm zu suchen. In mehreren Metern Entfernung glaubte er etwas wie einen Körper auszumachen,
der wie ein Stein in die Tiefe sank. Ohne zu zögern, tauchte ihm
Samu hinterher. Er war selbst am Ende seiner Kräfte. Lange würde

er nicht mehr durchhalten, und wenn er es noch irgendwie ans Ufer schaffen wollte, musste er seinen Kollegen jetzt aufgeben, um wenigstens sich selbst zu retten.

Doch Samu dachte nicht daran aufzugeben. Tiefer und tiefer tauchte er, dunkler und dunkler wurde es um ihn herum, und seltsamerweise hatte er seinen Landsmann noch immer nicht eingeholt. Ihm drohte die Luft auszugehen, und er würde vermutlich nicht mehr genug Luft zum Aufsteigen haben. Aber Samu tauchte entschlossen weiter, immer weiter auf die leblos wirkende Gestalt unter sich zu. Allmählich wurden auch Samus Bewegungen langsamer, und seine Gedanken trübe wie das Wasser um ihn herum. Und dann, gerade als er glaubte, es wäre vorbei, hörte er eine Stimme, wie aus einer anderen Welt.

»Samu! Wach auf, Alter!«

Samu riss die Augen auf, schnappte wie ein Fisch auf dem Trockenen nach Luft und starrte in das grinsende Gesicht seines Freundes.

»Filo?«

»Schlafmütze. Es ist vier Uhr morgens. Steh auf!«

»Oh.« Samu rieb sich verschlafen die Augen und setzte sich in seinem Bett auf. Er war ganz froh, dass er nur geträumt hatte und nicht wirklich im Begriff war, tot auf den Meeresgrund hinabzusinken. Obwohl das Bootsunglück, in das er im Traum verwickelt worden war, sich tatsächlich so ereignet hatte. Vor sieben Monaten, am 10. Februar um acht Uhr morgens war das Verladefloß auf dem Weg durch den Kanal mit sieben Männern an Bord gekentert. Die Wetterverhältnisse waren schlecht gewesen, mit starkem Wind und heftigem Regen. Vier Männern gelang es, sich an Land zu retten. Die *MV Tokelau* startete unverzüglich eine Suche nach den drei noch vermissten Männern. Um elf Uhr fanden sie zwei Leichen, eine trieb auf dem offenen Meer, die andere war aufs Riff gespült worden. Am Nachmittag wurde die Suche wegen anhaltendem Sturm eingestellt. Der letzte Mann wurde nie gefunden.

Samu hatte alle sieben persönlich gekannt. Einer der Toten war ein Verwandter von ihm gewesen, was nicht verwunderlich war, denn in Atafu war jeder irgendwie mit jedem verwandt. Alle kannten sich. Das Band der Insulaner war sehr stark, und der Tod der drei jungen Männer hatte alle zutiefst erschüttert. Aber das Leben ging weiter. Und selbst wenn das Meer tückisch war und immer mal wieder seinen Tribut forderte, fürchtete sich Samu nicht vor seiner ungestümen Gewalt. Im Gegenteil. Er stand kurz davor, ein *Tautai* zu werden, ein Meisterfischer, ein Mann des Meeres.

Für einen Tokelauer gab es keine größere Ehre. *Tautais* waren Männer, die ihr Können auf offener See unter Beweis gestellt hatten. Sie kannten das Meer wie ihre Westentasche. Sie wussten, wie man ein Boot sicher durch drei bis vier Meter hohe Wellen lenkt, ohne zu kippen. Sie kannten die über hundert überlieferten Techniken zum Fischfang mit Schnüren, Ruten, Netzen, Speeren und Fallen, ein Wissen, das von Generation zu Generation weitergereicht wurde. Nur in Begleitung eines *Tautais* war es erlaubt, zum Fischen aufs offene Meer hinauszufahren. Ansonsten wurde entweder am Riff oder in der Lagune gefischt.

Der Mond schien von einem wolkenlosen Nachthimmel, als Samu und Filo das Haus verließen und barfuß hinunter zur Lagune gingen. Durch die Meeresbrise war es angenehm lau, kein Vergleich zu der brütenden Hitze des Tages. Die Jungen schoben ihren Einbaum mit Ausleger ins Wasser, schwangen sich hinein und paddelten auf die Lagune hinaus. Samu und Filo gingen öfter nachts zusammen fischen, mit Vorliebe an den Stellen am Riff, die eigentlich von der *Taupulega*, dem Ältestenrat, fürs Fischen gesperrt worden waren, um den Artenbestand zu sichern. Wer beim Fischen an diesen verbotenen Stellen erwischt wurde, wurde hart bestraft. Samu hätte sich nie darauf eingelassen, wäre Filo nicht gewesen, der es ja mit den Regeln auf der Insel ohnehin nicht so genau nahm.

»Jetzt hör mal«, überredete er Samu, als sie zum ersten Mal zum Riff fuhren. »Die Mitglieder der *Taupulega* wissen doch genau, dass sich an diesen Stellen die besten Fische tummeln. Sie wollen die bloß für sich allein haben. Oder glaubst du im Ernst, die fischen dort nicht heimlich selbst für ihre Familien? Natürlich tun sie das!«

»Aber wenn sie uns erwischen, kriegen wir Schläge«, wandte Samu ein.

Filo zwinkerte ihm spitzbübisch zu. »Dann lassen wir uns eben nicht erwischen.«

Tatsächlich wurden sie nie erwischt. Und so fischten sie auch in dieser Nacht wieder an einem verbotenen Ort. Samu befestigte einen Haken an seiner aus Kokosnussfasern geflochtenen Angelschnur und hängte einen Perlmuttköder dran. Durch seinen Glanz und die Reflektion im Wasser lockte er die Fische an. Filo tat dasselbe mit seiner Schnur. Dann warfen sie die Schnüre ins Wasser und warteten. Es war eine sehr simple Methode zu fischen, aber sehr wirkungsvoll. Meist dauerte es keine Minute, bis der erste Fisch anbiss und an der Leine ruckelte. Die Fische beim Riff waren nicht übermäßig groß, sodass man die Schnur gut von Hand einziehen konnte.

Doch mit denselben dünnen Angelschnüren hatte Samu vor der Küste schon Meeresschildkröten, Thun-, Schwert- und sogar Haifische gefangen. Wenn die an der Schnur zogen, brauchte man starke Muskeln und einen zähen Willen, um nicht loszulassen. Außerdem durfte man nicht schmerzempfindlich sein, denn die dünnen Schnüre schnitten beim Einholen so tief in die Handflächen ein, dass blutende Wunden entstanden, die strichförmige Narben hinterließen. Jeder *Tautai* hatte solche Narben in den Handflächen, sogenannte »Tokelau Tattoos«.

Die Jungen saßen schweigend in ihrem Einbaum und hielten ihre Angelschnüre fest. Alle paar Minuten ruckelte es an der Leine, und sie zogen einen neuen Fisch ins Boot. Sie redeten nicht viel. Die Stille hatte ihren ganz besonderen Reiz. Alles, was man hörte, war das Rauschen der Brandung und das Plätschern der Fische, wenn sie zappelnd an die Wasseroberfläche kamen. Heute hatten sie keine Laterne angezündet. Das Mondlicht war hell genug und hatte die Lagune in eine glatte, silberne Fläche verwandelt.

»Hey«, sagte Filo nach einer Weile und deutete auf den goldenen

Ring an Samus Finger. »Den hab ich ja noch nie gesehen. Wo hast du den her?«

Samu drehte den Ring zwischen den Fingern und schmunzelte. »Hat mir Koro gestern geschenkt.«

Filo stupste ihn lachend in die Seite. »Alter, sie liebt dich also wirklich!«

Samu zuckte die Schultern und wurde ganz verlegen. »Ich glaube schon. Sie ist wunderschön, finde ich.«

»Du musst ihr auch was schenken«, meinte Filo. »Schnitz ihr einen Anhänger oder so was.«

»Hab ich schon gemacht«, sagte Samu, während er seine Angelschnur einholte, einen zappelnden Fisch vom Haken nahm und ihn in den Korb warf. »Ich hab ihr einen kleinen Fisch aus Kokosnussschale geschnitzt. Ich muss ihn nur noch polieren. Ich dachte, ich geb ihn ihr morgen beim Fest. Vielleicht nach dem Tanzwettbewerb. Was denkst du?«

»Gute Idee.«

Samu blickte zum Horizont. »Wir sollten umkehren. Sonst kommen wir zu spät zur Schule.«

Sie zogen die Schnüre ein, nahmen die Paddel in die Hand und paddelten über den Kratersee zurück zum Ufer. Die aus Palmblättern geflochtenen Körbe waren randvoll mit frischem Fisch. Die Fünfzehnjährigen teilten den Fang gerecht untereinander auf, verabschiedeten sich voneinander und eilten in der Morgendämmerung nach Hause. Hier, gerade mal acht Grad südlich des Äquators, war die Dämmerung extrem kurz. Nur ein paar Minuten später, um halb sieben, ging pünktlich wie jeden Morgen die Sonne auf, so schnell, als hätte jemand das Licht angeknipst. Das 500-Seelen-Dorf erwachte zum Leben. Die Hähne krähten und kündigten einen neuen Tag im Paradies an. Die ersten Frauen kamen aus den teils nackten, teils bunt bemalten Betonhäusern mit Wellblechdächern geschlurft und fegten gemächlich die herabgefallenen Blätter und Palmzweige von der einzigen Straße weg, die es auf Atafu gab und die ausschließlich aus Korallenschotter bestand.

Obwohl die Tokelauer gemütliche Menschen waren und nichts vom Stress und Zeitdruck der übrigen Welt mitbekamen, war ihr Tagesablauf genau vorgegeben. Um 7:30 Uhr versammelte sich die *Aumaga* zur Arbeitseinteilung. Die *Aumaga* war die Truppe aller arbeitsfähigen Männer. Alle öffentlichen Arbeiten wurden von der *Aumaga* koordiniert, zum Beispiel das Fischen für die Dorfgemeinschaft, das Betonmischen für den Bau eines neuen Hauses, das Fällen einer Palme oder die Wartung der Dieselgeneratoren, die die Insel mit Strom versorgten. Wer für die *Aumaga* arbeitete, erhielt pro Woche 50 neuseeländische Dollar aus der Gemeinschaftskasse, einer Kasse, die von der neuseeländischen Regierung gespeist wurde.

Um 8:00 Uhr wurde der Strom eingeschaltet und die Arbeit und die Schule begannen. Um 12:00 Uhr aß man zu Mittag. Um 14:00 Uhr wurde der Strom wieder abgeschaltet und der Arbeits- und Schultag war zu Ende. Danach war Zeit, die Schweine zu füttern, Kokosnüsse zu sammeln, einkaufen zu gehen, in der Lagune zu baden oder Rugby zu spielen.

Rugby war ein überaus beliebter Sport in Tokelau. Im Sommer gab es sogar offizielle Meisterschaften, bei denen die drei Inseln Fakaofo, Nukunonu und Atafu gegeneinander antraten. Samu war ein ausgezeichneter Rugby-Spieler, der schnellste Spieler der ganzen Insel. Er und Filo waren das perfekte Team. Filo spielte ihm den Ball zu, und Samu rannte damit übers Spielfeld und warf ihn hinter der Linie auf den Boden. Wenn die beiden in derselben Mannschaft spielten, hatte die gegnerische Mannschaft kaum eine Chance.

Immer um 17:00 Uhr strömten alle zum Sportplatz, und dann wurde nach Herzenslust Rugby gespielt, bis um 18:00 Uhr eine Glocke ertönte, die ankündigte, dass es Zeit war, das Spiel, oder was man sonst gerade tat, abzubrechen und nach Hause zu gehen. Eine ganze Stunde lang war es niemandem erlaubt, das Haus zu verlassen oder Lärm zu machen. Wer sich nicht daran hielt, wurde bestraft. Die Zeit war ausschließlich dafür reserviert, zu beten und in der Bibel zu lesen. (Die Tokelauer sind ein sehr frommes Völkchen.) Um

18:30 Uhr ging die Sonne unter. Um 19:00 Uhr klingelte die Glocke ein zweites Mal und die Ausgangssperre war beendet. Gleichzeitig wurde der Strom wieder eingeschaltet, und um 23:00 Uhr wurde er wieder ausgeschaltet bis zum nächsten Morgen, an dem die Tagesroutine von vorn begann.

Als Samu an diesem Morgen bei Sonnenaufgang nach Hause kam, schlief sein Onkel noch. Aber seine Großmutter stand bereits in der Küche und bereitete das Frühstück zu. Es gab Grillwürstchen, Krapfen, steinhart gekochte Eier und Milch aus angerührtem Milchpulver.

»Morgen, Großmutter«, begrüßte Samu sie und stellte den Korb mit den Fischen auf den Küchentisch. »Hab uns was fürs Abendessen gefischt.«

Samus Großmutter war eine gütige Frau, die wie alle tokelauischen Frauen ausladende Hüften und fleischige Arme besaß. Ihr langes schwarzes Haar trug sie in einem dicken Knoten.

»Oh«, meinte sie ganz entzückt über die Vielfalt der Fische, die ihr Enkel in der Nacht gefangen hatte. (Natürlich verriet Samu nicht, woher er sie hatte.) »Davon mach ich uns einen leckeren Fischsalat mit geriebener Papaya und Kokossahne.«

Samu lief bereits das Wasser im Mund zusammen. Seine Großmutter war die beste Köchin, die er kannte. Abgesehen von seiner Mutter natürlich. Deren Thunfischeintopf war weltberühmt – zumindest auf Atafu, und jetzt wohl auch in Mount Druitt, dem Vorort von Sydney, in den sie mit Samus Vater und seinen jüngeren Brüdern gezogen war.

Samu schlang hungrig das Frühstück herunter. Anschließend ging er hinters Haus, um seine Schweine zu füttern und Wasser zu holen. Das Trink- und Waschwasser wurde mithilfe einer Regenrinne in einem Zementtank aufgefangen. Es regnet nicht jeden Tag auf Tokelau. Tokelau liegt in den Tropen und hat ein feuchtheißes Klima. Manchmal fällt tagelang kein Regen. Dann wieder ballen sich plötzlich Regenwolken zusammen, und es regnet innerhalb von Sekunden so heftig, als würde Gott alle Himmelsschleusen auf einmal öffnen.

Samu füllte einen großen Plastikbehälter mit frischem Trinkwasser und schleppte ihn in die Küche. Dann ging er duschen und putzte sich die Zähne. In der Zwischenzeit war auch Onkel Mele aufgestanden und knabberte missmutig an einem Würstchen herum. Samu band sich den dunkelblauen Schuluniform-*Lavalava* um die Hüften, knöpfte sich das hellblaue Uniformhemd zu, schlüpfte in seine Gummilatschen und machte sich auf den Weg zur Schule. Mit dem Daumen spielte er an dem wertvollen Ring herum, den ihm seine Freundin als Zeichen ihrer Liebe gegeben hatte. Er freute sich schon jetzt auf Koros wunderhübsches Lächeln und auf das Rugby-Spiel am Nachmittag. Es versprach ein herrlicher Tag zu werden.

5 FILO

Für meine Reise ans Ende der Welt war ich bestens vorbereitet. Ich hatte mich impfen lassen. Ich hatte mir von meiner Schwester ein Zelt, einen Rucksack und eine selbst aufblasbare Matte ausgeliehen. Ich hatte mir Reisestecker, abgefüllte Portionen Waschmittel, einen Sonnenhut und natürlich jede Menge Sonnencreme besorgt. Auf ein Kanu verzichtete ich, obwohl meine Schwester tatsächlich eins gehabt hätte. Aber das wäre wohl doch etwas zu sperrig fürs Handgepäck gewesen.

So, dachte ich. *Tokelau ist geritzt. Jetzt muss ich mich mal um die Jungs in Sydney kümmern.*

Ich hatte bisher nur mit Etueni und seiner Schwester Tase kommuniziert. Samu konnte ich auf Facebook nicht finden. Dafür hatte mir Etueni vor seiner Funkstille Filos Facebook-Profilnamen verraten. Ich war wirklich froh darüber, denn ohne seine Hilfe hätte ich Filo unmöglich gefunden. Allerdings war ich etwas verwirrt, als ich auf Filos Profil ging. Etueni hatte mir ja geschrieben, sie wären alle Christen. Aber dem Foto nach zu urteilen, das Filo von sich gepostet hatte, kamen mir echte Zweifel daran. Er sah eher aus wie ein Gangster: die Kapuze seines schwarzen Pullovers tief in die Stirn gezogen, ein blaues Dreieckstuch über Mund und Nase, die Zeige- und Mittelfinger im *Gangsta-Style* über der Brust gekreuzt. Es gab auch ein paar Gruppenfotos von ihm mit anderen Jugendlichen in derselben Pose. Als mein Mann sich die Fotos ansah, meinte er nur: »Du weißt schon, was das bedeutet. Der Junge ist in einer Gang.«

»Was?«, rief ich aus. »Meinst du wirklich?«

»Hundertprozentig«, sagte Demetri. »Sieh dir die Fotos an. Der ist hundertprozentig in einer Gang.«

Ich verzog enttäuscht den Mund. »So ein Mist. Dann muss ich mich wohl auf die beiden anderen Jungen konzentrieren.«

»Wieso das denn?«

»Na ja, weil er in einer Gang ist. Ich hab gedacht, er wäre Christ.«

»Na und?!« Demetri sah mich herausfordernd an. »Ich kann nicht glauben, dass du ihn tatsächlich abschreiben willst, nur weil er nicht so ist, wie du es dir vorgestellt hast. Also wirklich, Damaris. Da predigen wir darüber, Menschen nicht nach dem Äußeren zu beurteilen, und was machst du? Genau das! Du schaust dir ein paar Fotos auf Facebook an und bildest dir deine Meinung, bevor du dem Jungen überhaupt eine Chance gegeben hast, den Mund aufzumachen. Du kennst ihn doch überhaupt nicht. Du weißt nicht, was in ihm vorgeht.«

Ich senkte beschämt den Blick. Er hatte ja recht. Ich kannte Filo nicht. Ich wusste, dass er vor drei Jahren als Fünfzehnjähriger 51 Tage auf dem Pazifik verschollen gewesen war, und hatte ganz selbstverständlich angenommen, dass er daraus eine tief greifende Erkenntnis für sein Leben gewonnen hätte. Ich hatte mir in meinem Kopf eine fromme Erfolgsgeschichte zurechtgelegt, und jetzt, wo Filo nicht in dieses Profil passte, wollte ich einen Rückzieher machen.

»Schreib ihm!«, forderte mich Demetri auf. »Hör dir an, was er zu sagen hat!«

»Okay«, antwortete ich.

Noch am selben Abend setzte ich mich hin und schrieb Filo dasselbe, was ich Etueni geschrieben hatte.

Du bist doch einer der drei Jungs, die 51 Tage verschollen gewesen sind. Richtig?

Ja, schrieb Filo prompt zurück. *Wie hast du mich gefunden?*

Durch Etueni, sagte ich. *Denkst du, dass dich die Erfahrung auf dem Ozean in irgendeiner Form verändert hat?*

Yeah, kam seine Antwort. *Hat mich zu einem Soldaten gemacht.*

Wie ein Soldat sah er tatsächlich aus auf seinen Fotos. Wie ein düsterer und trotziger Straßensoldat, der nach seinen eigenen Gesetzen lebte und der mir, um ehrlich zu sein, ein klein wenig unheimlich war.

Hast du noch Kontakt zu Samu und Etueni? Ich reise im August nach Tokelau und würde dich und Samu gern vorher in Sydney besuchen. Wäre das möglich? Seid ihr dann da? Und wo genau wohnt ihr eigentlich? Wie finde ich euch? Kannst du mir vielleicht deine Telefonnummer geben?

Er schrieb mir zurück: *Ich rede mit Samu. Er wohnt nur ein paar Straßen von mir weg. Hier ist die Telefonnummer meiner Freundin. Mein Handy ist kaputt. Und das ist meine Adresse.*

Perfekt. Danke!, antwortete ich und notierte mir Telefonnummer und Adresse. Und damit mir nicht wieder dasselbe passierte wie bei Filo, der sich einfach nicht mehr bei mir meldete, schlug ich gleich ein konkretes Datum für ein Treffen vor. *Wäre es okay für dich, wenn ich am Samstag, dem 27. Juli vorbeikäme? Sagen wir um 10 Uhr morgens?*

Wann auch immer du möchtest.

Cool. Dann also bis bald! Kannst du Samu bitten, ebenfalls da zu sein?

Yeah, sweet, war Filos Kommentar. *Ich sag's ihm.*

Ich wusste nicht genau, was daran süß sein sollte. Erst später fand ich heraus, dass *sweet* ein anderes Wort für *okay* war. Jetzt war es also offiziell: Ich würde mich tatsächlich mit Samu und Filo treffen! Am 27. Juli um 10 Uhr bei Filo zu Hause. Ich hoffte, den beiden war klar, dass ich um die halbe Welt reiste, nur, um sie zu sehen. Nicht, dass ich dann vor verschlossener Tür stand, weil sie mich vergessen hatten. Sydney war ja nicht gleich um die Ecke, und am 30. Juli würde ich von Sydney nach Apia, Samoa, fliegen, um von dort das Schiff nach Tokelau zu nehmen.

Nun, wenn alles schiefflief mit Samu und Filo, hatte ich immer noch Etueni, der auf seiner verschwindend kleinen Koralleninsel im Pazifik hockte und den ich mindestens zwei Wochen lang über seine Erfahrungen auf dem Schlauchboot ausquetschen konnte. Er musste jetzt 16, 17 Jahre alt sein. Auf seinen Facebook-Fotos sah er sehr zufrieden und fröhlich aus, und ich freute mich auf die Begegnung mit ihm. Ich freute mich auch darauf, seine Schwester Tase kennenzulernen. Sie hatte mir versprochen, mir alles zu zeigen und mich in ihrem Kanu mit auf die Lagune zu nehmen.

Ich war ja so was von gespannt auf dies alles – die Menschen, ihre Traditionen und Bräuche, ihre Geschichten. Ich wollte tonnenweise Interviews und Fotos machen, um meine Reise ans Ende der Welt dokumentarisch festzuhalten. Allen schwärmte ich von meinem abenteuerlichen Trip vor. Meine Freundin Mirjam war ganz neidisch.

»Zwei Wochen weißer Strand und Palmen? Den ganzen Tag im Meer baden und Kokoswasser trinken? Oh, am liebsten würde ich mitkommen!«

Meine Freundin Ramona erstellte mir eine Liste der Medikamente, die ich unbedingt in meiner Reiseapotheke mitnehmen sollte. »Auf jeden Fall was gegen Durchfall, Fieber und Seekrankheit.«

Meine Freundin Brigitte schüttelte nur den Kopf und sagte: »Damaris, Damaris. Du machst ja Sachen. Ich würde mich nie auf eine solche Reise wagen. Nie im Leben!«

Gabi, die Frau unseres Pastors, meinte: »Ach du meine Güte, und wenn das Schiff nicht mehr zurückkommt, um dich abzuholen? Dann bist du selbst verschollen und sitzt auf dieser Insel fest!«

Und Tabea, eine Missionarin aus Brasilien, schrieb mir alle paar Wochen ganz aufgeregt wie ein kleines Kind auf Facebook: »Und, wann gehst du nun nach Taka-Tuka-Land? Wann geht's denn endlich los?«

Ich war auch schon ganz kribbelig. Vor allem, weil ich mein Visum für Tokelau noch nicht hatte. Ich schrieb Paula, meiner Kontaktperson in Apia, und bat sie, bei der *Taupulega* nachzuhaken. Paula versicherte mir, sie würde sich darum kümmern. Nichts geschah. Die Wochen und Monate verstrichen. Es wurde April, Mai, Juni, Juli. Mein Flug ging in wenigen Wochen, und der Ältestenrat hatte noch immer kein grünes Licht für meinen Aufenthalt auf der Insel gegeben. Langsam wurde ich ungeduldig. Ich hatte den Visumantrag immerhin im März eingereicht. Warum dauerte das denn so lange? Am 23. Juli ging mein Flug nach Sydney. Ich brauchte jetzt wirklich eine Antwort! Ich überflutete Paula mit E-Mails, die ich mit *»DRINGEND - SUPERDRINGEND - bezüglich Visum und Aufenthalt auf Atafu!!!!!!«* betitelte. Ich rief sie mehrmals an, und sie sagte, sie wisse auch nicht, was da los sei, und sie würde sich nochmals erkundigen.

Am 16. Juli wandte ich mich direkt an Paulas Vorgesetzten Asofa. Er schrieb mir sehr nett zurück und brachte sein Bedauern darüber zum Ausdruck, dass sein Team so lange brauchte, um mein Visum zu bearbeiten. Er würde sich darum kümmern und sich wieder bei mir melden. Ich war beruhigt. Es klang, als würde er sich der Sache tatsächlich annehmen. Tja, und dann, einen Tag vor meinem Abflug, kam die ernüchternde Nachricht:

Hi, Damaris. Ich bin diese Woche in Tokelau und habe Ihren Aufenthaltsantrag heute Morgen mit der Taupulega *diskutiert. Es tut mir leid, Ihnen mitteilen zu müssen, dass Ihr Antrag aufgrund des Zeitpunktes Ihres Besuches abgelehnt wurde. Mit freundlichen Grüßen, Asofa.*

Ich saß da wie vom Donner gerührt. *Abgelehnt?* Damit hatte ich nie und nimmer gerechnet. Warum sollten sie meinen Antrag ablehnen? Und warum aufgrund des Zeitpunktes meines Besuches? Was in aller Welt war am Zeitpunkt meines Besuches falsch? An den jährlichen Sportspielen zwischen den einzelnen Inseln konnte es nicht liegen. Die waren laut Schiffsfahrplan bereits seit ein paar Tagen vorbei. Was war es dann? Warum diese fadenscheinige Begründung? Warum wollten sie nicht, dass ich kam? Wollten sie verhindern, dass ich mit Etueni redete? Hatte er vielleicht deswegen so plötzlich aufgehört, mit mir zu kommunizieren? Was zum Kuckuck ging hier vor?

Das Paradies hatte soeben einen gewaltigen Sprung bekommen. Und die Geschichte hinter der 51-tägigen Odyssee dieser drei Teenager erhielt mit einem Mal eine ganz neue Brisanz.

Filo kostete vorsichtig von seinem hausgemachten Schnaps. Das Gesöff war stärker als erwartet. Es brannte in seiner Kehle und trieb ihm die Tränen in die Augen. Eigentlich war es offiziell verboten, das Zeug herzustellen. Noch so eine blöde Regel der *Taupulega*. Dabei brannten sich die alten Männer ständig ihren eigenen Schnaps. Und Filo wusste ebenfalls, wie es ging. Man brauchte dazu nur Wasser, Hefe und Zucker. Man mischte die Hefe, den Zucker und das Wasser zusammen, ließ das Gemisch eine Weile gären und fütterte es immer mal wieder mit einem Löffel Zucker. Nach ungefähr einer Woche, wenn es trübe und schaumig wurde, war es fertig. Filo füllte sich eine Flasche ab, schob den Keramiktopf unters Bett zurück und stopfte sich den Schnaps in seinen Turnbeutel, gerade rechtzeitig, bevor sein Vater, ein muskulöser, stämmiger Mann, gegen den Filo wie ein Zahnstocher wirkte, den Kopf zur Tür hereinsteckte und ihn drängte:

»Filo, beeil dich. Mein Auftritt beginnt in zwanzig Minuten. Und ich will nicht der Letzte sein. Sonst kriegt unsere Mannschaft Punktabzug.«

»Bin schon fertig, Vater«, sagte Filo, warf sich den Turnbeutel über den Rücken und ging in die Küche, wo seine zwölfjährige Halbschwester Manueta, seine Stiefmutter und sein Vater Tanu Filo bereits ungeduldig auf ihn warteten.

Tanu Filo war ein Fischer wie alle Tokelauer. Er betätigte sich zudem als Rugby-Trainer und arbeitete bei der *Bank of Tokelau*. Eigentlich brauchten die Insulaner kaum Geld zum Überleben. Sie waren Selbstversorger. Hatten sie Hunger, gingen sie fischen oder rupften ein Hühnchen, hatten sie Durst, tranken sie Regen- oder Kokoswasser, die klare durchsichtige Flüssigkeit aus der grünen unreifen Kokosnuss. Gebrauchsgegenstände wurden aus Kokosfasern oder Palmblättern hergestellt, die sieben bis acht Meter langen Einbäume aus einheimischem Hartholz geschnitzt. Aber wer Geld brauchte, konnte sich welches verdienen. Und Filos Vater war für die Ein- und Auszahlungen auf der abgelegensten Bankfiliale der Welt zuständig.

Heute allerdings war die Bank geschlossen, denn es war der erste Tag des *Aumaga*-Festivals, eine ganz besondere Feier zur Ehre der Männertruppe. Die Festlichkeiten begannen am Mittwoch mit einem Gottesdienst in der Kirche. Anschließend gab es ein Festmahl und abends einen Tanzwettbewerb, bei dem sämtliche Männer der *Aumaga* in zwei Gruppen eingeteilt wurden und gegeneinander antraten. Donnerstag und Freitag maßen sich die beiden Gruppen beim Kricketspiel und am Samstag beim traditionellen Wettfischen. Filo war noch zu jung, um daran teilzunehmen. Sein Vater hingegen hatte sich bereits in Schale geworfen – oder besser gesagt in Tanzmontur. Er trug lediglich einen Bananenrock um die Hüften und Palmblätter um den Bizeps und die Stirn. Vom Bauchnabel bis zur Mitte der Oberschenkel war er mit polynesischen Mustern tätowiert. Der kräftige Mann strotzte nur so vor Stolz, Männlichkeit und Traditionsbewusstsein.

Filo machte sich nicht viel aus traditionellen Tänzen. Für ihn bedeuteten die Feierlichkeiten lediglich weniger strenge Aufsicht durch die Erwachsenen, und das war ihm gerade recht. So würde es niemandem auffallen, wenn er sich mit Samu davonschleichen würde, um heimlich Schnaps zu trinken und Zigaretten zu rauchen. (Letzteres war für fünfzehnjährige Jungen wie sie selbstverständlich auch verboten.) Die Sonne war bereits untergegangen, als Tanu Filo, seine Frau und seine Kinder sich auf den Weg zur Dorfmitte machten, Tanu barfuß und im kriegerischen Tanzkostüm, seine Frau und Tochter in langem Kleid mit Blumenkranz im Haar, sein Sohn in Shorts, T-Shirt, Flipflops und Turnbeutel auf dem Rücken.

Das ganze Dorf hatte sich im und rund um das offene *Lotala*-Versammlungshaus eingefunden. Es war ein traditionelles polynesisches Haus, ein sogenanntes *Fale* mit vier Pfosten und einem aus Palmblättern geflochtenen Dach. Der Boden bestand aus weißen Korallenstückchen. Die Atmosphäre war fröhlich. Am Nachmittag hatten sich die Insulaner bereits die Bäuche mit allerlei Köstlichkeiten vollgeschlagen. Sämtliche wichtigen Männer mit wichtigen Ämtern hatten lange Reden geschwungen und die Leute mit lustigen Anekdoten erheitert. Eine alte Frau hatte vor lauter Lachen das Gleichgewicht verloren und war gestürzt, worauf sich das ganze Dorf vor Lachen kaum noch halten konnte. Humor wurde in Tokelau großgeschrieben. Vor allem über die Tollpatschigkeit anderer konnte man sich stundenlang amüsieren.

Filo hielt nach Samu Ausschau und fand ihn bei seiner Freundin Koro. Sie standen dicht beisammen. Manchmal berührten sich heimlich ihre Fingerspitzen. Mehr trauten sie sich in der Öffentlichkeit nicht. Händchenhalten war tabu, flirten auch und küssen sowieso. Koro sah entzückend aus mit ihrem Rüschenkleid und zwei weißen Blüten hinter dem Ohr. Um den Hals trug sie eine Schnur aus Kokosfasern und daran baumelte ein dunkelbrauner Anhänger aus Kokosnussschale in Form eines kleinen Fisches.

»Ich dachte, du wolltest damit bis nach dem Tanz warten«, neckte Filo seinen Freund augenzwinkernd, worauf Samu nur eine Augenbraue hob, was von »Sei still!« über »Ich konnte nicht warten!« bis »Das ist meine Sache!« so ziemlich alles bedeuten konnte.

Eine Glocke ertönte, und die erste Männergruppe formierte sich zum Tanz. Filos Vater bezog rechts außen in der zweiten Reihe Stellung. Die jüngeren Männer hatten ihre muskulösen nackten Oberkörper mit Öl eingerieben und zogen die Blicke sämtlicher Mädchen auf sich. Ein paar ältere Männer saßen im Schneidersitz auf dem Boden und gaben auf Holzkisten den Takt vor. Die Tänzer begannen mit den Füßen zu stampfen und aus voller Kehle zu singen. Das Publikum, das auf dem Korallenboden hockte, feuerte sie an und klatschte und sang begeistert mit.

Filo beobachtete seinen Vater, wie er sich in seinem Hularock in Ekstase tanzte. In perfektem Einklang mit den anderen Männern ging er in die Hocke, zog die Hände am Kopf vorbei, drehte sich, stampfte, schüttelte seine Brust wie ein Pfau auf Brautschau, der mit den Federn wackelt, und stieß immer mal wieder einen wilden Kampfschrei aus. Das Lied, zu dem die Männer tanzten, bestand aus nur einer Strophe, die mehrmals wiederholt wurde, jedes Mal schneller und jedes Mal eine Tonlage höher, was die Stimmung noch weiter anheizte. Danach war Team zwei an der Reihe. Auch sie brachten den Korallenboden mit ihrer Begeisterung zum Beben. Nach mehreren Durchgängen erklärte Kuresa Nasau, der Inselchef, der sogenannte *Faipule*, Team eins zum Sieger, und das Festbüfett war eröffnet. Aus einem Gettoblaster ertönten samoanische Schlager. Es wurde gelacht, getanzt und ausgelassen gefeiert.

Was an Austausch von Zärtlichkeiten strikt verboten war, machten die Insulaner dafür beim Tanzen wett. Ihre Bewegungen waren erotischer, als jeder Kuss es hätte sein können. Mittendrin tanzte auch Elias, ein junger Mann mit weiblichen Gesichtszügen, rotlackierten Finger- und Zehennägeln und Blumen im gewellten Haar. Er tanzte unbeschwert und graziös. An seinem Hals war ein eindeutiger Knutschfleck zu sehen. Alle wussten, dass er schwul war, aber keiner störte sich dran. In Tokelau war Homosexualität schon seit Jahren legalisiert.

Filo stopfte sich ein Gebäck aus Kokosnussraspeln in den Mund und warf Samu einen vielsagenden Blick zu. Wie üblich verstanden sich die Freunde ohne Worte. Samu flüsterte Koro etwas ins Ohr und folgte Filo durch die Menge der tanzenden Leute. Die beiden Jungen rannten über die Korallenstraße, an der Kirche vorbei, weiter zur Schule und von dort auf einem schmalen Pfad durch einen Palmenhain bis zum Friedhof. Der Friedhof lag direkt am Strand und bot eine herrliche Aussicht auf den Ozean. Auf einer kleinen Wiese, nur wenige Meter vom Ufer entfernt, waren die Gräber – von schwarzen Steinen umrundete Korallenbeete mit verwitterten Grabsteinen, dekoriert mit Christbaumgirlanden und künstlichen Blumen. Hier ruhten auch die beiden jungen Tokelauer, die am 10. Februar im Sturm ums Leben gekommen waren. Für den dritten der Verunglückten gab es kein Grab, weil seine Leiche nie geborgen worden war.

Filo setzte sich dicht bei den Wellen, die rauschend auf den feinen Sand schlugen, unter eine Kokospalme und holte die Flasche

Schnaps und eine Packung Zigaretten, die er seinem Vater geklaut hatte, aus dem Turnbeutel. Samu setzte sich neben ihn.

»Hier«, sagte Filo und reichte Samu die Flasche. »Aber pass auf. Das Zeug ist scharf. Putzt dir glatt die Speiseröhre weg.«

Während Samu einen Schluck von dem hausgemachten Gebräu nahm, sich schüttelte und den Mund aufriss, als müsse er gleich Feuer speien, zündete sich Filo eine Zigarette an. Er steckte auch Samu eine an, und die beiden rauchten und tranken stumm, den Blick aufs weite Meer gerichtet.

»Wenn du die Wahl hättest«, sagte Filo und paffte den Rauch der Zigarette schräg in die Luft, »wo würdest du leben wollen? Auf Atafu bei deinem Onkel oder in der Großstadt Sydney bei deinen Eltern und Geschwistern?«

»Weiß nicht.« Samu zuckte die Schultern. »Wie ist es denn so in Sydney?«

Filos Gesicht hellte sich auf. »Es ist toll«, sagte er. »Du kriegst alle Markenklamotten der Welt. Du kannst dir eine Xbox mit den coolsten Games dazukaufen und brauchst dir nicht ständig alte Kung-Fu-Filme reinzuziehen, die du bereits hundertmal gesehen hast. Du kannst ins Kino gehen oder zu McDonalds.«

»Wer ist McDonalds?«

»Die machen die besten Cheeseburger überhaupt. Das ist was anderes, als immer nur Fisch zu essen, mein Freund.«

Samu sah ihn an, als würde er kein Wort verstehen. Filo legte ihm grinsend den Arm um die Schulter. »Ist schon okay, Mann. Irgendwann verstehst du, wovon ich rede.«

Er vergaß immer wieder, dass Samu nicht den leisesten Schimmer hatte, was eine Xbox-Spielkonsole, ein Cheeseburger oder ein Kino war. Auf Atafu gab es das alles nicht. Es gab keine Autos, keine Gefängnisse, keine Hunde, keine Touristen, keine Waffen. Nur Fische, Kokosnüsse und Wasser, so weit das Auge reichte.

»Ich sag's dir, in Sydney zu leben würde dir gefallen«, fuhr Filo fort und trank einen großen Schluck Schnaps. »Wir hätten jede Menge Spaß. Und wir könnten endlich tun und lassen, was wir wollen, ohne ständig all diese bescheuerten Regeln der *Taupulega* einhalten zu müssen. Tu dies nicht, tu das nicht. Dabei tun sie es alle auch. Ich meine, das ist doch Scheiße.«

»Ja«, gab ihm Samu recht und zog an seiner Zigarette. »Ist es.«

Die Fünfzehnjährigen rauchten die Zigaretten zu Ende, tranken den Schnaps leer und kehrten ein wenig beschwipst ins Dorf zurück. Die Feier war noch in vollem Gange. Niemand schien ihre Abwesenheit – und vor allem, was sie dabei getan hatten – bemerkt zu haben. Und hätte es jemand bemerkt, wären sie vielleicht sogar damit durchgekommen. Denn heute Nacht war einer der seltenen Momente auf Atafu, bei denen man Gnade vor Recht ergehen ließ und niemand daran dachte, rebellische Teenager wegen Regelverstößen zu bestrafen.

Nach dem Kricketspiel, das geschlagene zwei Tage dauerte und bei dem Dutzende von Bällen in der Lagune versanken, stand am Samstag die letzte Wettkampfdisziplin an: wettfischen. In der Nacht von Freitag auf Samstag fuhren die Männer in ihren Kanus los. Die Frauen waren bereits seit Tagen gemeinsam in den Kochhäusern am Kochen, um ihren Männern einen gebührenden Empfang zu bereiten, wenn sie vom Fischfang zurückkamen. Sie brieten die in Palmblätter eingewickelten Fische oder halbierten Brotfrüchte im *Umu*, einem Erdofen aus Glut und Korallenstücken, die darüber aufgeschüttet wurden. Sobald das Essen gut durchgebacken war, grub man es wieder aus und schaufelte die immer noch heißen Korallen zur Seite. Wer mit seinen Gummilatschen damit in Berührung kam, musste aufpassen, dass ihm dabei nicht die Latschen unter den Füßen wegschmorten.

Am frühen Morgen kurz nach Sonnenaufgang wurden Tische am Strand aufgestellt. Ein Festmahl aus gebackenem und gebratenem Fisch, Kokosnüssen, Salat, allerlei Süßspeisen und Schnaps erwartete die Fischer. Die Frauen trugen bunte *Lavalavas* und darüber um die Hüften gebundene Basttröcke, weiße Blusen, Blumenkränze um den Hals und Blättergeflechte auf dem Kopf.

Kaum waren die ersten Kanus mit den zurückkehrenden Männern in Sicht, stellten sich die Frauen der jeweiligen Teams in einer Reihe am flachen Ufer auf und begannen zu tanzen, zu singen und aufgeregt mit Palmwedeln zu winken. Alle waren fröhlich. Alle lachten und jubelten über die erfolgreichen, aber erschöpften Heimkehrer, deren Boote bis zum Rand mit frischem Fisch gefüllt waren. Der Präsident der Vereinigten Staaten hätte keinen besseren Empfang bekommen können. Es war eine typisch polynesische Szene voller Freude und Triumph, das Bild einer unverdorbenen Gesellschaft, die in völligem Einklang mit sich selbst, Gott und der Natur im letzten Paradies auf Erden lebte. Und das Gemeinschaftsgefühl war so stark, als würden nicht mehr 500 einzelne Herzen, sondern nur noch ein einziges großes Inselherz schlagen.

Nur einer stand etwas abseits und konnte mit alledem nichts anfangen. Nur einer kam sich inmitten der Idylle wie ein Fremdkörper vor, ein *Palagi*, der nicht hierhergehörte. Nur einer fühlte sich so verloren im Paradies, dass er sich mit täglich wachsendem Verlangen nach dem Leben zurücksehnte, das er geführt hatte, bevor ihn seine Mutter auf Atafu verbannte: Filo. Und während sich die Frauen geschmeidig wie Seegras im Wind bogen und ihren verschwitzten Männern, die aus den Kanus sprangen, Plastikbecher mit Schnaps reichten, wuchs in dem Teenager der Wunsch, irgendeinen Weg zu finden, von hier zu verschwinden.

6 WER NICHT HÖREN WILL ...

27. Juli 2013, in Sydney, Australien

Ich war total nervös. Endlich würde ich Filo und hoffentlich auch Samu treffen! Endlich würde ich ihre Geschichte hören und aus erster Hand erfahren, was sie während der 51 Tage auf dem Ozean erlebt hatten. Ich war ja so gespannt auf diese Begegnung. Meine Reise zu Etueni nach Tokelau war zwar ins Wasser gefallen, aber niemand konnte mir verbieten, wenigstens mit den Jungen in Sydney zu reden. Ich fuhr mit der Bahn in den Vorort Mount Druitt und nahm das Taxi zu Filos Adresse.

Ob er überhaupt da war? Sehr schreibfreudig war er auf Facebook ja nicht gerade gewesen. Ich hatte keine Ahnung, wie ich den fast Achtzehnjährigen einschätzen sollte – ob er verantwortungsbewusst war oder nur so in den Tag hineinlebte, ob er das vereinbarte Treffen vielleicht für einen Scherz hielt oder es schlicht und einfach vergessen hatte. Ich hatte ihn mehrmals daran erinnert. Ich hatte immer wieder betont, dass ich am 27. Juli um 10 Uhr morgens vorbeikommen würde und es mir sehr wichtig wäre, mit ihm und Samu zu reden. Aber eine Garantie, dass er sich tatsächlich für mich Zeit nahm, hatte ich nicht. Ich malte mir bereits aus, wie ich an der Tür klingelte, Filos Mutter die Tür öffnete und ganz erstaunt feststellte: »Oh, Sie möchten mit Filo sprechen? Der ist grade bei seinem Vater auf Tokelau. Kommen Sie doch ein anderes Mal wieder.« Nun, ich hoffte, ich wäre nicht vergebens um die halbe Welt gereist. Das wäre sonst wirklich sehr ärgerlich.

Der Taxifahrer ließ mich vor einem einstöckigen Häuschen mit Veranda und Garage heraus. Es gab keine Klingel, also klopfte ich gegen die Fensterscheibe neben der Eingangstür. Die heruntergelassene Jalousie wurde mit zwei Fingern angehoben, und ein Kopf erschien am Fenster: Es war eindeutig Filo! Zumindest war er da.

Das war schon mal ein gutes Zeichen. Der Junge verschwand, und ein paar Sekunden später öffnete er mir verschlafen die Tür. Sein brauner Oberkörper war nackt. Er trug Flipflops und schwarze Trainingshosen und hatte kurzes schwarzes Haar mit einem einzelnen, dreißig Zentimeter langen Zöpfchen. Er zog sich einen schwarzen Kapuzenpulli über, auf dem »Infernal« (höllisch) stand, und vergrub seine Fäuste in der Bauchtasche.

»Hi«, sagte ich und streckte ihm fröhlich die Hand entgegen. »Ich bin Damaris Kofmehl, die Buchautorin. Und du bist Filo, richtig?«

Filo nickte, holte seine rechte Hand aus der Bauchtasche, um mir die Hand zu schütteln, und versteckte sie gleich wieder in seinem Pullover. Er wirkte etwas skeptisch, als wäre er sich nicht sicher, was er von mir halten sollte.

»Wow«, sagte ich, da Filo noch immer schwieg. »Es ist toll, dich endlich kennenzulernen. Du musst mir alles erzählen. Hast du etwas Zeit?«

»Ich muss erst meine Mutter fragen«, murmelte er mit gerunzelter Stirn.

Er führte mich hinters Haus in den Garten. Ein fettleibiger Mann saß auf der Veranda.

»Mein Cousin«, stellte Filo ihn mir flüchtig vor. Ich nickte freundlich, doch der Mann würdigte mich keines Blickes. Ein paar Schritte weiter traf ich auf Filos Mutter, eine korpulente Frau, die mich finster anblickte. Ich ging lächelnd auf sie zu und wollte ihre Hand schütteln. Doch sie hielt mich auf Distanz und schien überhaupt nicht erfreut über meine Anwesenheit zu sein. Sie musterte mich wie einen Eindringling, der ihre Privatsphäre störte. Ich fühlte mich gar nicht mehr wohl. Warum diese Feindseligkeit? Ich sagte ihr, dass ich mich gern mit Filo über seine Zeit auf dem Meer unterhalten würde.

»Kommen Sie morgen wieder«, sagte die Frau unwirsch. »Heute hat Filo keine Zeit. Wir müssen auf eine Hochzeit.«

Eine Hochzeit? Das kaufte ich ihr nicht ab. Sie wollte mich ganz eindeutig loswerden. Und selbst, als Filo mit ihr redete und ihr klarzumachen versuchte, dass ich sehr weit gereist war, nur um ihn zu sehen, blieb sie hart. Ich hatte keine Ahnung, wieso sie mir gegenüber so abweisend war. Wir gingen zurück vors Haus und ich fragte Filo, ob wir wenigstens einen kurzen Spaziergang machen könnten, um etwas zu reden. Er schüttelte den Kopf.

»Tut mir leid. Meine Mutter erlaubt es nicht. Ich ruf dir ein Taxi.«

Es war ihm anzusehen, dass es ihm nicht recht war, wie seine Mutter mich behandelt hatte. Er war mir gegenüber noch immer nicht ganz aufgetaut. Vielleicht war er auch einfach nur müde. Wie auch immer, ich hatte den Eindruck, als wäre er durchaus bereit, mit mir zu reden. Aber bei dem kurzen Gespräch zwischen ihm und seiner Mutter im Garten war mir aufgefallen, dass er nicht viel zu melden hatte. Wieder musste ich an Etuenis plötzliches Schweigen denken. Ich hatte seine Freude ja förmlich durch den Bildschirm gespürt, als er mir schrieb, es wäre ihm eine Ehre, mir bei dem Buch zu helfen. Und dann plötzlich hatte er aufgehört, mir zu schreiben, und hatte sich nie mehr gemeldet. Warum nur wurde ich den Verdacht nicht los, dass mein Interesse an diesen Jungen allen gegen den Strich ging? Was war so unrühmlich an ihrer Geschichte, dass ich es nicht erfahren durfte?

»Meinst du, Samu ist zu Hause?«, fragte ich Filo. »Vielleicht könnte ich ihn ja kurz besuchen. Hast du seine Adresse?«

»Ja«, nickte Filo. »Er wohnt nicht weit von hier. Ich glaube, heute Nachmittag hat er ein Rugby-Spiel. Aber wenn du jetzt hinfährst, solltest du ihn eigentlich antreffen.«

Er gab mir die Adresse. Während ich auf das Taxi wartete, plauderte ich ein wenig mit Filo, um sein Vertrauen zu gewinnen. Tatsächlich wurde er etwas zutraulicher.

»Wenn ich morgen wiederkomme«, überlegte ich, »wird deine Mutter dir dann überhaupt erlauben, mit mir zu reden? Sie scheint mich ja nicht besonders zu mögen.«

»Keine Sorge«, sagte Filo, und zum ersten Mal seit unserer Begegnung huschte ein zaghaftes Schmunzeln über sein Gesicht. »Morgen reden wir.«

Das hoffe ich doch!, dachte ich.

Das Taxi kam. Ich verabschiedete mich von Filo, stieg ein und gab dem Taxifahrer die Adresse von Samu durch. Die Fahrt dauerte keine zehn Minuten. Samu wohnte in einem ähnlichen Häuschen wie Filo. Drei Jungen hingen vor dem Eingang herum. Ich fragte sie, ob sie Samu kennen würden. Sie nickten.

»Seid ihr seine Brüder?«

Einer bejahte. Die beiden anderen sagten, sie seien seine Cousins.

Hier wimmelt es ja nur so von Cousins, dachte ich.

»Ist Samu da?«, fragte ich weiter. »Ich würde gern mit ihm reden.«

Der Junge, der sich als Samus Bruder zu erkennen gegeben hatte, verschwand im Innern des Hauses. Kurz darauf erschien ein kräftiger, braunhäutiger Bursche in der Tür. Er war barfuß und trug Shorts und ein ärmelloses rotes T-Shirt. Er hatte kurzes schwarzes Haar mit einem Zöpfchen, das ihm bis zum rechten Ohr hing. Ich hatte zweifelsohne Samu vor mir. Ich stellte mich ihm vor und fragte, ob er Zeit hätte, mit mir zu reden. Er ging kurz ins Haus zurück, kam wieder heraus und bat mich herein. Ich betrat das Wohnzimmer, einen schlichten Raum mit einem Ecksofa, einer Matratze, einem Schrank und vergilbten Bildern an der Wand. Mitten im Raum stand Samus Mutter. Sie war genauso korpulent wie Filos Mutter, doch bei Weitem nicht so grimmig und abweisend. Sie wirkte freundlich, aber zurückhaltend. Ich streckte ihr zum Gruß die Hand entgegen, die sie nur zögernd ergriff.

Händeschütteln gehört wohl nicht zur hiesigen Kultur, dachte ich.

Wir setzten uns, Samus Mutter am einen Ende, Samu in der Mitte und ich am anderen Ende des Sofas. Ich stellte Samu ein paar Fragen, die er mir im Zeitlupentempo und sehr vage beantwortete. Geduckt saß er da, wie ein eingeschüchterter kleiner Junge, der eine Scheibe eingeschlagen hat, während seine Mutter sich ständig die Tränen aus den Augen wischte.

Warum weint sie bloß?, überlegte ich. *Die Geschichte ist doch schon drei Jahre her.*

Es war eine ganz merkwürdige Stimmung. Mutter und Sohn schwiegen um die Wette. Jeden Satz musste ich Samu mühsam aus der Nase ziehen. Was ich auch fragte, es dauerte immer eine halbe Ewigkeit, bis der Bursche darauf antwortete.

»Wie hat alles angefangen?«, wollte ich von ihm wissen, worauf er nach langem Überlegen mit gesenktem Blick murmelte:

»Wir wollten weg.«

»Wieso wolltet ihr weg?«

Samu schaute schuldbewusst auf seine Zehen, während seine Mutter ihren scharfen Adlerblick auf ihn gerichtet hielt, als würde sie ihm sofort den Mund verbieten, wenn er auch nur ein falsches Wort von sich geben sollte. Die Gegenwart seiner Mutter schien ihn regelrecht zu lähmen. Sie übte dieselbe Kontrolle und Macht über ihn aus wie Filos Mutter über ihren Sohn. Ich spürte geradezu, wie der Junge jedes Wort erst auf die Goldwaage legte, bevor es über seine Lippen kam, während das, was er eigentlich sagen wollte, ungesagt blieb.

»Damals war ich schlecht«, gab er kleinlaut zu. »Aber jetzt bin ich brav und gehe zur Schule.«

Es klang nicht überzeugend, eher wie ein Satz, den ihm jemand vorgekaut hatte. Die Mutter seufzte und nickte kummervoll. Samu schwieg, und ich fragte mich, ob ich überhaupt irgendetwas Brauchbares aus dem Jungen herausquetschen konnte. Samus Vater kam hereingeschlurft. Er sah aus wie eine Buddhafigur in Schwarz. Er war sehr fettleibig und hatte ein geschwollenes Gesicht, als wäre er eben erst aufgestanden. An seinem linken Unterschenkel bemerkte ich eine hässliche Narbe wie von einem gewaltigen Gebiss. Er hatte blutunterlaufene Augen, zerzaustes Haar und schnaufte wie eine Lokomotive. Schwerfällig ließ er sich auf der Matratze nieder. Seine Anwesenheit ließ Samu noch mehr zusammenschrumpfen. Dieser Mann strahlte eine bedrohliche Autorität aus, die selbst mir unheimlich war. Ich hätte ihm nicht nachts begegnen wollen. Ich fragte ihn, ob es irgendetwas gab, was er vermisste, wenn er an Tokelau zurückdachte. Er sagte:

»Die frische Luft.«

Als ich ihn auf das Verschwinden seines Sohnes von vor drei Jahren ansprach, meinte er nur:

»Er hat nie gehorcht.«

Mehr sagte er nicht dazu. Die Mutter wischte sich wieder über die feuchten Augen. Samu starrte betreten auf seine Füße. Der Vater atmete schwer. Die Atmosphäre in dem Wohnzimmer war so beklemmend, dass ich nur noch wegwollte. Ich fragte die Mutter, ob sie mir ein Taxi rufen könne. Keine zehn Minuten hatte mein Gespräch mit Samu gedauert. Ich hatte rein gar nichts und dennoch jede Menge von ihm erfahren.

»Wir wollten weg«, hatte er gesagt. Und langsam begann ich zu ahnen, wieso.

August 2010, auf Atafu, Tokelau

»Die Bank ist letzte Nacht schon wieder ausgeraubt worden.« Tanu Filo ließ sich seufzend auf einen Küchenstuhl fallen und wischte sich den Schweiß von der Stirn. Es war Mittwochmittag. Filo und seine Halbschwester kamen gerade von der Schule nach Hause, Tanu von seinem Job als Bankangestellter. Filos Stiefmutter briet in der Bratpfanne auf dem Kerosinkocher ein paar Fische, die Filo am frühen Morgen in der Lagune gefangen hatte. Dazu gab es Reis und kleine frittierte Bananen.

»Es ist nicht zu fassen«, murmelte Tanus Frau entsetzt, während sie die Fische in der Pfanne wendete.

Manueta deckte schweigend den Tisch. Filo füllte einen Krug mit Wasser und konnte sich ein Schmunzeln nicht verkneifen. »Ihr macht es den Einbrechern aber auch wirklich leicht. Vielleicht wär's sinnvoll, endlich mal die fehlenden Lamellenfenster zu ersetzen.«

Das Bankgebäude der *Bank of Tokelau*, in dem Filos Vater arbeitete, war ein schlichtes Betonhaus wie jedes andere. Es gab keine Schließfächer, keinen Geldautomaten und natürlich auch keine Überwachungskameras. Dafür ein kaputtes Fenster, das schon vor Monaten hätte repariert werden müssen. Aber keiner kümmerte sich darum.

Tanu schüttelte verständnislos den Kopf. »Das ist jetzt schon das dritte Mal in zwei Wochen. So kann das nicht weitergehen. Ich glaube, ich muss mit dem *Faipule* reden.«

»Ich glaube, du solltest einen Tresor beantragen«, meinte Filo und riss ein Päckchen orangefarbenes Brausepulver auf. »Solange du das Geld in der Tischschublade aufbewahrst und man bequem durchs Fenster einsteigen kann, wird die Bank auch weiterhin ausgeraubt werden. Glaub mir.«

Tanu war ganz erschüttert. »Aber wer tut denn so was?«

Filo mixte das Brausepulver in den Wasserkrug. »Weißt du, was euer Problem ist? Ihr seid hier alle zu gutgläubig. Ihr seid nicht auf Kriminalität eingestellt.«

»Wir haben zwei Polizisten!«, warf Manueta ein.

»Kene und Loapo?« Filo lachte. »Die haben den Job doch nur angenommen, weil sie unbedingt diese schicke weiße Uniform tragen wollen.«

Auf Atafu gab es viele Uniformen. Die Schüler hatten ihre Uniformen, sämtliche Männer- und Frauengruppen (und davon gab es unzählige) hatten ihre Uniformen, die sie zum jährlichen Jubiläum ihrer Organisation trugen. Aber die Polizeiuniform war eindeutig die vornehmste. Dazu gehörten ein weißes Hemd, ein weißer *Lavalava* und ein Kolonialhut der britischen Polizei, der aussah wie ein Dschungelhelm, bloß in Weiß.

»Seien wir ehrlich«, fuhr Filo fort. »Unsere Polizisten sind ein Witz. Die wissen ja noch nicht mal, wie man Fingerabdrücke nimmt, geschweige denn, wie man ein Verbrechen aufklärt.«

»Sie werden die Bankräuber schon finden«, sagte Tanu und ballte entschlossen seine Fäuste. »Und dann werden die Diebe ihre gerechte Strafe erhalten!«

Ersteres bezweifelte Filo zwar, Letzteres hingegen nicht, falls die

Diebe wider Erwarten doch gefunden wurden. Im Bestrafen waren die Tokelauer Meister. Disziplin und Gehorsam hatten oberste Priorität im Paradies. Manche Regeln klangen einleuchtend. Tokelau war nicht einmal zwei Kilometer lang, eine Nussschale in den Weiten des Ozeans. Man musste sorgsam mit dem wenigen umgehen, das man besaß. Man war aufeinander angewiesen, wollte man überleben. Nicht der Einzelne zählte, sondern die Gruppe. Für Individualismus oder gar Rebellion war hier kein Platz. Und deswegen wurde derjenige, der nicht spurte, hart bestraft. So war es schon immer gewesen, so hatte es schon immer funktioniert und so würde es auch immer bleiben.

Die Tokelauer hatten dabei ihre eigenen, meist ungeschriebenen Gesetze. Früher hatte die Höchststrafe daraus bestanden, dass man den Schuldigen mit einer Angelschnur in ein Kanu gesetzt und für immer aufs Meer hinausgeschickt hatte. Ob er dabei eine neue Insel fand oder ihn die Haie fraßen, sollte Gott entscheiden.

Auch heute noch schickte man Leute von der Insel, wenn sie für das Dorf untragbar wurden, allerdings gnädigerweise nicht mehr mit dem Kanu, sondern mit dem Versorgungsschiff aus Samoa. Solche Maßnahmen waren eher selten. Die üblichste Art der Bestrafung bestand darin, dass die *Taupulega* den Übeltäter zu einer Geldstrafe oder zum Steineschleppen für den Befestigungsdamm verdonnerte. Die jüngeren Insulaner – und in diese Kategorie gehörte auch Filo – wurden mit Schlägen gezüchtigt. Wobei jeder das Recht hatte, einen anderen zu schlagen, solange dieser jünger war als er selbst. Es war ein alltägliches Bild, dass irgendein Schulkind auf offener Straße von einem älteren Schüler oder einem Erwachsenen geschlagen wurde, sei es mit der flachen Hand, einem Gummilatschen oder einem Besen. Keiner machte sich Gedanken darüber und keiner fragte nach dem Grund. Es würde schon seine Richtigkeit haben.

Kinder, Jugendliche und junge Erwachsene hatten in der polynesischen Kultur ohnehin nicht viel zu melden. Den Älteren gebührte aller Respekt. Sie waren die Weisen und Angesehenen in der Gesellschaft. Die Jüngeren mussten ihnen in gebückter, ehrerbietiger Haltung gegenübertreten. In einer Runde mit Erwachsenen hatten sie geduckt dazusitzen und zu schweigen. Es sprach sowieso niemand mit ihnen, denn es ziemte sich nicht, das Wort an die Jüngsten in einem Raum zu richten. Filo war diese erzwungene Unterwürfigkeit den Älteren gegenüber zuwider. Sie spielten sich als Könige und Richter auf. Dabei waren sie kein bisschen besser als die Leute, über die sie richteten, und taten genau dasselbe wie sie – mit dem feinen Unterschied, dass sie nie dafür belangt wurden.

Filo war wahrhaftig kein braver Junge und bekam fast täglich etwas hinter die Ohren. Doch es gab Tage, an denen er sich wirklich bemühte, artig zu sein. Doch selbst dann steckte er Prügel ein. Irgendein Gebot gab es immer, das er übertreten hatte.

Zum Beispiel war es auf Atafu gesetzlich verboten, sich außerhalb der Unterrichtszeiten in den Fluren der *Matauala*-Schule aufzuhalten, es sei denn, man suchte Zuflucht vor dem Regen. Weiterhin war es nicht erlaubt, Wasser aus dem Schulgebäude zu holen, wenn der Unterricht beendet war – außer, man hatte eine Genehmigung der *Taupulega*. Das Gelände des *Lomaloma*-Krankenhauses sowie das Gelände der Kirche durfte man auch nicht unerlaubt betreten. Kam es auf diesen Geländen gar zu einem Kampf, betrug die Höchststrafe dafür dreißig Dollar. So hoch war auch die Strafe, wenn man über den Pastor Gerüchte verbreitete oder wenn man sich bei ihm einschmeichelte, um sich dadurch einen Vorteil zu verschaffen.

Es gab eine Unmenge solcher Gesetze. Und die Überwachung funktionierte besser als in einem Hochsicherheitsgefängnis, da jeder jeden im Auge behielt. Nur wenig blieb auf diesem Quadratkilometer Korallenriff unbemerkt, was Filo nicht gerade viel Spielraum für unangemessenes Verhalten gab. Auch sein Vater verprügelte ihn regelmäßig, weil er sich nicht so verhielt, wie es sich für einen guten Jungen gehörte. Tanu war kein gewalttätiger Mann. Aber eine andere Form von Erziehung kannte er nicht. Und wenn *er* seinem Sohn keine Manieren beibrachte, wer dann?

Filo, sein Vater, seine Stiefmutter und seine Halbschwester aßen zu Mittag und unterhielten sich weiter über den Bankraub und wer ihn wohl verübt haben könnte. Am Nachmittag ging Tanu wie jeden Donnerstag zum Kricketspielen. Er ärgerte sich darüber, dass er ein Strafgeld bezahlen musste, weil er die Woche davor geschwänzt hatte. Filo hatte sich mit Samu verabredet. Sie sammelten ein paar Kokosnüsse, gingen damit zu ihren Schweinegehegen, säbelten das Fruchtfleisch mit der Machete heraus und verfütterten es an die Schweine.

Filo besaß zehn Schweine. Schweine wurden nur dann geschlachtet, wenn jemand gestorben war. Für ein Leichenmahl brauchte man ungefähr sechs Schweine. Die Familien kamen zusammen, aßen, redeten und sprachen Gebete. Neben den Schweinen hielten sich die meisten Dorfbewohner auch Hühner. Sie schliefen in den Bäumen und waren sehr mager. Ihr Fleisch war zäh, aber eine willkommene Abwechslung zu den üblichen Fischgerichten.

Filo hing das ewige Fischessen schon lange zum Hals heraus. Fisch zum Frühstück, Fisch zum Mittagessen, Fisch zum Abendessen und Fisch als Snack zwischendurch. Frittiert, gebacken, gebraten, paniert, gedünstet, gegrillt oder auch mal roh.

»Weißt du, worauf ich jetzt Lust habe?«, fragte er Samu beim Schweinefüttern. »Auf Schokolade. Wir sollten zu Patrina rübergehen und sehen, ob sie welche verkauft.«

»Okay«, meinte Samu.

Patrina und ihr Mann gehörten zu den reicheren Leuten auf Atafu. Ihre Familie war eine der wenigen mit einem Gasherd und einer Waschmaschine. Den hinteren Bereich ihres Hauses hatte sie in ein kleines Geschäft verwandelt, das sie alle zwei Wochen aufstockte, falls die *MV Tokelau* ihre Bestellungen nicht irrtümlich auf Fakaofo oder Nokunonu ablieferte. Der Eingang zu dem Laden war hinter dem Haus und von der Straße aus nicht zu sehen. Filo hatte seit Ewigkeiten keine Schokolade mehr gegessen. Allein beim Gedanken an Schokolade lief ihm das Wasser im Mund zusammen. Und so war die Enttäuschung groß, als sie Patrinas Laden erreichten und die Tür verschlossen vorfanden. Samu guckte durchs Fenster. Es war keiner zu sehen.

»O Mann«, stöhnte Filo. »Warum ist sie ausgerechnet heute nicht da? Ich will *jetzt* Schokolade.« Er kickte verärgert mit dem Fuß gegen die Tür. Dabei wackelte sie ein wenig, was Filo auf eine Idee brachte. Er holte eine Münze aus seinen Shorts und machte sich an den Schrauben des Türrahmens zu schaffen.

»Filo, was tust du da?«, fragte ihn Samu.

»Nach was sieht's denn aus?«, fragte Filo grinsend zurück. »Mein Vater hat mir erzählt, dass die Bank wieder mal ausgeraubt worden ist. Die Diebe sind einfach durchs Fenster eingestiegen. Was die können, können wir schon lange.«

»Du willst in Patrinas Laden einbrechen?«

»Warum nicht? Selber schuld, wenn sie nicht da ist.«

»Ist ein Argument«, gab ihm Samu recht, dachte kurz nach und meinte dann: »Hast du noch 'ne Münze? Zu zweit sind wir schneller.«

Filo klaubte eine zweite Münze aus der Tasche und drückte sie Samu in die Hand. In wenigen Minuten hatten die Jungs den Türrahmen abgeschraubt, hängten die Tür aus und betraten den Laden. Die Regale waren gefüllt mit exklusiven Lebensmitteln und Artikeln aus Samoa wie Klopapier, Zahnbürsten, Seife, Mehl, Eiern, Zucker, Milchpulver, Büchsenfleisch, Zigaretten und Bier. Filo hielt Ausschau nach Schokolade und fand eine Packung Schokoriegel.

»Na, wer sagt's denn.« Er stopfte sich einen ganzen Riegel in den Mund. »Ich liebe Schokolade! Willst du auch einen?«

»Hab was Besseres«, sagte Samu, riss einen Becher Zweiminutennudeln auf, streute das beigefügte Gewürzpäckchen darüber und knabberte genüsslich auf den harten Nudeln herum.

Filo nahm einen leeren Reissack und füllte ihn willkürlich mit allem, worauf er gerade Lust hatte.

»Sieh dir das an!«, rief er plötzlich und hielt eine Verpackung hoch. »Haarfärbemittel! Wir sollten uns die Haare färben, Samu!«

Samu kicherte. »Was gibt es denn für Farben?«

»Pink, grün, blau, gelb, alles, was du willst!«

»Dann nehm ich blau.«

»Ach was! Probieren wir sie alle aus!«, schlug Filo vor und wischte mit einer Armbewegung sämtliche Haarfärbemittel vom Regal in den Reissack. Er aß einen zweiten Schokoriegel, dann warf er sich den Sack über den Rücken, und die Teenager machten sich aus dem Staub. Sie rannten zu Filo nach Hause, teilten die Beute untereinander auf und vereinbarten, sich beim Friedhof zu treffen, sobald jeder seinen Anteil versteckt hatte. Eine halbe Stunde später saßen die übermütigen Jungen lachend am Strand unterhalb des Friedhofs und machten sich über die schlechten Sicherheitsvorkehrungen von Patrinas Laden lustig. Sie waren immer noch vollgepumpt mit Adrenalin. Über die Konsequenzen ihres Einbruchs machten sie sich keine Gedanken.

»Die finden sowieso nie raus, wer es getan hat«, meinte Filo selbstsicher. »Die Bank wird ständig ausgeraubt, und die Räuber wurden noch nie gefasst. Unsere Polizisten sitzen lieber unter einer Palme und trinken Schnaps, anstatt auf Verbrecherjagd zu gehen.«

»Ganz genau«, gab ihm Samu recht. »Sind alles Idioten!«

Filo nahm seinen Turnbeutel von der Schulter und schüttete die gestohlenen Verpackungen Haarfärbemittel auf dem Korallenboden aus. »So. Wer will zuerst?«

Sie öffneten die Schachteln, untersuchten die verschiedenen Fläschchen und Tuben und lasen mehrmals die Gebrauchsanweisung durch. Dann legten sie los, färbten sich gegenseitig die Haare und ließen ihrer schöpferischen Kreativität freien Lauf. Eineinhalb Stunden später war ihr Haar so bunt wie ein Regenbogen. Filo hatte in dem Laden noch ein paar Dosen Haargel mitgehen lassen und formte Samus und sein Haar zu einer Igelfrisur mit vielen abstehenden Spikes. Sie kamen sich unglaublich cool vor, als sie zurück ins Dorf stolzierten. Doch ihre gute Laune war von kurzer Dauer. Kaum hatten sie die ersten Häuser passiert, wurden ihnen von überall feindselige Blicke zugeworfen. Erst dachten Filo und Samu einfach, die Leute würden sich über ihre bunten Haare ärgern. Aber eine Traube von Menschen begann ihnen zu folgen, und als sie die Dorfmitte erreichten, stellten sich ihnen mehrere stämmige Männer mit Stöcken in den Händen in den Weg. Patrinas Mann war auch dabei, ebenso Samus Onkel und Filos Vater. Und die Art und Weise, wie Tanu seinen Sohn und Mele seinen Neffen ansah, ging den Jungen durch Mark und Bein.

Filo und Samu erstarrten. Sie begriffen, was all dies bedeutete. Es war dumm gewesen zu glauben, sie könnten ein Geschäft ausplündern, ohne erwischt zu werden, vor allem, weil das Schuldeingeständnis in allen Farben von ihren Köpfen leuchtete. So weit hatten sie nicht gedacht, als sie sich mit den gestohlenen Haarfärbemitteln die Haare färbten. Und jetzt würden sie bitter dafür bezahlen. Die beiden waren es gewohnt, Schläge einzustecken, Samu meist von seinem Onkel und Filo von seinem Vater. Aber eine öffentliche Prügelstrafe durch eine ganze Männergruppe, bei der das halbe Dorf zuschaute, das hatten sie noch nie erlebt.

Der Kreis schloss sich, und die Männer droschen mit ihren Knüppeln brutal auf die Fünfzehnjährigen ein. Samu blieb geduckt stehen und ließ die Züchtigung tonlos über sich ergehen. Ein echter Tokelauer zeigte keinen Schmerz. Filo hingegen schossen beim ersten Peitschenhieb mit einem Stück Strauch die Tränen in die Augen. Die Dorfbewohner standen in stillem Einverständnis daneben, während die zwei Jungen die Abreibung ihres Lebens bekamen. Als die Männer endlich aufhörten, sie zu schlagen, konnten Filo und Samu kaum noch aufrecht gehen. Samus Onkel traktierte seinen Neffen weiter mit Fußtritten und scheuchte ihn zwischen den Schaulustigen hindurch nach Hause. Filos Vater trieb seinen Sohn mit dem Stock vor sich her und schimpfte auf dem ganzen Nachhauseweg mit ihm, dass es bis ans Ende des Dorfes zu hören war.

Filo sagte kein Wort. Die Tränen rollten ihm über die Wange. Sein ganzer Körper fühlte sich an, als wäre er durch den Fleischwolf gedreht worden. Zu Hause angekommen, humpelte er in sein Zimmer und warf sich schluchzend auf sein Bett. Er verfluchte die Insel und ihre harten Gesetze. Er verfluchte den Tag, an dem er auf Atafu angekommen war. Er verfluchte sein Leben und wünschte sich nichts sehnlicher, als woanders zu sein, egal wo, bloß nicht mehr hier.

7 DREI TEENAGER HAUEN AB

28. Juli 2013, in Sydney, Australien

Mein zweites Treffen mit Filo begann wie am Tag zuvor mit einer verschlossenen Tür und heruntergelassenen Jalousien. Ich klopfte gegen die Scheibe, Filo guckte unter dem Rollladen hervor und öffnete mir eine Minute später mit zerzaustem Haar und zerknittertem Gesicht die Tür.

»Guten Morgen, Filo«, sagte ich munter. »Na, wie sieht's aus? Hast du Zeit?«

Ich hoffte, seine Mutter würde uns nicht wieder dazwischenfunken und ihm verbieten, mit mir zu reden. Aber zu meiner Erleichterung schlug Filo vor, wir könnten in den nahe gelegenen Park gehen. Natürlich hatte ich nichts dagegen. Seine Freundin Nina, die bei Filo wohnte, weil bei ihr zu Hause Zoff war, kam ebenfalls mit. Sie war um die sechzehn Jahre alt, sehr zierlich, sehr schüchtern und hatte ein hübsches Lächeln. Wir spazierten also gemächlich zum Park, oder besser gesagt, zu einem grünen Fleckchen mit drei, vier Bäumen und einem Spielturm für Kinder in der Mitte. Filo war diesmal viel aufgeschlossener. Ich hatte wohl den »Schnuppertest« bestanden und wurde nun als vertrauenswürdig eingestuft. Gut für mich. Hätte Filo mich nur angeschwiegen wie Samu, hätte ich schlechte Karten gehabt. Aber der Bursche gab mir bereitwillig Auskunft über alles, was ich wissen wollte. Da ich mir nicht sicher war, wie viel Zeit mir Filo schenken konnte, bevor er von seiner Mutter nach Hause zurückgepfiffen wurde, kam ich gleich zur Sache.

»Warum habt ihr es eigentlich getan?«

»Es gefiel uns nicht auf Atafu«, sagte Filo geradeheraus. »Ich wollte einfach abhauen. Die Leute hassten Samu und mich. Sie hielten uns für Teufel und sagten andauernd, wie schlecht wir wären.

Solange du gut bist, ist alles in Ordnung. Aber wehe, du erlaubst dir einen Fehltritt. Dann gibt's Prügel. Samu und ich bekamen die ganze Zeit Prügel, viel mehr als die anderen.«

»Wofür?«

»Für alles Mögliche, auch für Kleinigkeiten. Du weigerst dich, zur Schule zu gehen: Prügel. Du wirst beim Zigarettenrauchen erwischt: Prügel. Du wagst dich nach der Abendglocke nach draußen: Prügel. Der gesamte Alltag ist von Hunderten von Regeln bestimmt, die man befolgen muss. An ihnen wird gemessen, ob du gut bist oder schlecht. Aber mal ehrlich: Wie soll man es hinbekommen, immer nur gut zu sein? Das geht doch nicht!«

»Nein, das geht tatsächlich nicht«, gab ich ihm recht.

»Mein Vater hat mich deswegen oft verprügelt. Er ist ein guter Mensch und wollte, dass ich auch gut war. Aber er duldete keinen Fehler. Wenn ich einen Fehler machte, brach alles zusammen. Ich meine, jeder macht doch Fehler, oder?«

Ich nickte. »Der Einzige, der nie einen Fehler gemacht hat, ist Jesus.«

»Ja«, sagte Filo. »Aber die wollen, dass du perfekt bist. Dabei sind sie es genauso wenig. Ist echt krank. Das Schlimmste sind die Sonntage. Zwei Gottesdienste, morgens und nachmittags. Du musst da hingehen oder du bekommst Prügel. Und den Rest des Tages musst du zu Hause sein, beten und in der Bibel lesen.«

»Die zwingen dich dazu?«

»So läuft das eben am Sonntag«, sagte Filo. »Du darfst nicht Fahrrad fahren. Du darfst nicht Fernsehen gucken. Du darfst nicht schwimmen gehen, nicht Rugby spielen, keine Musik hören, nur zu Hause sitzen, beten und in der Bibel lesen. Du darfst nicht mal einen Schrei ausstoßen oder du bekommst Prügel.«

»*Das* ist der Gott, den man auf Atafu predigt?«, fragte ich. »Ein Gott der Regeln und der Bestrafung?«

»Ja. Du musst eben gut sein«, erklärte mir Filo. »Wenn du alles richtig machst, hast du nichts zu befürchten. Aber für mich war's ein Gefängnis. Ich hab's einfach nicht länger ausgehalten.«

Ich war entsetzt. Ich erinnerte mich an meinen ersten Facebook-Kontakt mit Etueni und wie sehr ich mich darüber gefreut hatte, als er mir sagte, sie wären alle Christen. Aber dass ihnen das Christsein praktisch eingeprügelt wurde, das hatte ich nicht erwartet. Und dass es eben dieses christliche Zwangskorsett war, das sie zu ihrer Flucht veranlasst hatte, schockierte und beschämte mich zutiefst.

»Erzähl mir von dem Tag, als ihr es getan habt«, sagte ich. »Was ist passiert?«

Filo spuckte auf den Boden, verschränkte die Arme und begann zu erzählen.

4. Oktober 2010, auf Atafu, Tokelau

Es war Montagabend, der 4. Oktober 2010. Filo und Samu saßen zusammen mit ein paar Jungen vom Dorf in ihrem selbst ernannten Clubhaus. Es war ein verlassenes Haus am Ende der Insel, das früher einmal als Fischereihaus gedient hatte. Der Boden war übersät mit Glasscherben. Die Wände waren mit Graffiti beschmiert. Niemand hielt sich hier auf – vor allem nicht nachts – außer den halbstarken Burschen von Atafu. Es war einer der wenigen Zufluchtsorte auf der Insel, an dem sie der ständigen Überwachung durch die Erwachsenen entgingen. Hier konnten sie so sein, wie sie waren, frei, unbeschwert, übermütig, frech und laut. Hier gab es keine Gesetze, keine Disziplin, keine Moralpredigten, keine Unterwürfigkeit und keine Vorgaben, wie man sich als guter Christ zu benehmen hatte. All die braven Jungs, die sich tagsüber niemals getraut hätten, den Mund zu öffnen, wurden an diesem geheimen Ort zu Filos und Samus Verbündeten. Sie saßen auf zerschlissenen Sofas, Holzkisten und alten Ölfässern, rauchten, tranken Wodka und redeten im Schein einer Petroleumlampe, die einer von ihnen mitgebracht hatte, über Mädchen, Rugby, die altmodischen Ansichten der Tokelauer und was sich auf Atafu dringendst ändern musste.

In einem waren sich alle einig: Das Freizeitangebot für Jugendliche war auf Atafu noch magerer als die Hühner. Es gab eine Jugendgruppe. Doch die wurde von einem Fünfzigjährigen geleitet, der stets dafür sorgte, dass sich alle korrekt verhielten. Dann gab es einmal monatlich eine Disconacht mit farbigen Lichtern und samoanischem Pop aus dem Gettoblaster. Immerhin. Aber das war's dann auch schon. Ansonsten war eigentlich alles, was Spaß machte, entweder verboten, funktionierte nicht oder war gar nicht erst vorhanden. Vor allem, was Technik und Medien anbelangte, befand sich Atafu noch in der Steinzeit.

»Ich bin dafür, dass jedes Haus einen Fernseher bekommt!«, schlug ein Junge vor. »Dann müssen wir nicht immer auf die Bäume klettern und uns die Rugby-Spiele durchs Fenster der Nachbarn angucken.«

»Ein paar neue Kung-Fu-Videos von Bruce Lee wären nicht schlecht«, meinte Samu. »›Der Mann mit der Todeskralle‹ kenn ich schon in- und auswendig.«

»Ich bin für mehr Computer und schnelleres Internet!«, warf Filo ein und zog an seiner Zigarette. »Habt ihr gewusst, dass in Sydney praktisch jeder seinen eigenen Computer hat? Und Highspeed-Internet? Die klicken einen Youtube-Clip an und schwupps ist er geladen. Und wir sitzen hier auf dieser verfluchten Insel fest und warten eine halbe Stunde, bis wir uns die ersten drei Sekunden ansehen können! Ich wollte mir ein Musikvideo von Tupac reinziehen. Ging nicht. Und dann ist die Verbindung abgebrochen. Ist echt beschissen!«

Die Jungen stimmten ihm kopfnickend zu und reichten die Flasche Wodka herum.

»Ich finde, die neuseeländische Regierung sollte endlich mal etwas Geld für die Modernisierung des *Lomaloma*-Krankenhauses lockermachen.« Der Kommentar stand in keinerlei Zusammenhang mit dem vorherigen Gesprächsthema und kam von Etueni. Natürlich hatte er recht. Die medizinische Versorgung auf der Insel war eine Katastrophe. Für Verletzungen, die man nicht mit einem Pflaster oder Desinfektionsmittel heilen konnte, war das Krankenhaus nicht ausgerüstet.

»Verrostete Betten«, zählte Etueni die Missstände auf, »schwarzer Schimmel an den Wänden, Medikamente mit abgelaufenem Datum. Whisky statt Narkose. Operationen per Telefon. Ich meine, unser Arzt kann nicht mal einen Armbruch behandeln!«

Die Jugendlichen sahen den Vierzehnjährigen an, als käme er vom Mond. Er schien als Einziger in der Runde den wahren Notstand der Insel nicht erkannt zu haben.

»Der Punkt ist doch«, nahm Filo den Faden wieder auf, »wir sterben hier vor Langeweile! Fischen, Schweine füttern, in der Bibel lesen. Das ist kein Leben, Leute! Mein Cousin hat das einzig Richtige getan, als er mit seinen Freunden von hier abgehauen ist. Erinnert ihr euch?«

Alle nickten eifrig. Wie hätten sie die Geschichte jemals vergessen können. Sie lag ungefähr sechs Jahre zurück. Damals hatten drei Teenager, darunter Filos Cousin, die Isolation und das Zwangskorsett der Insel nicht mehr länger ertragen, hatten sich ohne Erlaubnis ein Boot genommen und waren damit aufs offene Meer gefahren. Ohne die Begleitung eines *Tautais* war dies strengstens verboten, eine der wenigen Regeln, die wirklich Sinn ergaben. Die Meereswellen waren tückisch. Selbst erfahrene Fischer wagten sich nicht allzu weit aufs offene Meer hinaus. Doch die drei Teenager pfiffen auf die Regeln. Sie wollten einfach nur weg, irgendwohin, wo es besser war. Sie packten jede Menge Proviant ein und fuhren los. Irgendwann ging ihnen das Benzin aus. Fünf Tage später wurden sie von der *MV Tokelau* aufgegriffen und nach Atafu zurückgebracht. Sie erhielten selbstverständlich eine ordentliche Tracht Prügel von den Männern. Doch in Filos Augen waren sie Helden. Sie waren das ultimative Symbol von Rebellion und Freiheit. Sie hatten das getan, wovon er schon so oft geträumt und wozu er bisher nie den Mut aufgebracht hatte. Warum eigentlich nicht? Was hinderte ihn daran, endlich in die Tat umzusetzen, was sowieso längst überfällig war? Was hielt ihn hier noch?

»Wisst ihr, was wir tun sollten?«, sagte Filo kurz entschlossen, nahm einen großen Schluck aus der Wodkaflasche und reichte sie an Samu weiter. »Wir sollten dasselbe tun! Wir sollten von hier verschwinden! Und zwar heute Nacht!«

Einen Moment lang war es mucksmäuschenstill. Dann brachen die Jugendlichen in helle Begeisterung aus.

»Ja!«, riefen sie. »Tun wir's! Tun wir's!«

Die Flasche machte weiter die Runde, die Teenager wurden immer beschwipster, und ihre Kühnheit steigerte sich ins Unermessliche. Allmählich entwickelte sich Filos wahnwitzige Idee zu einem konkreten Fluchtplan. Mitternacht war längst vorbei, als der Junge die alles entscheidende Frage stellte:

»Wer schließt sich mir an?«

Er blickte sich um. Jetzt, wo es ans Eingemachte ging, schrumpfte der Mut der Gruppe schneller als ein Ballon, dem die Luft ausgeht. Die Jungen, die eben noch Feuer und Flamme für das Projekt gewesen waren, machten einer nach dem anderen einen Rückzieher.

»Kommt schon! Wer ist dabei?!« Filo sprang von seinem rostigen Ölfass und stellte sich in die Mitte der Halbstarken. »Habt ihr auf einmal Schiss oder was?«

»Ich bin dabei!«, sagte Samu und erhob sich. »Wir können das Boot meines Onkels nehmen.«

Filo grinste zufrieden. Er hatte gewusst, dass sein bester Freund ihn nicht im Stich lassen würde.

»Wer noch? Wer hat genug Mumm in den Knochen?«, fragte Filo erneut und ließ seinen Blick von einem zum anderen schweifen. »Wir ziehen das jetzt durch! Also, letzte Chance: Wer kommt mit?«

Schweigen. Nur das Rauschen der Brandung war zu hören. Filo wollte bereits aufgeben, da erklang eine piepsige Stimme aus der Ecke und sagte: »Ich!«

Der Mutige trat aus dem Schatten heraus ins Licht der Petroleumlampe: Es war Etueni! Damit hätten weder Filo noch Samu gerechnet. Etueni?! Der Oberchecker wollte tatsächlich mit ihnen fliehen? Etueni war nicht gerade für seine Abenteuerlust bekannt. Was um alles in der Welt veranlasste den schmächtigen, wohlerzogenen Jungen dazu, sich auf eine solch gefährliche Aktion einzulassen? Aber nun gut. Filo und Samu hatten nichts dagegen einzuwenden.

»Alles klar«, meinte Filo und legte stolz seine Arme um Samu und Etueni. »Hauen wir ab, Jungs!«

Es war spät geworden. Die Wodkaflasche war leer getrunken. Die Jugendlichen verabschiedeten sich von den drei Ausreißern und wünschten ihnen viel Glück für ihr Unternehmen. Langsam leerte sich das Clubhaus, und zurück blieben Filo, Samu und Etueni, nervös und aufgepeitscht wegen ihrer kurz bevorstehenden Flucht.

»Okay, Leute, was brauchen wir?«, überlegte Filo laut.

»Benzin«, sagte Samu sofort. »So viel Benzin, wie wir auftreiben können.«

»Gut«, sagte Filo. »Schwärmen wir aus und besorgen uns welches. Was ist mit dem Boot deines Onkels?«

»Ich fahr es rüber zum Landesteg«, erklärte Samu. »Treffen wir uns dort in einer halben Stunde. Dann schauen wir, was noch fehlt.«

Die Teenager trotteten los. Sie durchkämmten das Dorf und kamen eine halbe Stunde später wie vereinbart beim Landesteg zusammen. Sie hatten fast achtzig Liter Benzin geklaut, abgefüllt in fünf große Plastikkanister. Sie verstauten die Kanister im Boot von Samus Onkel. Das Boot war ein normales Dingi mit einem 15-PS-Yamaha-Außenbordmotor, ein silberfarbenes Aluminiumboot der Marke Frewza aus Neuseeland. Es war 4,1 Meter lang und 1,75 Meter breit, wobei die Breite des Innenraums nur 1,2 Meter betrug. In dem Boot gab es zwei seitlich verstrebte Holzbänke, eine hinten im Heck beim Motor und eine in der Mitte. Vorn im Bug war ein überdachter und leicht schräger Stauraum. Das Dingi hatte keine durchgehende Reling, aber um den Bug herum und an der Seite neben den Holzbänken waren einzelne Metallgriffe, an denen man sich festhalten konnte. An einem der Griffe hing ein kurzes Stück weißes Seil. Versteckt im Rumpf befanden sich drei mit Luft gefüllte Aluminiumzylinder, sogenannte Bodenluftkammern. Diese Luftkissen sorgten für die nötige Stabilität und sollten verhindern, dass das Bötchen kenterte. Allerdings war das Dingi nicht für hohe Wellen und schon gar nicht fürs offene Meer ausgelegt, sondern nur für Fahrten auf der Lagune oder am Ufer entlang. Von der Bootskante bis zur Wasserlinie waren es gerade mal vierzig Zentimeter, also nicht mehr als die Länge eines Unterarms. Wellen, die höher waren als vierzig Zentimeter, mussten unweigerlich in die Nussschale hineinschwappen. Doch darüber machten sich die drei Teenager im Moment keine Gedanken.

»So, Benzin haben wir genug«, meinte Filo. »Jetzt brauchen wir noch Proviant.«

»Ich besorg uns ein paar frische Kokosnüsse«, sagte Samu.

»Ich hab noch welche beim Schweinegehege«, griff Filo seinen Vorschlag auf und nickte Etueni zu. »Komm mit! Du musst mir beim Tragen helfen.«

Die Jungen trennten sich. Samu besorgte sich eine Machete, kletterte auf zwei Palmen und hackte neun Kokosnüsse ab. Filo und Etueni trabten durch das ausgestorbene Dorf zum Schweinegehege hinter Filos Haus. Die Kokosnüsse, die er zur Fütterung seiner Schweine erntete, bewahrte er in einem riesigen Getreidesack auf. Es waren zwanzig kopfgroße Nüsse darin, grün, wie Bucheckern geformt, nur größer und jede über zwei Kilo schwer. Mit vereinten Kräften schleiften die Jungs den Sack über den Korallenboden zum Landesteg. Samu stapelte die insgesamt neunundzwanzig grünen Kokosnüsse im Boot aufeinander, während Filo und Etueni ein zweites Mal zu Filo nach Hause gingen. Auf Zehenspitzen, um nur nicht Filos Vater, seine Stiefmutter oder seine Schwester aufzuwecken, schlichen sie sich in die Küche. Filo zog eine ordentlich zusammengefaltete grüne Abdeckplane aus reißfestem Polyethylengewebe aus der Ecke und drückte sie Etueni in die Hand. Er selbst schnappte sich eine weiße Keramikteetasse, zwei Packungen *Pall Mall*-Zigaretten und ein 500-ml-Mayonnaiseglas, das er mit einem halben Liter Wasser füllte.

Gerade wollte er sich am Kühlschrank zu schaffen machen, als ein knirschendes Geräusch aus dem Schlafzimmer seines Vaters zu vernehmen war. Filo und Etueni blieben wie angewurzelt stehen und wagten es nicht mehr zu atmen. Waren sie zu laut gewesen? Hatte sie jemand gehört? Filo spähte mit pochendem Herzen zur Schlafzimmertür hinüber. Das hätte ihm gerade noch gefehlt, dass sein Vater plötzlich in die Küche käme und sie auf frischer Tat ertappte. Dann könnte er die Flucht vergessen. Und ein paar saftige Ohrfeigen und Fußtritte würde er auch noch einstecken. Angestrengt lauschte er. Aber glücklicherweise blieb alles ruhig. Vielleicht hatte sich sein Vater oder seine Stiefmutter bloß im Schlaf gedreht. Filo gab Etueni mit dem Kopf ein Zeichen und die beiden huschten eilends und so lautlos wie möglich nach draußen. Sie entfernten sich weit genug vom Haus, um außer Hörweite zu sein.

»Das war knapp«, sagte Filo aufatmend.

Etueni war etwas besorgt. »Meinst du, sie haben was gemerkt?«

»Glaub ich nicht.«

Sie waren schon auf halbem Weg zum Landesteg, da blieb Filo plötzlich stehen. »Wir brauchen was zum Fischen!«, überlegte er und sah Etueni an. »Gehst du noch mal zurück und holst die Fischerausrüstung meines Vaters? Sie ist in der Abstellkammer, gleich neben der Küche. Die Regale sind voll von seinem Kram.«

»Aber ...«

»Schnapp dir einfach alles und komm nach, okay?«

»Okay«, willigte Etueni ein und gab Filo die grüne Plane.

»Wir warten beim Anleger auf dich!«, sagte Filo und lief weiter.

Etueni kehrte zu Filos Haus zurück, öffnete die Tür einen Spalt weit und schlüpfte hinein. Es war ihm nicht wohl bei der ganzen Sache. Er war sonst nicht der Junge, der sich zu irgendwelchen Dummheiten überreden ließ. Er war keiner, der die Regeln brach. Und doch befand er sich hier in Filos Haus mit dem Auftrag, das Angelzubehör von dessen Vater für ihre waghalsige Flucht zu klauen.

Warum lass ich mich überhaupt darauf ein?, schoss es Etueni durch den Kopf, während er sich durchs Wohnzimmer schlich. *Ich muss das nicht tun.*

Doch. Er musste. Und wie er musste. Auch wenn er Angst davor hatte. Auch wenn er seine Nase lieber in wissenschaftliche Bücher steckte, statt sich auf ein reales Abenteuer einzulassen. Und deswegen, genau deswegen musste er mit. Um endlich nicht mehr von allen für seine Intelligenz belächelt, sondern für seinen Mut gefeiert zu werden. Dies war *seine* Chance, allen zu beweisen, was in ihm steckte. Dies war die einzige Möglichkeit, nicht mehr als Streber zu gelten, sondern als Held. Es hatte ihn unglaubliche Überwindung gekostet, im Clubhaus vorzutreten und zu sagen, dass er dabei wäre. Seine Knie hatten gezittert und sein Verstand hatte ihn gewarnt, er solle es lieber bleiben lassen. Aber dann hatte er die Anerkennung und die Bewunderung in den Gesichtern der anderen Jungen gesehen, und ein Gefühl von Stolz und Ruhm hatte ihn überwältigt und sämtliche Bedenken schlagartig ausradiert. Ganz recht: Er war dabei! Er, Etueni, der Musterschüler, dem niemand so etwas Verrücktes zugetraut hätte, war dabei!

Der Vierzehnjährige ging in die Küche. Sein Blick fiel auf drei versiegelte Wodkaflaschen, die auf einem der Regale standen. Etueni war kein großer Trinker. Er hatte auch im Clubhaus als Einziger nicht getrunken, als die Flasche herumgereicht wurde. Die Entscheidung abzuhauen hatte er im Gegensatz zu Filo und Samu völlig nüchtern getroffen. Im Moment bereute Etueni allerdings, sich nicht wie die anderen etwas Mut angetrunken zu haben, zumindest genug, um die lästige Stimme der Vernunft endlich abzuschalten, die sich andauernd bei ihm meldete.

Nein, ich werde jetzt nicht in letzter Minute die Nerven verlieren, sagte sich Etueni und ballte die Fäuste. *Nur, damit mich morgen alle damit aufziehen können, sie hätten ja eh gewusst, dass ich kneifen würde. Nein, Etueni, du reißt dich jetzt zusammen! Du schaffst das!*

Vielleicht war es an der Zeit, seiner Euphorie doch etwas nachzuhelfen. Kurzentschlossen packte Etueni eine der Wodkaflaschen und holte sich außerdem zwei Flaschen Milch aus dem Kühlschrank. Die Jungs mischten Wodka häufig mit Milch. Das schmeckte lecker.

So, jetzt noch die Fischerausrüstung, dachte Etueni.

Aber da passierte es: Er stieß mit der Schulter aus Versehen an einen Kochtopf und eine Bratpfanne, die an der Wand hingen. Sie klapperten laut gegeneinander. Etueni rutschte das Herz in die Hose. Filo hatte ihn ausdrücklich darum gebeten, die Fischerausrüstung seines Vaters zu holen. Doch nun, da er vermutlich das ganze Haus aufgeweckt hatte, war ihm das zu riskant. Auf keinen Fall wollte er Filos Vater mit einer gestohlenen Wodkaflasche und zwei gestohlenen Flaschen Milch in dessen Küche begegnen. Also rannte er los, durchs Wohnzimmer zurück auf die Straße und dann über den Korallenweg, der im Mondlicht weiß schimmerte, den ganzen Weg durchs Dorf hindurch und hinunter zum Schiffsanleger, wo Filo und Samu bereits ungeduldig im Boot auf ihn warteten. Die grüne Abdeckplane, die Machete, das Mayonnaiseglas mit Wasser, die Teetasse und die Zigaretten hatten sie vor dem Berg aus Kokosnüssen in der Bugnische verstaut.

»Na endlich. Das wurde aber auch Zeit«, begrüßte ihn Filo.

Samu half Etueni ins Boot. Etueni setzte sich auf die eine der beiden Holzbänke und reichte Filo den Wodka und die Milch. »Hier«, sagte er. »Was zum Feiern.«

»Und das Angelzeug?«, fragte Filo.

Etueni zuckte entschuldigend die Achseln. »Ich hatte Angst, ich würde jemanden aufwecken. Dann hab ich's dagelassen.«

»Du hast es dagelassen?!« Filo hob die beiden Milchflaschen hoch. »Aber *die* hast du mitgenommen? Mann, Etueni!«

»Willst du noch mal zurück?«, fragte Samu Filo.

Filo biss sich auf die Lippen. Keiner von ihnen hatte eine Uhr. Vom Gefühl her waren sie schon mindestens eineinhalb, wenn nicht sogar zwei Stunden damit beschäftigt, das nötige Material für ihre Flucht aufzutreiben. Viel zu lange, fand Filo. Sie sollten endlich aufbrechen, bevor sie doch noch erwischt wurden.

»Du entscheidest«, gab Filo den Ball an seinen Freund zurück. Filo war zwar derjenige, der das Ganze angestoßen hatte, doch Samus Meinung hatte am meisten Gewicht. Samu war der Älteste. Er war drei Monate älter als Filo, und somit hatte er laut Tradition das

Recht auf das letzte Wort. Aber da Samu kein Mann der vielen Worte war, zog er nur vielsagend eine Augenbraue hoch und startete den Motor. Das Geräusch war wie ein Startschuss. Es ging los!

»Bewahre uns auf der Reise, Gott!«, sprach Filo ein lautes Gebet, dem Samu und Etueni murmelnd zustimmten.

Das Boot entfernte sich vom Landesteg.

Spring an Land!, sagte Etueni innerlich zu sich selbst. *Dies ist deine letzte Gelegenheit. Lass es bleiben! Du weißt, es ist eine dumme und überaus gefährliche Idee. Steig aus dem Boot!*

Aber er tat es nicht. Irgendetwas hielt ihn fest. Und während das Ufer Meter um Meter weiter wegrückte, wurde der Vierzehnjährige das unangenehme Gefühl nicht los, dass er dabei war, den größten Fehler seines Lebens zu begehen.

8 FREIHEIT

Samu hielt das Steuer und lenkte das Dingi zum Kanal im Riff, durch den man aufs offene Meer hinaus gelangte. Sie hatten keine Petroleumlampe dabei, aber das Mondlicht war stark genug, dass die Teenager sich gegenseitig sehen konnten. Die drei Abenteurer verspürten eine Mischung aus Stolz, fiebriger Euphorie und Nervosität. Jetzt war es also so weit. Sie taten es wirklich. Sie hauten ab! Sie ließen ihr von Wasser umspültes Gefängnis hinter sich. Sie ließen all die Prügel, all die unsinnigen Regeln, die Isolation und den frommen Zwang ein für alle Mal hinter sich und nahmen Kurs auf die Freiheit. Was für eine Nacht! Darauf musste angestoßen werden. Filo füllte die Teetasse mit Wodka und Milch und hielt sie hoch.

»Auf uns!«, rief er fröhlich. »Und auf die Freiheit!«

»Auf die Freiheit!«, bestätigten Samu und Etueni begeistert.

Die Tasse machte die Runde, und jeder – auch Etueni – nahm einen großen Schluck von dem starken Drink. Filo stieß einen lauten Schrei aus und Samu stimmte mit ein. Es war ein Urschrei, ein Schrei der Rebellion, ein Schrei des Triumphes und der ultimativen Befreiung aus der Sklaverei. Übermütig riefen sie zur Insel zurück:

»Haha! Wir haben dein Boot gestohlen, Onkel! Ihr werdet uns nie wiedersehen! Haha!«

Sie erreichten den Kanal. Samu steuerte durch die Brandung hindurch. Die fast spiegelglatte Fläche der Lagune verwandelte sich rasch in eine Hügellandschaft aus schwarzem Wasser und weißem Schaum. Es war für alle drei das erste Mal, dass sie ohne einen *Tautai* aufs Meer hinausfuhren. Doch Samu war ein guter Steuermann und lenkte das Bötchen sicher durch die Wellen. Von Atafu war bald nichts mehr zu sehen. Der schmale Landstreifen verschwand rasch in der Dunkelheit. Die drei Ausreißer kümmerten sich nicht weiter darum. Sie johlten, lachten und tranken so viel Wodka mit Milch, bis sie total beschwipst waren.

»Wo fahren wir eigentlich hin?«, fragte Etueni.

»Ist doch egal«, lallte Filo und legte Etueni kameradschaftlich den Arm um die Schulter. »Irgendwohin. Hauptsache weg.«

»Ja, aber wir brauchen doch ein Ziel«, beharrte Etueni.

»Das Ziel ist, Atafu zu verlassen, Schlaumeier«, grinste Filo. »Und genau das haben wir gerade getan, falls du es noch nicht bemerkt hast. Atafu: Versinke in Frieden!«

»Ja, aber ...«

»Wir könnten nach Nukunonu fahren«, schlug Samu vor. Nukunonu war das mittlere Atoll des Zwergstaates Tokelau und befand sich hundert Kilometer südöstlich von Atafu. Die *MV Tokelau* brauchte sechs Stunden von Atafu nach Nukunonu. Aber mit einem kleinen Bötchen würde es natürlich wesentlich länger dauern. Drei bis vier Tage, so schätzte Samu. »Wir müssen einfach nach Südosten steuern.«

»Und wo liegt Südosten?«, fragte Filo.

»Na, ungefähr da«, meinte Samu und deutete in eine Richtung. »Von da kommt jedenfalls das Versorgungsschiff.«

»Quatsch. Das fährt erst einen weiten Bogen um Atafu rum«, nuschelte Filo. »Nach Nukunonu geht's hier lang.« Er zeigte in eine völlig andere Richtung. »Was meinst du, Etueni? In welcher Richtung liegt Nukunonu?«

Etueni zuckte die Achseln. »Woher soll ich das wissen? Ich bin kein Kompass!«

»Aber der Schlauste von uns«, sagte Filo, und es klang kein bisschen abwertend. Etueni fühlte sich fast ein wenig geschmeichelt.

»Ich dachte, ihr mögt keine Streber«, murmelte er, worauf Filo spitzbübisch zu kichern begann.

»Komm schon, Etueni. Wir meinen das doch nicht wirklich so. Jeder weiß, dass du der Intelligenteste an der ganzen Schule bist. Ich wünschte, ich wüsste so viel wie du.«

»Ehrlich?« Das Kompliment, noch dazu aus Filos Mund, war wie Balsam für Etuenis Seele.

»Ja, ehrlich«, sagte Filo. »Also, wo liegt Nukunonu?«

»Ich weiß es nicht. Aber ...« Der Vierzehnjährige dachte einen Moment nach, während ihn Samu und Filo erwartungsvoll anschauten. »Wir könnten einem Stern folgen!«

Die Blicke der drei Jungen wanderten automatisch nach oben. Wie ein mit Diamanten besetztes dunkelblaues Tuch wölbte sich der Himmel mit seinen Hunderttausenden von Sternen über dem Ozean.

»Und ... äh ... welchem Stern folgen wir?«, fragte Samu.

»Wir müssen erst mal das Kreuz des Südens finden«, meinte Etueni mit schwerer Zunge.

»Wieso?«, erkundigte sich Filo.

»Damit bestimmen wir den Südpol. Hab ich in einem Buch gelesen.«

»Ah ...«, murmelte Filo, und an Samu gewandt, ergänzte er beeindruckt: »Ein cleverer Bursche, was?«

Das Kreuz des Südens ist ein Sternbild, das nur auf der Südhalbkugel zu beobachten ist. Es ist auch in Tokelaus Flagge abgebildet und besteht aus vier hell leuchtenden Sternen. Verbindet man sie miteinander, ergibt sich ein Kreuz mit einer langen und einer kurzen Achse, wie man es als Symbol des Christentums kennt.

Schweigend blickten die Jungs in den Himmel auf der Suche nach diesem Sternenkreuz.

»Da ist es!«, rief Etueni schließlich und deutete in den Nachthimmel. »Seht ihr es?«

»Ich seh's«, sagte Filo.

»Ja, ich auch«, bestätigte Samu. »Und jetzt?«

»Jetzt verlängern wir die große Achse viereinhalbmal in die Richtung, in der sie länger ist. Von dort ziehen wir eine senkrechte Linie hinunter zum Horizont und erhalten so den geografischen Südpol. Der müsste dann genau ...« – Etuenis rechter Zeigefinger wanderte messend über den Himmel – »... dort sein! Wir müssen nach Südosten. Das heißt, wir müssen ...«, fuhr er abschätzend fort, »... da lang! Seht ihr den etwas größeren Stern zwei Finger breit über dem Horizont? Den nehmen wir als Orientierungspunkt! Wir folgen einfach dem Stern. Dann treffen wir genau auf Nukunonu! Wir können es gar nicht verfehlen!«

»Du bist ein echtes Genie«, nuschelte Filo und klopfte ihm auf die Schulter. »Bin froh, dass wir dich dabeihaben, Mann.«

Etueni wölbte stolz seine Brust. Es war ein herrliches Gefühl, von Filo gelobt zu werden, auch wenn diese Freundlichkeit vielleicht nur vom Alkohol herrührte. Egal. Zum ersten Mal, seit Etueni denken konnte, wurde seine Intelligenz nicht belächelt, sondern respektiert und geschätzt. Sein Wissen wurde gebraucht – und damit auch er. Und der Junge freute sich wie ein Schneekönig über diese Entwicklung.

Samu nahm Kurs auf den Stern am Horizont. Etueni, beflügelt von seiner Beförderung zum vollwertigen Mitglied der Truppe, mixte nochmals eine Teetasse Wodka mit Milch und reichte sie herum. Sie hatten alle schon viel zu viel getrunken. Ihre Gespräche und Reaktionen wurden merklich langsamer. Etueni zog sein T-Shirt aus, schwenkte es herum und ließ es dabei ins Wasser fallen.

»Ups«, murmelte der Junge und grinste. Er war zu langsam, um es wieder aus dem Meer zu fischen.

Samus Konzentration ließ nach. Ständig verlor er den Stern aus den Augen, dem er folgen sollte, und Etueni musste ihm einen neuen suchen. Seine Berechnungen wurden dabei von Mal zu Mal ungenauer.

»Folge dem Stern da!«, sagte er, und einige Minuten später: »Nein, ich glaube, der da drüben ist besser.«

Sie waren alle zu betrunken, um zu erkennen, dass sie in großen Schlangenlinien fuhren. Filo war der Erste, den die Müdigkeit übermannte. Er wünschte den anderen eine gute Nacht und rollte sich auf dem Bootsboden zusammen. Samu und Etueni blieben noch etwas wach, bis auch Samu die Augen schwer wurden. Etueni übernahm für eine Weile das Steuer. Dann schaltete er den Motor aus und legte sich zu den anderen auf den flachen Metallboden. Der Boden war unbequem, hart und kalt und hatte sich von den überschwappenden Wellen in eine einzige Pfütze verwandelt. Bald reichte Etueni das Wasser bis zu den Ohren.

Er sehnte sich nach seinem kuscheligen Bett. Ob sich der Tausch seiner weichen Matratze gegen diese Wasserlache lohnen würde? Ob das Leben auf Nukunonu tatsächlich besser war als das auf Atafu? Auch wenn Etueni vieles an seiner Heimatinsel liebte – die Großzügigkeit seiner Einwohner, die Fröhlichkeit und den starken Zusammenhalt der Menschen –, frustrierten ihn die engen Grenzen, die die greisen Männer gesteckt hatten, ebenso sehr wie Filo und Samu. Nicht, dass er das jemals laut ausgesprochen hätte. Er hielt lieber den Mund und gehorchte, statt Prügel zu kassieren. Aber einmal auf Facebook hatte er es dennoch gewagt, seiner inneren Wut über die strengen Moralvorstellungen Ausdruck zu verleihen, und hatte auf seine Pinnwand gepostet:

»Es ist die absolute Hölle.«

Nachdem sich Etueni auf dem Bootsboden mehrmals von einer Seite auf die andere gewälzt hatte, fiel er in einen unruhigen Schlaf. Er träumte von Kokospalmen, dem Kreuz des Südens, dessen Sterne andauernd ihre Position am Himmel veränderten, und von Filos Vater, der ihn mit einem Stock bewaffnet in flagranti in der Küche überraschte, als er seine Fischerausrüstung klauen wollte.

5. Oktober 2010, auf Atafu, Tokelau

Die Hähne krähten, und ein neuer verträumter Tag brach auf Atafu an. Die Frauen fegten mit ihren Besen die Korallenstraße. Die Hühner pickten in leeren Kokosnussschalen herum. Krabben mit aufgerichteten Scheren hasteten seitwärts zwischen rostigen Ölfässern und aufgetürmten Bergen aus leeren Konservendosen hin und her. Die Menschen kamen in aller Gemütlichkeit aus ihren bunt gestrichenen Häuschen geschlurft, grüßten einander und lächelten. Vögel zwitscherten in den Palmen. Ein paar junge Männer trotteten mit vollen Eimern zur Lagune und kippten Fischreste ins Wasser. Alles war wie immer – bis ein lauter Ton das Paradies erstarren ließ. Kuresa Nasau, das Oberhaupt der Insel, schritt in beachtlichem

Tempo durchs Dorf und blies dabei in ein Messingsignalhorn. Dieses Horn wurde nur in Notfällen benutzt und bedeutete, dass alle sich unverzüglich im *Lotala*-Versammlungshaus einzufinden hatten. Irgendetwas musste geschehen sein, denn der *Faipule* rief sein Volk nie unbegründet zusammen.

»Wir haben ein Problem«, verkündete er, als das ganze Dorf sich versammelt hatte. »Filo, Samu und Etueni sind verschwunden sowie Meles Boot.«

»O nein«, seufzte ein altes Weiblein mit braunen Zahnstümpfen und hielt erschrocken die Hand vor den Mund. »Nicht schon wieder.«

Es war fast auf den Tag acht Monate her, seit jener furchtbare Sturm unmittelbar vor dem Riff drei Menschenleben gefordert hatte. Und jetzt wurden drei weitere junge Tokelauer vermisst. Und ein Dingi fehlte. Das verhieß nichts Gutes. Vielleicht hatten sie einen verbotenen Ausflug aufs Meer gemacht, und der Wind hatte sie abgetrieben. Es kam immer mal wieder vor, dass ein Fischer mit seinem Boot unterwegs war und plötzlich der Motor abstarb. Dann blieb ihm nichts anderes übrig, als ins Meer zu springen und zu versuchen, an Land zu schwimmen. Denn ein Boot, das nicht mehr gesteuert werden konnte, driftete zu schnell ab, und ohne GPS-Ortungssignal war die Chance, bei einer Suchaktion überhaupt gefunden zu werden, sehr gering. Ein weiterer Grund, warum selbst die erfahrenen *Tautais* sich nie zu weit vom Land entfernten.

Natürlich gab es auch Leute, die sich ganz bewusst zu weit hinauswagten und sich auf Nimmerwiedersehen vom Wind davontreiben ließen. Es war die tokelauische Art, Selbstmord zu begehen. Die Insulaner hatten sogar einen eigenen Begriff dafür: *tagavaka*. Aber diese Möglichkeit weigerten sich die Dorfbewohner in Betracht zu ziehen. Filo, Samu und Etueni waren Teenager. Bestimmt wollten sie in ihrem jugendlichen Leichtsinn bloß ein kleines Abenteuer erleben. Immerhin waren Filo und Samu dafür berüchtigt, nur Flausen im Kopf zu haben. Vielleicht waren sie auch gar nicht aufs Meer, sondern zu einem der *Motus* hinübergefahren und hatten dort am Strand übernachtet. Was Etueni mit den beiden zu schaffen hatte, war allerdings etwas rätselhaft. So oder so, die drei waren weg. Und ihr Verschwinden musste auf jeden Fall ernst genommen werden.

»Wir haben bereits die ganze Insel nach ihnen abgesucht«, berichtete Tanu, Filos Vater. »Nichts.«

»Sie haben sich auf jeden Fall mein Dingi geklaut und könnten sonstwo sein«, ergänzte Mele, Samus Onkel.

»Wir müssen sie suchen«, sagte der *Faipule* ernst. »Wir alle. Männer, fahrt hinüber zu den *Motus*. Checkt jede Insel. Fahrt hinaus aufs Meer. Ich werde die *Faipules* von Nukunonu und Fakaofo verständigen. Sie sollen ebenfalls Ausschau halten.«

Die Versammlung wurde aufgelöst. Jeder wusste, was zu tun war. Sämtliche Männer von Atafu eilten zu ihren Booten und begannen mit der Suche nach den Vermissten. Sie nahmen dicke Stöcke mit. Denn gleichgültig, wo sie die drei finden würden, für diese Aktion würden sie den Burschen eine Lektion erteilen, die sie nicht so schnell vergessen sollten.

28. Juli 2013, in Sydney, Australien

Filo vergrub die Fäuste in seinem schwarzen Kapuzenpullover. Seine Freundin Nina saß auf der Kinderschaukel und rauchte eine Zigarette. Ich hielt mein Aufnahmegerät fest und hörte dem beinah Achtzehnjährigen gespannt bei seinen Ausführungen zu.

»Wenn die Männer euch gefunden hätten, hätten sie euch wirklich verprügelt?«, fragte ich ihn.

»Und ob sie das hätten!«, antwortete Filo. »Sie haben uns schon für den Einbruch in Patrinas Laden windelweich geschlagen, als hätten wir eine Bank ausgeraubt oder so etwas. Wir wollten nicht von ihnen gefunden werden. Wir wussten sehr wohl, was uns blühte. Ein Freund von mir hat es mir später erzählt. Die Männer haben massive Stöcke mitgenommen, als sie sich auf die Suche nach uns gemacht haben. Stell dir vor, wir wären ihnen in die Hände gefallen. Die hätten uns in die Mitte gestellt und brutal zusammengeschlagen. Als wären wir Kriminelle.« Er kniff die Augen leicht zusammen. »Aber damit ist jetzt Schluss.«

»Du meinst, weil du nicht mehr auf Atafu lebst?«

»Nein, weil ich gelernt habe zu kämpfen.« Er sah mich an. »Diese Zeit auf dem Meer hat mich stark gemacht, weißt du. Ich war 51 Tage verschollen. Mann, wer so was übersteht, der übersteht alles. Ich bin ein Soldat geworden, ein Kämpfer. Deswegen will ich auch professioneller UFC-Fighter werden.«

»Was ist UFC?«

»Du kennst UFC[2] nicht?« Filo war überrascht. »Die veranstalten *Mixed Martial Arts*[3]-Kämpfe in der ganzen Welt. Dabei werden verschiedene Kampftechniken wie Kickboxen, Ringen, Karate, Jiu-Jitsu und einige andere miteinander vermischt. Du kämpfst in einem achteckigen Maschendrahtkäfig. Barfuß, mit fingerlosen, leicht gepolsterten Handschuhen. Regeln gibt es praktisch keine. Eigentlich nur eine: Wer zuerst k. o. geht, hat verloren.«

Ich war schockiert. »Und so was willst du machen?«

Filo lachte. »Tu ich schon. Ich bin echt gut darin!«

»Du schlägst Leute k. o.?«

»Ein paar hab ich bei Straßenkämpfen k. o. geschlagen, ja.« Er sagte es mit Stolz in der Stimme und gleichzeitig so, als wäre nichts Besonderes dabei, Leute bis zur Ohnmacht zu prügeln. Eigentlich hätte es mich nicht zu wundern brauchen, bei all den Schlägen, die er selbst eingesteckt hatte.

»Bisher trainiere ich nur in unserem Garten. Aber in einer Woche werde ich achtzehn. Dann kann ich mit dem echten Training beginnen und an offiziellen Kämpfen teilnehmen«, erzählte mir Filo weiter, und seine Augen funkelten wie die eines Jungen, der seine erste Mutprobe bestanden hat. »Dank meiner Gang hab ich

---

2   UFC steht für *Ultimate Fighting Championship*, die wohl bekannteste Organisation, die MMA-Kämpfe durchführt.
3   »Gemischte Kampfkünste«, abgekürzt MMA.

viel Erfahrung im Kämpfen. Wir arrangieren öfter Zweikämpfe mit Mitgliedern von anderen Gangs.«

Also doch, dachte ich. *Demetri hatte recht.*

»Du bist in einer Gang?«

»Ja. Bei LSB, *Loyal Samoan Bloods.* Wir kommen nur nachts raus.«

»Und was macht ihr so?«

»Wir ziehen um die Häuser, trinken, haben Spaß.«

»Habt ihr Ärger mit der Polizei?«

»Manchmal schon. Ich bin ein paarmal im Jugendknast gelandet.«

»Wegen der Kämpfe?«

»Wegen allem Möglichen. Scheiben einschlagen, Graffiti, Handys klauen, Polizisten bespucken, Schlägereien mit rivalisierenden Gangs. Solche Dinge halt.«

»Wie lange hast du dafür gesessen?«

Filo zuckte die Achseln. »Meist so vier bis fünf Wochen. Wenn ich rauskam, dauerte es gewöhnlich nicht lange, und ich kam wieder wegen irgendeinem Mist rein. Darum muss ich mich jetzt jede Woche mit einem Beamten der Strafrechtspflege treffen, der mir hilft, mich von Schwierigkeiten fernzuhalten. Das letzte Mal saß ich sieben Monate. Das war, kurz nachdem ich die Schule geschmissen hab. Da war ich sechzehn.«

»Was hast du angestellt?«

Filo spuckte auf den Boden. »Hab einen Drogendealer beraubt.«

Ich machte große Augen. »Du hast einen *Drogendealer* beraubt?«

»Ja, bin nachts in seine Wohnung eingestiegen. Hab blöderweise die Überwachungskameras nicht gesehen. Und am nächsten Morgen, als ich mir gerade einen Kaffee mach, kommt die Polizei und will mein Zimmer sehen. Tja, und da haben sie alles gefunden, eine Xbox mit Spielen, einen großen Flachbildfernseher und einen ganzen Beutel Marihuana. Das Zeug wollte ich eigentlich später auf der Straße verticken. Das hab ich schon öfter gemacht, für zehn Dollar das Päckchen. Aber da hetzt mir dieser Dealer doch tatsächlich die Bullen auf den Hals. Ist das zu fassen?«

»Hattest du keine Angst, dass er sich an dir rächen würde? Ich hab mal in Brasilien unter Straßenkindern gearbeitet. Für so was wärst du dort umgebracht worden.«

»Echt?« Filo sah mich erstaunt an. »Nein. Hier nicht.«

»Was ist mit Samu?«, erkundigte ich mich. »Ist er auch in dieser Gang?«

Filo schüttelte den Kopf. »Nein. Samu hat sich geändert. Früher war er für alles zu haben. Mit Samu konntest du Pferde stehlen. Egal, wie oft wir gegen das Gesetz verstießen, er war dabei. Aber seitdem er hier wohnt, will er nichts mehr mit solchen Aktionen zu tun haben. Wir sind immer noch Freunde und treffen uns oft. Doch von allem, was verboten ist, lässt er die Finger. Er geht zur Schule, spielt Rugby und ist für seine Familie da. Das ist Samu. Er hat sich sehr verändert seit jener Zeit. Er ist gut geworden.«

»Und du?«

Filo kniff die Augen leicht zusammen. »Ich weiß nicht. Ich bin kein guter Mensch.«

»Nein?«

»Nein.«

Er blickte vor sich hin und knetete seine Fäuste unter dem Pullover. Ich betrachtete ihn einen Moment schweigend. Der Junge begann mir mehr und mehr ans Herz zu wachsen. Er gab sich zwar als harter Bursche, kam ständig mit dem Gesetz in Konflikt und wollte als Käfig-Fighter für die UFC Menschen zusammenschlagen. Aber unter seinem schwarzen »Infernal«-Kapuzenpullover und hinter seinem ganzen Gangster-Style sah ich einen überaus sensiblen Jungen, der gar nicht so schlecht war, wie es ihm immer eingetrichtert worden war.

»Weißt du, was ich glaube?«, sagte ich. »Gott hat größere Pläne für dich, als du es dir im Moment vorstellen kannst. Sonst hätte er dich nicht gerettet.«

»Ja, mein Onkel sagt das auch«, murmelte Filo nachdenklich. »Ich weiß nicht. Der Gedanke macht mir manchmal Angst.«

»Ich meine, du hast überlebt«, fuhr ich fort. »Du hättest sterben können da draußen auf dem Meer, aber du hast überlebt. Das sagt doch alles, findest du nicht?«

»Ja, mag sein«, sagte Filo leise.

Wir redeten noch eine Weile, dann kehrten wir zu Filos Haus zurück. Eigentlich wollte mich Filo noch hereinbitten, aber nachdem er kurz drinnen verschwunden war, kam er zur Tür zurück und sagte mir, er hätte leider doch keine Zeit mehr. Ich wusste, seine Mutter steckte dahinter.

»Kein Problem«, sagte ich. »Ich reise für zwei Wochen nach Neuseeland. Sobald ich zurück bin, melde ich mich, damit wir uns noch mal treffen können.«

Er war damit einverstanden. Wir verabschiedeten uns.

»Pass auf dich auf!«, sagte er, als ich wegging, winkte mir nach und lächelte. Ich hatte das Gefühl, er vertraute mir.

Auf der Bahnfahrt zurück ins Stadtzentrum brummte mir der Schädel. Ich war im Stadtviertel Waterloo in einer Studentenwohngemeinschaft der *Hillsong Church* untergekommen, und am Abend ging ich zu Fuß zu dieser Gemeinde. Ich kannte sie bisher nur von ihren begeisternden Lobpreis-Songs. Nun lernte ich sie live kennen und besuchte ihre Gottesdienste. Ich ließ praktisch keinen Gottesdienst aus, weil mich die Predigten und die Anbetungszeit unglaublich ansprachen. Ich hatte das Gefühl, während dieser Zeit in Sydney total aufzutanken. Doch an diesem Abend war ich innerlich ganz woanders. Ich musste die ganze Zeit an Filo denken und an das, was er mir heute erzählt hatte. Während der Anbetungszeit kamen mir die Tränen. Es ging mir einfach nicht in den Kopf, dass ein Junge, der auf einer malerischen Südseeinsel – also praktisch im Paradies – lebt, dort einen derart strengen christlichen Glauben kennenlernt, dass er es nicht mehr aushält und flieht! Dieser Gedanke machte mich fix und fertig.

Genau deswegen ist doch Jesus am Kreuz gestorben – damit wir frei sein können!, dachte ich. *Damit wir nicht mehr unter der Verdammnis des Gesetzes stehen, sondern unter der Gnade! Damit wir aus diesem*

Käfig des Nichtgenügens ausbrechen können und nicht mehr aus eigener Kraft versuchen müssen, gut zu sein. Niemand von uns ist gut. Dieses Joch des Perfektionismus kann doch niemand tragen! Deswegen hat Jesus die Bestrafung an unserer Stelle auf sich genommen. Er ist der Sündenbock, damit die Schläge ihn treffen und nicht uns. Er hat am Kreuz mit seinem kostbaren Blut unseren Freispruch erwirkt! Er hat den Kampf für uns gekämpft! Mit seiner Auferstehung hat er die Tür des Käfigs aufgeschlossen. Sie steht offen! Wir müssen nur noch hinausspazieren!

Doch von dieser Freiheit hatte Filo niemals gekostet. Aber er sehnte sich danach und war gerade darum von der Insel geflohen, um endlich frei zu sein, um endlich einen Ort auf dieser Welt zu finden, wo er so sein konnte, wie er war. Einen Ort, an dem nicht ständig von ihm verlangt wurde, perfekt zu sein. Einen Ort, an dem es auch erlaubt war, Fehler zu machen!

Doch kaum hatte er den Käfig der Insel verlassen, kroch er freiwillig in den nächsten hinein. Und das im wahrsten Sinne des Wortes. Er war nicht aus dem Käfig in die Freiheit hinausspaziert, sondern hatte den seelischen Käfig gegen einen Käfig aus Maschendraht ausgetauscht. Er war genauso gefangen wie zuvor, mit dem Unterschied, dass er jetzt nicht nur Prügel einsteckte, sondern auch welche austeilte. Es fühlte sich alles so falsch an, so verdreht, so krank.

Mir liefen die Tränen übers Gesicht, während die *Hillsong*-Band auf der Bühne herumtanzte, die Zuschauer um mich herum jubelten und sangen und eine gewaltige Freude und Freiheit in der Luft lag. Oh, wenn Filo nur diese Freiheit erfahren könnte! Wenn es nur irgendeinen Weg gäbe, ihm zu zeigen, dass Gott nicht mit einem Knüppel in den Wolken saß und bloß darauf wartete, ihm eins überzubraten, wenn er wieder etwas falsch gemacht hatte.

Herr, betete ich. *Gib mir die Möglichkeit, Filo in die Gemeinde einzuladen! Ich möchte, dass er dich kennenlernt, wie du wirklich bist! Kein strafender Gott, sondern ein Gott der Liebe und der Freiheit! O Herr, mach es irgendwie möglich!*

Ich wusste noch nicht genau, wie ich das anstellen sollte, da Filos Mutter ja jeden seiner Schritte überwachte. Aber irgendeinen Weg musste es geben. Vielleicht war ich genau deswegen hier. Vielleicht hatte es deswegen nicht geklappt, nach Atafu zu reisen, damit ich Filo meine volle Aufmerksamkeit schenken konnte. Vielleicht war ich nicht nur wegen seiner fantastischen Geschichte hier – sondern wegen ihm.

9 NEUNUNDZWANZIG KOKOSNÜSSE

5. Oktober 2010
Tag 1, irgendwo in der Südsee

Etueni wachte als Erster auf. Etwa zwanzig große Seemöwen flogen krächzend über den bedeckten Himmel. Der Vierzehnjährige rappelte sich auf und spähte über den Bootsrand. Weit und breit war kein Land zu sehen, nur Wasser bis zum Horizont. Der Sternenwegweiser, das Kreuz des Südens, war natürlich auch weg. Daran hatte Etueni nicht gedacht. Wie sollten sie jetzt herausfinden, wo Südosten lag?

Filo wachte auf, zog sich rasch am Bootsrand hoch und übergab sich ins Meer. Keine Minute später musste auch Samu erbrechen. Die beiden Fünfzehnjährigen hätten wohl doch nicht so viel Wodka trinken sollen. Etueni war erstaunlicherweise der Einzige, der sich nicht übergab.

»Morgen«, sagte er gut gelaunt.

»Morgen«, brummten Filo und Samu und setzten sich auf.

Sie blickten übers Meer. Wasser, nichts als Wasser und kein Fleckchen Land in Sicht. Wie spät es wohl war? Ob sie bereits vermisst wurden?

»Frühstück?«, fragte Etueni und hielt eine Flasche Milch hoch. Sie tranken die Milch leer und warfen die Flasche ins Meer. Anschließend schlugen sie mit der Machete drei ihrer neunundzwanzig Kokosnüsse auf und tranken das Kokoswasser. Sie machten sich nicht die Mühe, die Kokosnüsse aufzubrechen, um das Fleisch zu essen, sondern warfen die leergetrunkenen Nüsse einfach über Bord. Filo holte das Päckchen Zigaretten aus dem Stauraum. Sechs Zigaretten waren trocken geblieben. Sie zündeten sich drei davon an, rauchten und blickten aufs Meer hinaus. Die Möwen über ihnen kreischten, als wollten sie mit ihnen sprechen. Das Dingi schaukelte wie eine Wiege auf den flachen Wellen. Noch war die See ruhig, aber die dunklen Wolken am Himmel deuteten auf einen bevorstehenden Sturm hin.

»Die Methode mit dem Stern funktioniert jetzt wohl nicht mehr«, stellte Filo fest, während er den Zigarettenrauch aus Mund und Nase blies. »Irgendeine Idee, in welcher Richtung Nukunonu liegt?«

Keiner wusste es.

»Vielleicht können wir den Vögeln folgen«, schlug Etueni vor. »Die kommen bestimmt tagsüber her, um Fische zu fangen, und fliegen abends zurück aufs Land.«

»Klingt vernünftig«, meinte Filo.

»Na, dann mal los«, sagte Samu und startete den Motor. Er versuchte, aus dem Flug der Möwen irgendein Muster zu erkennen, irgendeinen Hinweis, woher sie gekommen waren. Aber schon bald merkte er, dass das nicht funktionierte. Die Vögel schienen überhaupt kein Ziel vor Augen zu haben, sondern einfach in weiten Bögen über den Ozean zu segeln.

»Ich glaube, wir fahren im Kreis«, sagte Samu nach einer Stunde.

»Und was jetzt?«, fragte Etueni und sah seine Gefährten ratlos an.

»Fahr da lang«, sagte Filo und deutete willkürlich in eine Richtung. »So weit daneben werden wir nicht liegen.«

Samu und Etueni waren damit einverstanden, und so fuhren sie weiter, ohne sich auch nur einen Moment lang Sorgen zu machen. Sie würden schon irgendwo landen. Und wenn nicht, würde man sie spätestens in ein paar Tagen finden. Die drei Jugendlichen, die vor sechs Jahren abgehauen waren, waren schließlich auch nach fünf Tagen gefunden worden.

Im Verlauf des Vormittags wurde der Wind stärker. Die eben noch sanfte Ebene verwandelte sich in eine sich ständig verändernde Landschaft aus Wasserhügeln. Die vom Wind aufgepeitschte Gischt spritzte ins Boot. Die Wellenhügel wurden höher und höher und Filo und Etueni blasser und blasser. Sie klammerten sich an die Metallgriffe am Bootsrand. Etueni war ganz grün um die Nase. Nur Samu lachte und war voll in seinem Element.

»Ihr habt doch nicht etwa Schiss? Das ist noch gar nichts!«

»Und wenn wir kentern?«, fragte Etueni.

»Werden wir nicht!«, rief Samu gegen das laute Rauschen der Wellen und das Pfeifen des Windes an. »Das Boot hält was aus! Aber wir müssen es ausbalancieren! Lehnt euch nach draußen, wenn eure Seite zu leicht wird! Und lasst die Reling nicht los!« Die beiden nickten ängstlich, während Samu den Kopf zurücklegte und einen lauten Schrei ausstieß. Das stürmische Wetter beflügelte ihn geradezu. Er war der König der Wellen. Er hatte keinerlei Furcht, weder vor den hohen Wellen noch vor der Schräglage, in die das kleine Dingi zwischen Berg- und Talfahrt geriet. Wie ein Surfer hatte er ein Gespür für den richtigen Winkel, mit dem er die Welle schneiden musste. Etueni gab keinen Ton von sich, und Filo betete nur, dass sie nicht kenterten. Er dachte an die drei jungen Männer, die vor acht Monaten unmittelbar im Kanal beim Riff ums Leben gekommen waren, weil das Verladefloß gekippt war. Und obwohl sie dem Ufer so nahe gewesen waren, hatten sie nicht die nötige Kraft gehabt, um an Land zu schwimmen. Das Meer kannte keine Gnade. Filo wusste, sie wären verloren, wenn sie jetzt kentern würden. Und ihre Nussschale war nicht mal halb so stabil wie das Verladefloß. Außerdem waren die Wellen um ein Vielfaches höher als die im Kanal, manche waren mittlerweile so hoch wie ein zweistöckiges Haus, und genauso tief waren die Täler zwischen ihnen, tief und steil wie flüssige Felsklippen. Sie hätten schon lange kentern müssen. Ihr Dingi hätte sich längst überschlagen müssen. Aber entgegen jeder Logik kenterten sie nicht.

Mehrere Stunden dauerte die mörderische Achterbahnfahrt. Wasser überschüttete das Bötchen und verwandelte es in eine Badewanne, deren Wasserpegel mit jeder Welle bedenklich anstieg. Filo nahm die Teetasse, und er und Etueni wechselten sich gegenseitig ab mit Wasserschöpfen. Aber das Dingi füllte sich schneller, als sie schaufeln konnten. Filo und Etueni hatten das Gefühl, die Arme müssten ihnen abfallen, weil sie unablässig damit beschäftigt waren, Wasser zu schöpfen oder sich am Boot festzuklammern und ihr Gewicht zu verlagern, während Samu das Steuer in der Hand hielt und das Boot sicher durch die Wellen lenkte. Endlich, am späten Nachmittag, legte sich der Wind ein wenig, die Wellen wurden kleiner und die Wolken verzogen sich. Zum ersten Mal an diesem Tag kam die Sonne heraus.

Samu schüttelte sich wie ein nasser Pudel und strahlte. »Was hab ich euch gesagt? Das Boot hält was aus.«

Filo und Etueni waren einfach nur froh, das Unwetter heil überstanden zu haben. Sie schöpften weiter Wasser aus dem Boot, bis es leer war. Dann tranken sie Wasser aus dem Mayonnaiseglas und Kokoswasser von drei weiteren Kokosnüssen. Sie waren alle etwas hungrig. Aber immer noch befand es keiner für nötig, das Kokosnussfleisch aus der Nuss zu schaben, da sie dieses normalerweise an die Schweine verfütterten. Es war reine Gewohnheit, die Nüsse aufzuschlagen und nur das Wasser zu trinken. Die leer getrunkenen Kokosnüsse warfen sie über Bord. Die drei verbliebenen Zigaretten waren natürlich komplett durchnässt, und Filo warf sie ebenfalls ins Meer.

»Was meint ihr?«, überlegte Etueni. »Ob sie schon nach uns suchen?«

»Klar«, meinte Filo. »Mit Stöcken und Ruten.«

»Ich frag mich, was meine Eltern denken«, sagte Etueni.

»Die werden denken, wir hätten dich gekidnappt«, lachte Filo. »Ihr braver Sohn lässt sich doch nicht freiwillig mit Kriminellen wie uns ein.«

»Mein Onkel wird sich um seinen Yamaha-Motor sorgen«, warf Samu ein. »Er hat über 2 500 Dollar dafür bezahlt.«

Sie tuckerten weiter durch die nun wieder flache Wasserwüste, bis die Sonne wie ein blutroter Feuerball am Horizont verschwand und den Himmel in ein flammendes Gemälde verwandelte. Mit Einbruch der Nacht kamen auch die Sterne wieder zum Vorschein, und sie konnten berechnen, in welcher Richtung Südosten lag. Wie weit sie allerdings schon vom Kurs abgewichen waren, wussten sie nicht. Es kümmerte sie nicht weiter. Sie waren guter Dinge, ignorierten ihre knurrenden Mägen und unterhielten sich über Atafu und all die blöden Regeln, die sie endlich nicht mehr einhalten mussten. Als sie müde wurden, stellten sie den Motor ab und legten sich in der Wasserpfütze am Bootsboden schlafen.

6. Oktober 2010
Tag 2, irgendwo über der Südsee

Die *Lockheed P-3 Orion* war ein propellerangetriebenes viermotoriges Seeaufklärungsflugzeug der neuseeländischen Luftwaffe. Die Militärmaschine war mit modernster Radartechnik ausgestattet, die selbst etwas so Kleines wie ein U-Boot-Periskop hätte aufspüren können. Als am 6. Oktober 2010 die *Royal New Zealand Air Force* um Unterstützung bei der Suche nach drei verschollenen Tokelauern gebeten wurde, machte Nick Olney, Oberstleutnant bei der Luftwaffe, seine *P-3 Orion* unverzüglich startklar. Es wurde berechnet, wie weit die Jugendlichen seit ihrem Verschwinden in der Nacht vom 4. auf den 5. Oktober ungefähr hatten kommen können, und man einigte sich darauf, eine Fläche von gut 22 000 Quadratkilometern nach ihnen abzusuchen. Die Sicht war gut, aber es gab viele Sonnenspiegelungen auf dem Wasser. Es war, als würde man die ganze Zeit mit einem Spiegel geblendet, was die Suche nicht gerade erleichterte.

Acht Stunden lang drehte Nick Olney seine Runden über dem Südpazifik und kehrte nur einmal zum Tanken nach Samoa zurück. Doch von dem Dingi mit den drei Jugendlichen fehlte jede Spur. Natürlich wusste Olney, dass ein derart kleines Bötchen, das nicht mit einem Positionsbestimmungssystem ausgerüstet war, in höchstens zwanzig von hundert Fällen aufgespürt wurde. Trotzdem hatte er fest damit gerechnet, die Teenager zu finden. Als er am Abend angewiesen wurde, die Suche einzustellen, fiel ihm dies alles andere als leicht. Die Chance, dass die drei doch noch gefunden wurden, war damit praktisch auf null gesunken.

Zur selben Zeit irgendwo in der Südsee

Etueni sah das Flugzeug als Erster. Es war eine Militärmaschine mit vier Propellern und sie flog extrem tief.

»Da!«, rief Etueni und ruderte wild mit den Armen in der Luft herum. »Ein Flugzeug! Sie haben uns gefunden!«

Samu und Filo sahen das Flugzeug auch, doch im Gegensatz zu Etueni waren sie alles andere als begeistert.

»Hör auf zu winken, du Weichei!«, fuhr Filo den Vierzehnjährigen scharf an. »Es ist noch viel zu früh, um gefunden zu werden!«

Etueni stand auf und winkte umso stürmischer. »Hier sind wir! Hierher!«

»Hör auf damit!«, befahl ihm Filo. »Weißt du, was die Männer mit uns machen, wenn sie uns jetzt finden? Die prügeln uns windelweich!«

»Aber ...« Etueni ließ die Arme sinken und sah verständnislos zwischen seinen Kollegen und dem Flugzeug hin und her. »Die sind hier, um uns zu retten!«

»Setz dich endlich hin, Mann!«, sagte nun auch Samu. »Führst dich ja auf wie ein Mädchen!«

Widerwillig setzte sich Etueni hin, während das Flugzeug so dicht über sie hinwegdonnerte, dass sie beinahe die Nieten des grauen Rumpfes zählen konnten. Es sah nicht danach aus, als hätte sie der Pilot entdeckt, denn er flog einfach weiter. Etueni musste sich zusammenreißen, um nicht wieder aufzustehen und zu winken. Doch er wollte nicht als Weichei gelten. Das Flugzeug entfernte sich rasch, wurde kleiner und kleiner und verschwand schließlich als schwarzer Punkt am Horizont. Das war sie gewesen, ihre Hoffnung auf Rettung. Und jetzt war sie fort. Etueni war nicht sehr glücklich darüber.

»Warum wollt ihr nicht gefunden werden?«

»Nach nur eineinhalb Tagen? Ich bitte dich«, sagte Filo. »Willst du ein Held sein oder ein erbärmlicher Versager?«

»Ein Held«, murmelte Etueni.

»Na also. Dann wirst du es wohl noch ein paar Tage länger aushalten.«

»Und wenn sie uns nicht finden?«

Filo lachte. »Jetzt hör endlich auf zu flennen, Etueni. Du siehst ja, dass sie nach uns suchen. Kein Stress. Wenn sie das nächste Mal vorbeifliegen, kannst du winken bis zum Umfallen.«

Etueni verzog den Mund und schwieg. Vielleicht hatte Filo ja recht. Vielleicht kam das Flugzeug zurück. Bestimmt kam es zurück.

Die Sonne schien von einem wolkenlosen Himmel. Filo hackte ein paar Kokosnüsse auf und gab sie Etueni und Samu zum Trinken. Samu lenkte das Boot. Er kratzte sich die ganze Zeit. Vom Schlafen in der Salzwasserpfütze hatte er einen bösen Ausschlag bekommen. Seine Arme und Beine waren übersät mit roten Pusteln. Sie juckten entsetzlich, und Samu kratzte sich so heftig, dass bald das ganze Boot voller Hautschuppen war. Aber er beschwerte sich nicht. Ein *Tautai* – oder ein Fast-*Tautai* – war nicht zimperlich und ertrug Schmerzen mit Würde.

Der Tag verging. Das Flugzeug kam nicht zurück. Aber Filo, Samu und Etueni waren zuversichtlich. Die anderen drei Jugendlichen waren nach fünf Tagen gefunden worden. Also würde man auch sie finden. Ganz bestimmt.

7. Oktober 2010
Tag 3

Mit knurrenden Mägen wachten die Teenager am dritten Morgen ihrer Irrfahrt auf. Sie hatten schlecht geschlafen. Sie schöpften mit der Teetasse das angesammelte Wasser aus dem Boot. Dann nahmen sie sich ihr Frühstück vom geschrumpften Kokosnusshaufen. Diesmal warfen sie die Nüsse nach dem Trinken des Kokoswassers nicht über Bord, sondern spalteten sie mit der Machete und schabten das Fruchtfleisch heraus, das wegen der Unreife der Kokosnüsse noch nicht hart und weiß, sondern gallertartig und durchsichtig war. Die Frauen in Atafu kochten daraus eine süße Suppe. Das schlabbrige Fleisch ließ sich relativ leicht von der Schale lösen, bestand aber nur aus einer dünnen Schicht von höchstens drei Millimetern Dicke. Es wog wahrscheinlich nicht mehr als zwanzig Gramm pro Nuss und machte kaum satt. Im Verlauf des Tages tranken Filo, Samu und Etueni auch das restliche Trinkwasser aus dem Mayonnaiseglas, denn die tropische Hitze machte sie unglaublich durstig. Sie wünschten sich, sie hätten Sonnenbrillen oder Baseball-Caps mitgenommen, um sich vor der gleißenden Sonne zu schützen. Ihre dünnen Fußball-Shorts und Shirts klebten ihnen am Leib. Etueni, der sein Shirt in seiner Trunkenheit bereits in der ersten Nacht verloren hatte, fühlte sich wie ein Brathähnchen am Spieß. Sie ließen den Motor nicht die ganze Zeit laufen, da das Benzin langsam knapp wurde. Gegen Abend ging es ihnen ganz aus. Sie warfen die leeren Benzinkanister über Bord. Jetzt lag ihr Schicksal endgültig nicht mehr in ihrer Hand. Sie waren nicht mehr manövrierfähig. Alles, was sie tun konnten, war, sich treiben zu lassen und zu hoffen, dass sie jemand finden würde. Doch während des ganzen Tages war kein Schiff in Sicht, kein Flugzeug und auch kein Land. Als sie sich an diesem Abend in der Pfütze auf dem Bootsboden schlafen legten, hatten sie noch genau elf Kokosnüsse.

8. Oktober 2010
Tag 4

Auch wenn tagsüber brütende Hitze herrschte, waren die Nächte bitterkalt. Kalt, nass und windig. Etueni fror wegen seines nackten Oberkörpers am meisten. Am Morgen des vierten Tages sprach er schließlich den Gedanken aus, der ihm eigentlich schon seit über einem Tag auf der Zunge lag:

»Hätten sie uns nicht längst finden müssen?«

Filo und Samu lachten ihn nur aus und nannten ihn eine Heulsuse. Dennoch beschlossen sie, ihre Vorräte sparsam einzuteilen. Nur für alle Fälle.

»Zwei Kokosnüsse für jeden«, bestimmte Samu, auch wenn sie sich am liebsten über alle hergemacht hätten.

Die Kokosnüsse hatten viel zu wenig Flüssigkeit und Fruchtfleisch, um den Durst und Hunger der Jungen zu stillen. Sie bereuten es, dass sie die ersten zwei Tage so verschwenderisch damit umgegangen waren und die Nüsse nicht einmal ausgeschabt hatten. Jetzt besaßen sie noch fünf Kokosnüsse. Es wurde langsam Zeit, dass sie gerettet wurden.

9. Oktober 2010
Tag 5

»Ich möchte nach Hause«, sagte Etueni, gefasst darauf, dass die beiden Fünfzehnjährigen wieder losprusten und sich über ihn lustig machen würden. Doch anstatt zu lachen, sagte Filo leise:

»Ich auch, Mann.«

Und Samu nickte schweigend.

Es war der fünfte Tag, der Tag, an dem man die drei Teenager, die vor sechs Jahren abgehauen waren, gefunden hatte. Keiner sprach es laut aus, aber jeder las es in den Augen des anderen: Besorgnis. Sie hatten keine Ahnung, wo sie waren. Sie hatten kein Benzin mehr und kein Trinkwasser. Alles, was sie hatten, waren fünf Kokosnüsse. Sie beschlossen, an diesem Tag nur eine zu essen. Samu schlug sie mit der Machete auf, reichte sie herum, und jeder nahm einen kleinen Schluck. Dann teilten sie das Fruchtfleisch untereinander auf. Sie wurden natürlich nicht satt davon. Und der Durst quälte sie weiter. Ihr Mund war trocken, ihre Lippen spröde. Die ganze Zeit über brannte die Sonne unerbittlich auf sie nieder. Sie sehnten sich nach der Kühle der Nacht, doch als die Sonne endlich untergegangen war, sank die Temperatur rasch. Der tagsüber warme Wind war jetzt unangenehm kalt und ließ die Jungen in ihren nassen Kleidern frösteln. Sie kauerten sich in der Wasserpfütze eng aneinander und sehnten sich zurück nach den wärmenden Sonnenstrahlen. In den ersten Nächten hatte ihnen die Kälte nicht so viel ausgemacht wie jetzt. Vielleicht lag es am Hunger.

»Wisst ihr, worauf ich Lust hätte?«, fragte Filo plötzlich. »Auf einen saftigen Cheeseburger. Mit Zwiebelringen, Essiggurke und viel Ketchup. Ich würde sterben für einen Cheeseburger.«

»Ich würde alles für knusprig gebratene Hühnerschenkel geben«, sagte Etueni. »Dazu Mayonnaise und Reis.«

»Thunfischeintopf«, gab Samu seine imaginäre Bestellung auf. »Von meiner Mutter.«

»Und frische Papaya«, schwärmte Etueni. »Und frittierte Brotfruchtscheiben.«

»Taro-Wurzeln«, sagte Samu. »Oder ein Fischfilet in Kokossoße.«

»Eine Pizza wär auch nicht schlecht«, meinte Filo.

Die Jungs aßen sich in Gedanken durch sämtliche Speisen hindurch, die ihnen einfielen. Es klang wie ein Zehn-Gänge-Menü aus einem schicken Restaurant.

»Hühnersalat mit Ananasstücken und viel Curry.«

»Frische Palmherzen.«

»Und zum Dessert Hefekrapfen mit Vanillearoma.«

»Ich bin für Bananenkuchen.«

»Ja, und jede Menge Schokolade.«

»Und Milchshakes.«

Allein die Vorstellung an all diese Köstlichkeiten ließ den dreien das Wasser im Mund zusammenlaufen, bis eine Welle sie überschüttete und aus ihrer kulinarischen Traumreise zurück in die harte Wirklichkeit holte, in der sie nichts hatten außer ihren trockenen Kehlen und vier Kokosnüssen.

Samus Ausschlag wurde nicht besser. Er kratzte sich Arme und Beine wund. Die Hitze war unerträglich und entzog ihnen wertvolles Körpersalz. Ab und zu kühlten sie sich die Haut mit Meerwasser oder sie hielten ihre Shirts hoch, um sich selbst ein wenig Schatten zu geben. Sie träumten von Saft und Wasser. Die eine Kokosnuss, die sie sich im Verlauf des Morgens gönnten, schien ihren Durst nur noch zu verstärken. Sie hatten nichts dabei, um sich die Zeit zu vertreiben, kein Buch, kein Kartenspiel, auch nicht Papier und Bleistift, um etwas aufzuschreiben. Sie saßen einfach nur da, starrten sich gegenseitig an und wurden von Stunde zu Stunde stiller. Was hätten sie auch sagen sollen. Sie alle wussten es, sie spürten es bis in die Knochen: Sie hatten einen gewaltigen Fehler gemacht. Und sie konnten ihn nicht mehr rückgängig machen.

Gegen Mittag quälte der Durst sie so sehr, dass sie ihre eigene Regel brachen und zwei weitere Kokosnüsse knackten. Jetzt war nur noch eine einzige übrig. Sie wollten sich diese unbedingt für den nächsten Tag aufheben. Darin waren sie sich einig. Sie würden das Fruchtfleisch und vor allem die Flüssigkeit brauchen. Sie hätten ihre Ration von Anfang an auf eine Kokosnuss pro Tag einschränken sollen. Aber es war schwer, an die Zukunft zu denken, wenn man in der Gegenwart dermaßen durstig war. Den Hunger konnten sie vielleicht für eine Weile verdrängen. Den Durst nicht. Und da lag sie in der Ecke, ihre letzte Kokosnuss, groß, grün und verführerisch. Sie konnten ihren Blick nicht von ihr abwenden. Allein sie anzusehen und an das köstliche Kokoswasser zu denken, das sich in ihrem Innern verbarg, war unerträglich. Mehrere Stunden hielten sie der Versuchung stand. Schließlich schnappte sich Samu die Machete.

»Was soll's«, sagte er und streckte seine Hand aus. »Gebt mir die Kokosnuss. Ich öffne sie.«

Er schlug sie auf, nahm einen Schluck und reichte sie Filo. Auch er nahm einen Schluck und gab sie an Etueni weiter, welcher gierig einen großen Schluck nahm und sie Samu zurückgab. Es war immer noch etwas Flüssigkeit in der Kokosnuss drin, wenn auch nicht viel.

»Okay«, sagte Samu. »Jeder nippt einmal.«

Samu nippte einmal, Filo nippte einmal, und Etueni nippte zweimal und trank die Kokosnuss leer, was Samu ziemlich wütend machte.

»Ich hab gesagt, einmal nippen!«, rief er empört. »Nicht zweimal!«

»War doch eh fast nichts mehr drin«, rechtfertigte sich Etueni.

»Es geht ums Prinzip!«, knurrte Samu. »Meinst du, du bist der Einzige, der Durst hat? Gib her!« Er riss ihm die Kokosnuss aus der Hand, um sie zu öffnen. Obwohl ihm Etuenis Verhalten nicht gefiel, bestrafte er ihn nicht dafür und teilte das Fruchtfleisch trotzdem gerecht unter ihnen auf. Wenn es ums Teilen ging, waren die Tokelauer vorbildlich. Sie waren sehr großzügig im Geben. Einmal pro Woche fuhren die Männer gemeinsam aufs Meer zum Fischen. Der gesamte Fang wurde anschließend unter allen Familien gerecht aufgeteilt. Das Verteilsystem nannte sich *inati*. Die Fische wurden je nach Familiengröße in große oder kleine Häufchen aufgeteilt, welche die Kinder dann in Eimern, Körben oder Schubkarren abholten und nach Hause brachten. Auf Atafu waren alle gleich – außer der Pastor. Der war etwas gleicher als die anderen und bekam als Einziger eine größere Portion.

Nachdem die Jungen die Kokosnuss bis auf den letzten Millimeter ausgeschabt hatten, warfen sie die leere Schale über Bord. Das war's. Ihr letzter Essens- und Trinkvorrat war aufgebraucht. Jetzt hatten sie gar nichts mehr.

10 GANGS IN SYDNEY

Drei Wochen waren seit meinem letzten Treffen mit Filo vergangen. Da ich ja kein Visum für Atafu bekommen hatte, hatte ich die Zeit eben genutzt, um Neuseeland zu bereisen. Jetzt war ich wieder zurück in Sydney und auf dem Weg zu Filo, um mein Interview mit ihm fortzuführen und zu sehen, ob ich ihn irgendwie dazu überreden könnte, abends mit mir in die *Hillsong*-Gemeinde zu kommen. Ich hatte nur noch diesen und den nächsten Sonntag, bevor ich zurück nach Deutschland flog. Und ich wollte unbedingt, dass Filo an einem dieser großartigen Gottesdienste teilnehmen würde, damit er endlich den Gott kennenlernte, der ihn auf dem Meer gerettet hatte. Ich war mir nicht sicher, wie er auf meine Einladung reagieren würde. Wahrscheinlich dachte er beim Wort »Gottesdienst« daran zurück, wie sie auf Atafu gezwungen worden waren, den ganzen Sonntag zu schweigen und in der Bibel zu lesen. Aber zu meiner Überraschung war er gleich damit einverstanden.

»Ich komme gern mit«, sagte er. »Ich muss nur erst meine Mutter fragen.«

O ne!, dachte ich, während er im Haus verschwand. Meine Befürchtung bestätigte sich leider: Filos Mutter machte mir wieder mal einen Strich durch die Rechnung.

»Tut mir leid«, entschuldigte sich der Achtzehnjährige, als er wieder aus dem Haus kam. »Ich kann nicht. Meine Mutter sagt, ich müsse sie um sechzehn Uhr zum Gottesdienst begleiten.«

»Gehst du da jeden Sonntag hin?«

»Nein, eigentlich nicht. Aber meine Mutter möchte, dass ich heute mitgehe.«

Was denn sonst, dachte ich und seufzte. »Schade. Ich hätte dich wirklich gern zu *Hillsong* mitgenommen. Ist ein sehr lebendiger

Gottesdienst, weißt du. Mit viel Musik und Lichtshows. Fast wie bei einem Konzert.«

»Echt?«

»Ja. Da sitzt du nicht stumm in einer Kirchenbank. Da geht die Post ab, sag ich dir. Ich glaube, es würde dir sehr gefallen. Was ist mit nächstem Sonntag? Meinst du, deine Mutter würde es dir nächsten Sonntag erlauben?«

»Vielleicht. Ich rede mit ihr«, sagte Filo. »Wo findet dieser Gottesdienst denn statt?«

»In Parramatta«, sagte ich. *Hillsong* hatte mehrere Standorte in Sydney, und ich hatte auf der Karte gesehen, dass es eine *Hillsong*-Gemeinde im Vorort Parramatta gab. Das war nur wenige Bahnstationen von Mount Druitt entfernt. Sie hatten sogar eigene Shuttlebusse, die zwischen dem Bahnhof und der Gemeinde hin- und herfuhren.

Als ich jedoch »Parramatta« sagte, hörten Filos Augen auf zu glänzen.

»Da kann ich nicht hin«, sagte er etwas verlegen.

Ich verstand nicht, was er meinte. »Wieso? Ist es zu weit weg?«

»Fremdes Gang-Territorium. Wenn ich mich da blicken lasse und die mich sehen, gibt's ordentlich was auf die Fresse.«

»Oh«, sagte ich. Fremdes Gang-Territorium. An so etwas hatte ich überhaupt nicht gedacht. Filos Bewegungsspielraum hatte sich also seit Atafu doch nicht sonderlich vergrößert. Nur war es jetzt nicht mehr das Meer, das ihm die Grenzen steckte, sondern die feindlichen Gangs aus den benachbarten Außenbezirken.

So ein Mist! Ich überlegte kurz. Irgendeine Lösung musste es doch geben, um diesen Jungen in die *Hillsong*-Gemeinde zu bringen!

»Und wenn ich ein Auto organisiere und wir im Auto hinfahren? Ich komme, du steigst ein, wir fahren zur Gemeinde und du steigst aus. Und anschließend fahr ich dich wieder nach Hause zurück, und keiner wird wissen, dass du überhaupt in Parramatta warst. Würde das gehen? Würdest du dann mitkommen?«

Filo dachte nach. Dann nickte er. »Ja, ich denke, das müsste gehen.«

Ich atmete auf. »Gut. Du redest mit deiner Mutter. Und ich organisiere ein Auto. Klingt nach einem Plan.«

»Einverstanden«, sagte er. »Willst du reinkommen? Ich hab noch eine Stunde Zeit, bevor wir losmüssen.«

»Ja, klar! Gern!«

Filo nahm mich mit in die Garage, die in ein Wohn- und Schlafzimmer umfunktioniert worden war. In einer Ecke stand ein Bett, in einer anderen zwei Sofas, ein Schrank und ein Fernseher. Filos jüngerer Bruder spielte darauf gerade ein Fußballvideospiel, ging aber weg, als ich mit Filo hereinkam. Wir setzten uns und redeten über seine Flucht, das Leben auf Atafu und sein Leben hier in Sydney. Er erzählte mir von einem Fischer auf Atafu, der von einem Rochen gestochen worden war. Der Mann hatte mit einem Netz Fische gefangen, und als er den Fang in sein Boot hievte, trat er auf einen Rochen. Er wurde ins *Lomaloma*-Krankenhaus gebracht, und der Arzt verordnete ihm, sieben Flaschen Wodka zu trinken. Danach war er hinlänglich betäubt, um den Schmerz nicht mehr zu fühlen.

»Ah, ich hab noch ein paar Fotos von unserem Abenteuer.« Er stand auf und holte eine Holzschatulle vom Schrank. Er klaubte ein Bündel Fotos heraus und zeigte mir Bilder von sich, Samu und Etueni nach ihrer wundersamen Rettung am 24. November 2010. Ein Foto zeigte sie an Deck des Thunfischbootes *San Nikunau*; dahinter sah man ihr Dingi, in dem sie einundfünfzig Tage lang ausgeharrt hatten. Die drei waren nichts als Haut und Knochen. Filo stand in der Mitte und strahlte übers ganze Gesicht.

»Andere fahren nach Nukunonu oder Fakaofo, um von Atafu wegzukommen. Wir sind den ganzen Weg bis nach Fidschi gefahren!« Der Bursche lachte laut.

»Erstaunlich«, murmelte ich, während ich das Foto eine Weile kopfschüttelnd betrachtete. Dann gab ich es Filo zurück und sah ihn an.

»Glaubst du, Gott hat euch gerettet?«

»Ja«, antwortete Filo, ohne auch nur einen Moment zu zögern.

Er legte das Foto in die Schatulle zurück und nahm eine faserige Schnur heraus, die etwa so dick war wie eine Gitarrenseite.

»Hier«, sagte er und überreichte sie mir. »Für dich. Kannst du behalten.«

»Was ist das?«

»Eine Angelschnur«, klärte mich Filo auf. »Damit haben wir auf Atafu gefischt.«

»Cool. Danke.«

Er erklärte mir, wie man damit fischte, und erzählte mir von Samus und seinen nächtlichen Ausflügen auf die Lagune.

»Das ist so ziemlich das Einzige, was mir hier fehlt: das Fischen in der Lagune«, sagte er. »Ich geh immer noch ab und zu angeln, wenn ich kann. Aber nur zum Spaß, nicht aus Notwendigkeit.«

Wir unterhielten uns eine Weile übers Fischen und darüber, wie dumm es von Etueni gewesen war, statt der Angelausrüstung Milch und Wodka mit an Bord zu nehmen. Dann wechselte ich das Thema und quetschte Filo noch ein wenig über sein jetziges Leben aus.

»Wie alt warst du eigentlich, als du zu *Loyal Samoan Blood* kamst?«

»Ich war fünfzehn. Das war, kurz nachdem ich von Atafu hergezogen bin.«

»Ist es leicht, da reinzukommen?«

»Na ja, um aufgenommen zu werden, musst du kämpfen. Ich musste gegen einen ihrer Besten kämpfen und hab gesiegt. Seitdem werde ich überall respektiert. Ich nehm es mit jedem auf. Wie gesagt: Vom Kämpfen versteh ich was.«

Ich wollte ihm irgendwie klarmachen, dass der Weg, den er da eingeschlagen hatte, nicht gut war. Aber ich wusste nicht, wie. Sicher, ich konnte ihm ein paar Gedankenanstöße geben und ihn – wenn es denn klappte – mit in die *Hillsong*-Gemeinde nehmen. Doch ich wollte das zarte Vertrauensverhältnis, das zwischen uns entstanden war, nicht missbrauchen, um ihm zu sagen, wie er sein Leben zu leben hatte. Dazu war ich nicht berechtigt. Ich finde es schrecklich, wenn Leute im Leben anderer Menschen herumstochern und sich als Moralapostel aufspielen, obwohl sie im Grunde keine Ahnung von der Situation des anderen haben. Eine Moralpredigt war das Letzte, was Filo jetzt brauchte. Er brauchte jemanden, der seine Sprache sprach, der ihn da abholte, wo er war. Er brauchte so etwas wie einen großen Bruder, von dem er sich auch etwas sagen ließ. Diese Rolle konnte ich nicht übernehmen. Ich war zu wenig vertraut mit dem Gang-Leben, von dem mir Filo erzählte. Außerdem war ich in zwei Wochen bereits wieder in Deutschland.

Auf der Fahrt zurück in die Stadt überlegte ich krampfhaft, ob es nicht irgendetwas gab, das ich für Filo tun konnte. Ich beschloss, ein wenig zu recherchieren, um mir ein besseres Bild von der UFC und der LSB zu machen, in die der Bursche verstrickt war. In der Wohngemeinschaft angekommen, fuhr ich meinen Computer hoch und verband ihn mit dem Internet.

Als Erstes googelte ich UFC und MMA und war ziemlich schockiert, was ich darüber las. Bei diesen *Mixed Martial Arts*-Veranstaltungen geht es knallhart zur Sache. Der in diesem Rahmen praktizierte Kampfsport gilt als der härteste der Welt. Die Sportler werden »Käfig-Fighter« oder »Eisen-Kämpfer« genannt. Sie prügeln sich im Käfig, bis Blut spritzt. Die Kämpfe werden gegen Bezahlung als Livestream im Internet angeboten und erreichen Rekordzuschauerwerte. Im deutschen Fernsehen werden sie allerdings nicht ausgestrahlt. Zu brutal und menschenverachtend, so heißt es, obwohl die Sportart bereits in etliche Videospiele für die Jugend eingebaut ist. Das war also Filos Lebensziel. Das war die Zukunft, von der er träumte: Ein Käfig-Fighter zu sein. Deswegen hatte er mir auf meine Frage, ob die Zeit auf dem Meer ihn irgendwie verändert hätte, geschrieben, sie hätte ihn zu einem Soldaten gemacht. Jetzt verstand ich, was er wirklich damit meinte.

Ich googelte weiter, um mehr über die Gang herauszufinden, in der Filo war. Ich fand nicht viel dazu. Genauer gesagt fand ich nur einen einzigen Zeitungsbericht, in dem die Gang *Loyal Samoan Blood* namentlich erwähnt wurde. Der Artikel war von 2011, also zwei Jahre alt. Es ging um die ständig mehr werdenden Banden an der Peripherie von Sydney. Dem Artikel zufolge gab es über zweihundert verschiedene, von denen jede ihr eigenes Gebiet hatte, das sie eisern gegen fremde Banden verteidigte. Ihre Mitglieder waren junge Unruhestifter, die am Bahnhof, an Straßenecken und in Shopping-Zentren herumhingen und ständig Streit suchten. Sie durchkämmten die Vororte nach Partys, zu denen sie uneingeladen hereinplatzen konnten, bestahlen Passanten, beschädigten Gebäude, bewarfen Straßenlaternen mit Steinen und lieferten sich Straßenkämpfe mit Teenagern rivalisierender Gangs.

»Kämpfen ist mein Leben«, sagte ein Junge, der seit der Highschool in einer Gang war. »Ich wurde angeschossen, niedergestochen, mit einer Machete verletzt. Wenn ich kämpfend sterbe, dann sterbe ich glücklich.«

Klingt genau wie Filo, dachte ich. *Wenn es doch nur eine Möglichkeit gäbe, ihn irgendwie wach zu rütteln!*

Aber wie?

Ich las weiter. Da war die Rede von einem vierundzwanzigjährigen Ex-Gang-Führer namens Jonathon Walker, der nach einer Messerstecherei mit vierzig Stichen hatte genäht werden müssen. Sechs Jahre lang war er bei NOC *(Nocturnal Overcover)* gewesen, bevor er diesem Leben vor zwei Jahren den Rücken gekehrt hatte.

»Es geht um Macht, Stolz und Identität«, so erklärte Walker gegenüber der Zeitung. »Wenn ich mich so umschaue unter den Jugendlichen, dann sehe ich so viele zerbrochene Herzen. Sie werden zu schnell erwachsen und haben zu viel gesehen.«

Heute, so las ich weiter, würde Jonathon Walker bei *Just Jesus Ministry* arbeiten und den jungen Gang-Mitgliedern helfen auszusteigen.

Mir fielen schier die Augen aus dem Kopf. *Just Jesus Ministry?!* War das denn die Möglichkeit? Dieser Ex-Gang-Führer war *Christ* geworden?! Und er half Gang-Mitgliedern auszusteigen?!

Bingo!, dachte ich augenblicklich. *Das ist mein Mann! Mit dem muss ich unbedingt reden!*

Ich schmiedete in Sekundenschnelle den perfekten Plan. Ein Ex-Gangster aus Sydney, der heute Christ war und sich für Gang-Mitglieder engagierte. Wäre es nicht der absolute Geniestreich, wenn ich diesen Jonathon finden und ihn mit Filo bekannt machen könnte? Ich war ganz kribbelig vor Aufregung. Ich musste diesen Mann unbedingt aufspüren!

Ich holte mir einen Kaffee und machte mich unverzüglich an die Arbeit. Als Erstes probierte ich es bei Facebook. Ich fand zwar mehrere Jonathon Walker, aber keiner schien der richtige zu sein. Nun gut. Was hatte ich noch an Informationen? Der Zeitungsartikel war zwei Jahre alt. Somit war Jonathon heute sechsundzwanzig. Das brachte mich auch nicht weiter. Zumindest hatte ich den Namen der Organisation, bei der er damals gearbeitet hatte: *Just Jesus Ministry*. Ich tippte den Namen in meinen Laptop und stieß auf eine sehr schlichte Website, die aussah, als wäre sie seit Jahren nicht aktualisiert worden. Nach langem Herumklicken fand ich eine Telefonnummer. Wahrscheinlich war sie genauso veraltet wie die Website, aber etwas anderes hatte ich nicht. Also probierte ich mein Glück, rief an und sprach eine Nachricht auf den Anrufbeantworter:

»Hallo! Mein Name ist Damaris Kofmehl. Falls irgendjemand einen Jonathon Walker kennt, sagt ihm bitte, dass ich ihn dringend sprechen muss!«

Da ich kein eigenes Handy in Sydney hatte, hinterließ ich die Handynummer von Carla. Carla war eine Schweizerin, die die *Hillsong*-Bibelschule besuchte. Ihr verdankte ich meinen Schlafplatz in der *Hillsong*-Wohngemeinschaft. Zwei Stunden später, kurz vor achtzehn Uhr, kam Carla und sagte mir:

»Da hat jemand für dich angerufen. Ein Pastor oder so. Er hat mir die Telefonnummer von einem gewissen Jonathon Walker gegeben. Sagt dir das irgendwas?«

»Und ob es das tut! Wow, das ging ja schnell! Wie lautet die Nummer? Darf ich kurz dein Handy benutzen?«

Sie gab mir die Nummer und ich rief an. Keine drei Sekunden später meldete sich am anderen Ende der Leitung ... *Jonathon Wal-*

ker! Unfassbar! Ich hatte ihn gefunden! Noch vor zwei Stunden hatte ich nicht einmal gewusst, dass er existierte, und jetzt sprach ich mit ihm am Telefon! Und es kam noch besser. Ich erzählte ihm, wer ich war und dass ich ihn gern treffen würde, um mehr über ihn und diese ganze Gang-Szene zu erfahren. Seine Antwort warf mich um:

»Das ist ja ein Ding. Ich war gerade in der Gemeinde. Da drängte mich der Heilige Geist, bereits nach der Hälfte des Gottesdienstes zu gehen. So etwas tue ich normalerweise nicht. Kaum war ich draußen, hat mein Handy geklingelt, und du warst dran! Da wusste ich gleich, dass das von Gott ist. Ich liebe sein präzises Timing, Mann! Wir müssen uns auf jeden Fall treffen! Ich erzähl dir alles, was du wissen willst. Sag mir, wann und wo, und ich bin da!«

11 DURST

»Wir sollten davon trinken.«

»Nein! Auf keinen Fall!«

»Wieso nicht? Was ist so schlimm daran?«

»Meerwasser trinken kann tödlich sein!«

»Woher hast Du denn dieses Ammenmärchen?«

»So glaubt mir doch. Ich habe es auf dem Discovery Channel gesehen«, sagte Filo. Stolz, dass er gegenüber Etueni mit seinem Wissen punkten konnte, erklärte er: »Die Salzkonzentration im Meerwasser ist ungefähr dreimal so hoch wie die in unserem Körper. Wenn wir Meerwasser trinken, entzieht das Salzwasser unseren Zellen sämtliche Flüssigkeit, und wir trocknen innerlich aus.«

»Das ist doch absurd«, warf Samu ein.

»Ist aber so«, sagte Filo mit ernster Miene. Die Fernsehsendung hatte ihn beeindruckt. »Pro Becher Salzwasser produziert der Körper fast zwei Becher Urin, um das Salz auszuwaschen. Wenn wir Meerwasser trinken, müssen wir so lange pinkeln, bis wir komplett ausgetrocknet sind.« Sein Mund war so trocken, dass er immer wieder kurz schlucken musste, um seine Kehle zu befeuchten. »Ist wie bei einer Schnecke. Bestreust du sie mit Salz, entzieht ihr das Salz sämtliches Wasser, sie trocknet aus und stirbt einen qualvollen Tod. Mit uns würde dasselbe geschehen.«

»Quatsch.«

»Das ist kein Quatsch.«

»Wenn das stimmen würde, wäre jeder von uns schon tot. Hast du noch nie aus Versehen Meerwasser geschluckt?«

»Ein Schluck ist nicht gefährlich«, steuerte nun Etueni sein Wissen bei. »Gefährlich wird es, wenn du es in großen Mengen trinkst.

Das Salzwasser macht dich immer durstiger. Du trinkst immer mehr, und dein Körper zieht mehr und mehr Wasser aus den Zellen, um den Salzüberschuss wieder auszugleichen. Das kann zu Nierenversagen und Herzstillstand führen. Filo hat recht: Meerwasser zu trinken ist eine sehr schlechte Idee!«

Etueni klang recht überzeugend. Aber insgeheim spielte selbst er mit dem Gedanken, es zu tun. Theorie hin oder her: Die Praxis sah etwas anders aus, wenn man ohne Trinkwasser mitten auf dem Ozean festsaß. Da schwitzten sie aus allen Poren, waren umgeben von Wasser und durften es nicht trinken! Vor einiger Zeit hatte Etueni eine Geschichte gelesen von Rugby-Spielern, die in einem Schneegebirge abgestürzt waren und ein ähnliches Problem gehabt hatten. Auch sie waren von Tonnen von Wasser umgeben gewesen, das sie aber nicht trinken konnten, weil es gefroren war und sie keinen Gasbrenner dabei hatten, um es zu schmelzen und trinkbar zu machen. Wer hätte gedacht, dass man inmitten von gefrorenem Wasser verdursten kann. Und wer hätte gedacht, dass man inmitten von flüssigem Wasser genauso verdursten kann, wenn es sich dabei um Meerwasser handelt. Etueni hatte so schrecklichen Durst! Lechzend blickte er auf das kühle Nass, das sie von allen Seiten umgab und gegen die Bootswände plätscherte. Nur ein Schluck! Ein klitzekleiner Schluck! Ein Schluck war nicht tödlich. Sie durften laut Discovery Channel nur nicht zu viel davon trinken, was auch immer zu viel bedeutete. Sie sahen sich schweigend an.

Am nächsten Morgen brannte die Sonne genauso heiß wie am Vortag vom Himmel herunter. Irgendwann sagte Samu: »Pfeif drauf. Ich trink's!«

Kurz entschlossen packte er die Teetasse und tauchte sie ins Meer. Filo und Etueni sahen ihm mit Neugier und Zurückhaltung dabei zu. Samu hob die Tasse an seine Lippen, nippte einmal daran, nippte nochmals, und dann trank er tatsächlich eine halbe Tasse davon. Allein vom Zusehen wurde es Filo und Etueni schlecht. Doch Samu verzog keine Miene, schluckte das Salzwasser hinunter, als wäre es Limonade, und sah von einem zum anderen.

»Wer will als Nächster?« Er grinste. »Keine Sorge. Ist noch jede Menge davon da.«

Er füllte die Tasse von Neuem und streckte sie ihnen herausfordernd entgegen. »Kommt schon. Es bringt euch nicht um.«

»Also gut«, sagte Filo und nahm die Tasse. Er nippte daran und zog eine Grimasse, als hätte er auf eine Zitrone gebissen. Er brauchte ein paar Anläufe, dann kippte auch er eine halbe Teetasse Meerwasser hinunter. Zu guter Letzt rang sich auch Etueni durch, eine halbe Tasse zu trinken, obwohl es scheußlich schmeckte. Mehr wagten sie nicht zu trinken, um nicht krank zu werden. Mehr hätten sie auch gar nicht herunterbekommen. Aber zumindest hatten sie ihre Kehlen für einen flüchtigen Moment gekühlt.

Etueni warf die Tasse ins Boot zurück, und die drei Jugendlichen verfielen erneut in Schweigen. Sie saßen nur da, starrten sich gegenseitig an, starrten auf ihr Boot, starrten aufs Meer hinaus und wussten nicht, worüber sie reden sollten. Sie wollten nach Hause. Sie hatten Hunger. Und sie hatten noch immer fürchterlichen Durst. Die Sonne stand jetzt hoch am Himmel und schien sich für Stunden nicht mehr vom Fleck zu bewegen. Die Hitze war mörderisch.

»Ich hab solchen Durst«, sagte Etueni.

»Ich auch«, gestand Samu.

Filo tauchte seine Hand ins Wasser und benetzte sich das Gesicht. Er blickte in den wolkenlosen Himmel. Wenn es wenigstens mal geregnet hätte. Dann hätten sie versuchen können, etwas Regenwasser einzufangen. Doch seit sie vor einer Woche losgefahren waren, war kein einziger Tropfen vom Himmel gefallen, nicht mal am ersten Tag, als sie beinahe gekentert wären in der stürmischen See.

Bitte schick uns etwas Regen, Gott!, betete Samu in Gedanken. *Wir verdursten hier!*

Er wischte sich mit dem Handrücken den Schweiß von der Stirn und blinzelte ins Sonnenlicht. Und da sah er ihn: einen kleinen dunklen Fleck mitten am stahlblauen Himmel. Es war eine Wolke! Eine Regenwolke! Wie aus dem Nichts war sie aufgetaucht, von unsichtbarer Hand hervorgezaubert, und sie kam direkt auf sie zu.

»Seht mal, da!«, rief Filo und deutete in den Himmel.

Jetzt sahen es die anderen auch. Die Wolke bauschte sich auf, wurde größer und dunkler, je näher sie kam. Die Sonne verschwand. Der eben noch blaue Himmel wurde auf einmal pechschwarz, und dann ... fiel der erste Regentropfen.

»Das gibt's doch nicht«, murmelte Filo. Dann breitete er die Arme aus und lachte laut. »Regen! Leute, es regnet!«

Die Tropfen wurden rasch größer und schwerer. Innerhalb weniger Sekunden prasselte es in dicken Fäden und eisig kalt auf sie hinunter. Sie wussten, sie hatten nicht viel Zeit. Regengüsse waren in ihrer Gegend oft sehr heftig, aber auch sehr kurz.

»Wir müssen das Wasser einfangen!«, rief Filo.

»Womit denn?«, fragte Etueni.

»Die Plane!«, rief Samu. »Holt die Plane raus!«

Etueni und Filo drehten sich auf der Sitzbank um und schnappten sich die grüne Abdeckplane, die seit Beginn ihrer Reise zusammengeknüllt vorn im Bug lag. Als sie sie aus dem schmalen Stauraum zogen, machten sie eine unerwartete Entdeckung: Unter der Plane versteckt lagen drei Kokosnüsse! Filo und Etueni sahen sich an, und beide strahlten.

»Samu! Sieh mal!«

Samu zog überrascht die Augenbrauen hoch. Doch jetzt war keine Zeit für einen Freudentanz. Sie mussten das Wasser einsammeln, bevor der Platzregen vorbei war.

»Kommt her! Spannt die Plane!«, kommandierte Samu, während er sich bückte und die Teetasse aus der Salzwasserpfütze am Boden hob, um damit das Regenwasser aufzufangen.

Filo und Etueni spannten die Plane wie ein schräges Dach zwischen sich auf und versuchten, das Regenwasser so zu kanalisieren, dass es in die Teetasse floss, die Samu ans untere Ende der Plane hielt. Es war ein mühseliges Unterfangen. Mit einem festen Wellblech wäre es kein Problem gewesen, das Wasser in eine bestimmte

Richtung zu lenken. Aber das Bötchen schaukelte stark, und die Abdeckplane war zerknittert und störrisch und blähte sich manchmal im Wind. Meist gerade dann, wenn das Wasser sich in einem hübschen Rinnsal auf die Tasse zubewegte, blies plötzlich der Wind hinein, und das Wasser wechselte die Richtung oder spritzte ihnen ins Gesicht. Die Jugendlichen begannen wie Hunde von der Plane zu lecken. Sie schlürften das Wasser aus jeder Minipfütze und fingen es am Rand mit ihren Zungen auf. Die Abdeckplane war schon sehr spröde und begann sich langsam zu zersetzen. Daher war das Regenwasser mit ekligen Polyethylen-Gewebestückchen vermischt, die sich von der Plane gelöst hatten. Doch das war den Jungen egal. Sie tranken, so viel sie bekommen konnten. Es war nicht viel, aber es war tausendmal besser als Salzwasser. Filo tauchte unter der Plane durch und holte das Mayonnaiseglas. Mit der einen Hand hielt er die Plane, mit der anderen hielt er das Mayonnaiseglas in den Regen. Die Öffnung war so groß wie die Öffnung eines Marmeladenglases. Viel Regen konnte er damit nicht einfangen, aber jeder Tropfen zählte.

Zehn Minuten dauerte der Regenschauer. Dann hörte er wie auf Knopfdruck auf, die Wolken verzogen sich und die Sonne schien erneut von einem strahlend blauen Himmel.

Erstaunlich, dachte Filo bei sich. Er hatte ja schon viele Wolkenbrüche erlebt, aber dieser war irgendwie anders gewesen, fast so, als hätte Gott ihn allein für sie inszeniert. *Wirklich erstaunlich,* dachte er fasziniert.

Er blickte auf das Mayonnaiseglas. Ein Fingerbreit Wasser hatte sich darin angesammelt. Immerhin. Die Teetasse, die Samu zu füllen versucht hatte, war fast voll. Sie reichten die Teetasse und das Mayonnaiseglas herum, und jeder nippte daran, bis die Behälter leer waren. Anschließend verstauten sie die Plane und widmeten sich den drei Überraschungs-Kokosnüssen. Sie sahen schon ziemlich alt aus und hatten wohl schon länger in der Nische im Bug gelegen. Die Schalen waren eingerissen und das Kokoswasser ausgelaufen. Aber etwas weißes Fruchtfleisch klebte noch in den gesprungenen

Schalen. Es schmeckte nach Benzin. Die drei fielen gierig wie hungrige Wölfe darüber her. Sie schabten die Schalen leer und warfen sie über Bord. Jetzt hatten sie endgültig nichts mehr zu essen.

An diesem Abend sprach Filo, bevor sie sich schlafen legten, ein stilles Gebet, dass Gott sie retten möge.

12   JOHNNY KNOCK

2005, in Sydney, Australien

Die jungen Zuschauer in dem leeren Fabrikgebäude tobten, als Jonathon Walker zu seinem Herausforderer auf die Bühne trat. Der achtzehnjährige, kräftig gebaute Maori mit seiner hüftlangen Löwenmähne war der König des Battle-Rap. Er machte jeden Gegner platt, und das allein mit seinen Reimen. Er hatte sich in der Szene einen Namen gemacht, sowohl als Rapper als auch als Schläger. Sie nannten ihn Johnny Knock wegen all der Knock-outs, die er seinen Gegnern verpasste. Mit Johnny legte man sich besser nicht an, weder bei Straßenkämpfen noch beim Battle-Rap.

Der junge sudanesische Migrant, der gegen Johnny antrat, wirkte erstaunlich selbstsicher. Die beiden beschnupperten sich wie zwei Boxer, Nase an Nase, während die Zuschauermenge klatschte und stampfte. Maria, Johnnys Freundin, und Aidan, sein bester Freund, standen in der vordersten Reihe und feuerten den Achtzehnjährigen begeistert an. Der Schiedsrichter, ein blondhaariger Weißer, warf eine Münze und gab dem Afrikaner das Mikrofon in die Hand. Er war als Erster dran. Der DJ drehte die Scheibe und der Bursche legte los. Den Blick auf Johnny gerichtet, dichtete er Freestyle-Reime, um Johnny damit zu beleidigen und lächerlich zu machen.

Beim Boxen attackierte man den Gegner mit den Fäusten, beim Battle-Rap mit Worten. Es ging darum, seinen Kontrahenten zu demütigen und zu verspotten, und das spontan, schnell und mit technisch möglichst ausgeklügelten Sprechreimen. Immer, wenn der Kerl einen bösen Treffer gelandet hatte, johlten die Leute. Johnny blieb ungerührt stehen, als würden die fiesen Bemerkungen des Sudanesen einfach an ihm abprallen.

Fünfundvierzig Sekunden hatte der Schwarze Zeit für seinen

Rap. Als er fertig war, erntete er großen Beifall. Triumphierend verschränkte er die Arme und wartete mit einem abschätzigen Grinsen auf Johnnys Gegenschlag. Der Schiedsrichter überreichte Johnny das Mikrofon und gab dem DJ das Handzeichen, den Beat abzuspielen. Das Publikum wurde für einen Moment still. Alle Augen waren auf Johnny Knock gerichtet, der auf seine Füße starrte und sich innerlich sammelte. Dann hob er den Kopf, zog das Mikrofon an seinen Mund, fixierte seinen Feind herablassend und startete seine Fünfundvierzig-Sekunden-Hasstirade.

Die Worte kamen wie Revolverschüsse aus seinem Mund, scharf, gemein und präzise. Die Leute brüllten bei jeder Pointe und schwenkten im Takt die erhobenen Arme. Johnny zog gnadenlos über den anderen her. Es waren nur Worte, doch sie verletzten mehr, als Boxhiebe es hätten tun können. Das Grinsen verschwand aus dem Gesicht des Sudanesen, und als die fünfundvierzig Sekunden um waren, hatte er tatsächlich Tränen in den Augen. Ohne ein weiteres Wort zu sagen, floh er von der Bühne und verkroch sich zwischen seinen Freunden. Das Publikum buhte ihn aus.

»Und der Sieger des Battles«, erschallte die feierliche Stimme des Schiedsrichters durch die Halle, »ist ... Johnny Knock!«

Es regnete tosenden Applaus. Johnny breitete die Arme aus und nahm die Ehrung mit stolzer Bescheidenheit entgegen.

»Du bist der Größte, Mann!«, rief jemand. »Johnny Knock, wir lieben dich!«

Johnny suchte den Verlierer in der Menge. Er stand mit hängenden Schultern vor einer Säule, während seine Freunde auf ihn einredeten.

»Hey!«, rief ihm Johnny aufmunternd zu. »Du warst gar nicht so schlecht, Alter! Wenn du fleißig weiterübst, kannst du es noch weit bringen! Hör nicht auf zu rappen, ja?«

Er sprang lachend von der Bühne, zog seine Freundin Maria an sich und küsste sie leidenschaftlich. Die Menge klatschte begeistert.

»Du warst spitze!«, sagte Maria.

»Einsame Klasse«, lobte ihn auch Aidan und umarmte ihn freundschaftlich. »Der Einzige, der noch einen Tick besser ist als du, bin ich.«

»Angeber«, grinste Johnny und boxte ihn kameradschaftlich in die Seite. Dann rief er laut durch das Fabrikgebäude: »Na, noch jemand Lust auf einen Battle?«

»Ja, aber nicht hier!«, sagte jemand. Die Stimme kam von rechts. Eine Schneise bildete sich, und ein muskulöser schwarzer Kerl mit ärmellosem weißem Shirt und Dreadlocks trat vor. Johnny hörte augenblicklich auf zu lachen. Er kannte den Typen nur allzu gut. Sein Name war Nuka. Er war Anführer der *Black Wolves*, der *Schwarzen Wölfe*, einer Gang, die vorwiegend aus sudanesischen Einwanderern bestand.

Johnny war selbst Anführer einer Gang, der NOC *(Nocturnal Overcover)*. Er und sein Freund Aidan hatten sie vor zwei Jahren gegründet. Damals waren sie nur ein Haufen junger Kerle gewesen, die miteinander am Bahnhof von Blacktown, einem Außenviertel von Sydney, herumhingen und aus Spaß Rap-Battles veranstalteten. In der Zwischenzeit waren sie zu einer gefürchteten Gang mit über fünfzig Mitgliedern herangewachsen. Sie kamen nur nachts heraus, trieben sich auf der Straße herum und verteidigten ihr Revier gegen andere Gangs. Mit den *Black Wolves* standen sie auf Kriegsfuß, seit diese versucht hatten, ihnen den Bahnhof wegzunehmen. Seitdem kam es immer mal wieder zu Kämpfen zwischen Mitgliedern der *Black Wolves* und der NOC, teils mit Fäusten, teils mit Battle-Raps. Dass der Anführer der *Black Wolves* sich bei einem Battle-Rap blicken ließ, war allerdings ungewöhnlich. Er war eindeutig auf Streit aus. Und Johnny hatte nicht vor, ihn davon abzuhalten.

Drohend baute sich Johnny vor Nuka auf. Nuka war drei Jahre älter als er, doch Johnny war einen halben Kopf größer als Nuka und sein hüftlanges schwarzes Haar gab ihm ein wildes, unbezwingbares Aussehen.

»Du willst einen Rap-Battle?«, fragte er Nuka provozierend, während sich Maria, Aidan und die Mitglieder seiner Gang hinter ihn stellten. »Wusste gar nicht, dass du rappen kannst.«

Hinter Nuka formierte sich ebenfalls eine Menschentraube, ausschließlich Schwarze.

»Du hast meinen Cousin beleidigt«, sagte Nuka. »Niemand beschmutzt die Ehre meiner Familie.«

Deswegen war er also hier. Der schwarze Bursche, der gegen Johnny angetreten war, war Nukas Cousin. Johnny zeigte sich unbeeindruckt.

»Dass ihn meine Reime zum Heulen bringen, ist nicht mein Problem, Mann. Er soll besser rappen lernen, wenn er sich mit mir anlegen will.«

Nukas flache Nasenflügel blähten sich. »Nimm deinen Mund nicht zu voll, Johnny Knock. Oder ich schlag dir dein blödes Grinsen gleich hier und jetzt aus deiner Fresse.«

Johnny trat einen Schritt näher und hob das Kinn. »Nur zu, Nuka. Worauf wartest du?«

»Später. Ich mag keine Blutflecken auf meinem weißen Hemd«, sagte der Schwarze. »Wir klären das um Mitternacht auf den Abstellgleisen hinter dem Bahnhof. Und du bringst besser Verstärkung mit.« Er fixierte Johnny mit seinen kleinen dunklen Augen. Dann spuckte er vor ihm aus und zog sich mit seinen Leuten zurück.

»Wir warten auf euch!«, rief ihm Johnny spöttisch hinterher. »Und kommt nicht zu spät! Ich hab noch 'ne Verabredung mit meiner Lady!«

Die *Schwarzen Wölfe* verließen stolz das Gebäude, und Johnny und Aidan scharten ihre Anhänger um sich und sagten ihnen, sie sollten sich bereithalten und so viele Mitglieder wie möglich verständigen.

»Die *Black Wolves* wollen Krieg?«, rief Johnny und schlug sich seine rechte Faust in die linke Hand. »Sollen sie haben!«

Johnny war ein Maori. Als Maoris werden die Ureinwohner Neuseelands bezeichnet. Sie galten als kriegerisches Volk und sind bekannt für ihre Tänze, Schnitzereien und kunstvollen Tätowierungen. Johnny war zwar in Neuseeland geboren, verbrachte seine Kindheit aber in Sydney. Als er sechs Jahre alt war, ließen sich seine Eltern scheiden. Sein Vater heiratete wieder. Nach zehn Jahren ging allerdings auch diese Ehe in die Brüche. Das war der Zeitpunkt, an dem Johnnys Leben aus den Fugen geriet. Johnny wohnte weiterhin bei seinem Vater. Er liebte ihn über alles. Sein Vater war sein bester Freund und sie verbrachten viel Zeit miteinander, aßen, redeten und lachten zusammen. Doch die Trennung von seiner zweiten Frau warf Johnnys Vater in ein tiefes Loch. Er begann zu trinken und ließ sich vollkommen gehen. Einmal nahm er seinen sechzehnjährigen Sohn abends mit zu einer Party. Es wurde gesoffen und Gras geraucht, und Johnnys Vater betrank sich so sehr, dass Johnny ihn nach Hause tragen musste.

Johnnys Vater verlor völlig den Boden unter den Füßen, und er riss seinen Sohn mit in den Abgrund. Johnny begann ebenfalls zu trinken und lungerte vermehrt auf der Straße herum. Für ganze zwei Monate ging er überhaupt nicht mehr nach Hause und übernachtete bei Freunden. Schließlich machte er sich doch auf, um wieder zu seinem Vater zurückzukehren. Er vermisste ihn. Er vermisste die Zeiten, als sie zusammen am Tisch gesessen und bis tief in die Nacht geredet und sich gegenseitig zum Lachen gebracht hatten. Er malte sich die Begegnung mit seinem Vater genau aus. Er stellte sich vor, wie er durch die Tür trat und ihre Blicke sich kreuzten. Sein Vater wäre zuerst schockiert, dann würde er ihn anschreien: »Junge, was fällt dir eigentlich ein?! Wo hast du gesteckt? Wieso hast du dich nicht gemeldet?« Und dann, wenn er genug geschimpft hätte, würde er auf ihn zulaufen, ihn umarmen und ganz fest an sich drücken und ihm ins Ohr flüstern, dass er so etwas nie wieder tun sollte. Und dass er schier gestorben wäre vor Sorge um ihn. Ja, so würde ihr Wiedersehen ablaufen, dachte Johnny. Genau so. Und dann wäre alles wieder wie früher.

Es lief jedoch ganz anders ab. Als der Sechzehnjährige zur Tür hereinkam und sein Vater ihn sah, zeigte der Mann keinerlei Emotionen, weder Wut noch Freude, sondern sagte nur kühl:

»Hi.«

Das war alles. Kein »Wo warst du?« oder »Ich liebe dich.« Nur »Hi.« Und in diesem Moment zersplitterte in Johnny sämtliche Hoffnung auf einen Neubeginn, und er wusste, dass es nie mehr so sein würde wie früher. Er hatte seinen Vater verloren. Seinen besten Freund. Der Mann, zu dem er immer aufgeschaut hatte, existierte nicht mehr. Sein Vater hatte ihn nicht einmal vermisst. Er hätte tot sein können, und seinem Vater wäre es nicht einmal aufgefallen! Diese Erkenntnis brach Johnny das Herz. Sie machte ihn traurig und furchtbar wütend. Wenn sein Vater ihn wenigstens bestraft hätte! Wenn er ihm eine Ohrfeige gegeben oder ihn dazu verdonnert hätte, einen Monat lang nicht mehr Playstation zu spielen oder was auch immer! Dann hätte er wenigstens gespürt, dass er seinem Vater etwas bedeutete. Alles wäre besser gewesen als diese schreckliche Gleichgültigkeit.

Nun gut, dachte der Junge. *Ich bin dir egal? Dann bin ich dir auch keine Rechenschaft mehr schuldig, alter Mann. Von jetzt an leb ich mein eigenes Leben.*

Und genau das tat Johnny. Er schmiss die Schule und zog zu seiner Tante Martha. Er lungerte mit seinem besten Freund Aidan oft im Hinterhof von Tante Marthas Häuschen oder beim Bahnhof von Blacktown herum. Sie rauchten Gras, tranken und hörten sich Tupac an. Tupac war Johnnys großes Idol. Er war schließlich ein echter Gangster aus dem Getto und nahm kein Blatt vor den Mund. Seine Texte spiegelten die Hochs und Tiefs seines *Thug Life's* wider, seines harten Lebens als Schläger, Krimineller und Gangster, und sprachen Johnny direkt aus der Seele. Tupac war ein Poet, ein Revolutionär, der König des Raps, der Rapper schlechthin. In seinem berühmten »Papa'z Song« rappte er über einen jungen Mann, der mit seinem Vater abrechnet, der ihn im Stich gelassen und sich nie um ihn gekümmert hat. Johnny erklärte den Song kurzum zu seinem Lieblingssong. Auch sein Vater hatte es gründlich vergeigt.

Und Tupac wusste genau, wie sich das anfühlte. Wenn es einen Helden für Johnny gab, dann Tupac. Inspiriert von diesem Rapper, begannen Johnny und Aidan ihre eigenen Raps zu schreiben. Mit der Zeit wurden sie richtig gut darin, so gut, dass sie sogar mit zwei berühmten australischen Hip-Hop-Künstlern ein paar Songs im Studio aufnehmen durften.

In dieser Zeit lernte Johnny seine Freundin Maria kennen. Er und Aidan waren auf einer Party. Maria war mit ein paar Freunden da und fiel Johnny sofort ins Auge. Also ging er zu ihr hin, zog sie an sich, und ohne sich überhaupt vorzustellen, küsste er sie einfach mitten auf den Mund. Von da an waren die beiden ein Paar. Sie liebten sich leidenschaftlich und brachten sich gegenseitig auf die Palme. Einmal hatten sie einen heftigen Streit, und Johnny stapfte fluchend davon und ging in die Stadt, um sich volllaufen zu lassen. Maria fand ihn, marschierte zielstrebig auf ihn zu und rammte ihm ihre Faust ins Gesicht. Von diesem Moment an liebte Johnny sie umso mehr. Diese Frau war aus seinem Holz geschnitzt. Sie sprach seine Sprache, und das gefiel ihm. Alle paar Monate machten sie Schluss. Doch dann hielten sie es jedes Mal nicht ohne einander aus und versöhnten sich wieder. Maria war von Anfang an dabei, als Johnny und Aidan die Battle-Raps starteten, als ihr Gefolge immer größer wurde, als sie die Gang gründeten und als Johnny seinen ersten Gegner k. o. schlug und zu seinem Spitznamen Knock kam. Nur bei den Schlägereien hielt sie sich heraus, und sie tat gut daran, denn die Kämpfe konnten sehr brutal sein.

Zwanzig NOC-Mitglieder versammelten sich in dieser Nacht auf den unbeleuchteten Abstellgleisen hinter dem Bahnhof, um gegen die *Black Wolves* anzutreten. Sie waren mit Klappmessern, Baseball-Schlägern und Stacheldrahtstücken bewaffnet; diese nutzte man als Verteidigungswaffen, indem man sie herumschwang und einen Angreifer dadurch übel verletzen konnte. Johnny hatte keine Waffen dabei. Er zog es vor, mit den Fäusten zu kämpfen. Er hatte sich sein langes Haar zurückgebunden, damit es ihm nicht in die Quere kam. Der Achtzehnjährige hielt eine feurige Rede, um seine Leute für die Schlacht aufzupeitschen. Stolz und Kampfgeist spiegelten sich auf den Gesichtern der jungen Burschen. Sie waren bereit. Die Luft über dem dunklen Gelände vibrierte vor Anspannung.

Und dann kamen sie, die *Schwarzen Wölfe*. Pünktlich um Mitternacht traten sie aus dem Schatten auf die mit Gras überwachsenen verrosteten Bahnschienen heraus. Lautlos stiegen sie über die Gleise, wie ein geschlossenes Wolfsrudel, ihre Beute fest im Visier. Johnny und seine Leute rührten sich nicht von der Stelle. Sie warteten und beobachteten den Feind, warteten, bis er nahe genug war. Dann gab ihr Anführer mit einem lauten Kampfschrei das Zeichen zum Angriff.

Die Gangs stürzten aufeinander los und prallten mit voller Wucht zusammen. Johnny galoppierte auf Nuka zu. Der Schwarze war mit einer Machete bewaffnet, die er drohend in der Luft schwang. Nur um Haaresbreite verfehlte er Johnny. Der holte zu einem heftigen Schlag aus und traf Nukas Kinn mit solcher Wucht, dass der Sudanese ins Taumeln kam. Johnny schlug ihm mit einem Fußtritt die Machete aus der Hand und warf sich mit seinem vollen Gewicht auf ihn. Die zwei stürzten zu Boden. Sie wälzten sich auf den Balken zwischen den Schienen und bearbeiteten sich mit den Fäusten. Johnny entlud seine ganze Aggression an dem Schwarzen und musste auch selbst viel einstecken. Doch er landete ein paar harte Treffer in Nukas Gesicht und brach ihm schließlich die Nase. Er lachte triumphierend.

»Gute Nacht, Nuka!«, rief er, dann ballte er die blutige Faust und schlug seinen Gegner k. o.

Heftig atmend stand er auf und wischte sich mit dem Handrücken das Blut von seiner aufgeplatzten Lippe. Sein rechtes Auge begann zuzuschwellen. Aber Johnny fühlte sich großartig. Er sah sich um. Die *Black Wolves* waren seiner Gang eindeutig unterlegen. Sie ergriffen die Flucht, und Johnnys Leute nahmen johlend die Verfolgung auf.

»Hey!«, rief Johnny amüsiert. »Vergesst euren Anführer nicht!«

Zwei Jungen halfen dem benommenen Nuka beim Aufstehen, nahmen ihn in ihre Mitte, legten sich seine Arme um ihre Schultern und schleppten ihn von den Schienen. Johnny dichtete spontan einen Rap und verspottete seinen Rivalen, bis er ihn nicht mehr sehen konnte.

»Ja, ganz recht! Johnny Knock hat dich ausgeknockt! Geh nach Hause und wein dich bei deinem Cousin aus, Loser!«

13 HUNGER

»Ich hab Hunger«, sagte Etueni.

Den hatten sie alle. Alles, was sie in der vergangenen Woche gegessen hatten, war das glibberige Fruchtfleisch von siebzehn und das eingetrocknete, nach Benzin schmeckende weiße Fruchtfleisch von drei Kokosnüssen. Das ergab gerade mal knapp eine Kokosnuss pro Tag pro Person. Sie träumten von saftigen Thunfischsteaks und Hühnerschenkeln, aber davon wurden sie auch nicht satt. Sie brauchten dringend etwas zu essen.

Eigentlich wäre das Essen das geringste ihrer Probleme gewesen. Sie hätten einfach fischen können. Sie waren gute Fischer, alle drei. Samu stand kurz davor, ein *Tautai* zu werden. Alles, was sie brauchten, war eine Schnur, ein Haken und ein Köder. Der Rest war einfach. Das Bötchen war für die Fische wie ein Magnet. Wie jedes Treibgut auf dem Meer hatte sich das Dingi in eine Miniinsel verwandelt, unter deren Sonnendach sich kleine Fische tummelten, die ihrerseits größere Fische anlockten. Sie schwammen in aller Gemütlichkeit um das Boot herum. Die Jungen konnten einige von ihnen sogar mit den Fingern berühren, so nah waren sie. Und dennoch waren sie für die Jugendlichen in unerreichbarer Ferne. Hätte Etueni bloß das Angelzubehör von Filos Vater mitgenommen, wie Filo es ihm aufgetragen hatte! Sie hätten so viele Fische gefangen, dass sie das ganze Boot damit hätten füllen können. Stattdessen hatte Etueni Wodka und Milch mitgebracht. Wodka und Milch! Dieser Fehler konnte sie jetzt das Leben kosten.

Es gibt immer wieder Geschichten von Schiffbrüchigen. Ihr Überleben hängt neben einer großen Portion Glück von vier Dingen ab: Erfahrung, einer guten Ausrüstung, Trinkwasser und Nahrung.

In all diesen Punkten scheiterten Samu, Filo und Etueni kläglich. Gut, Erfahrung auf dem Meer hatten sie. Doch ihre Ausrüstung war jämmerlich. Eine sich langsam zersetzende Abdeckplane, eine Machete, eine Teetasse und ein Mayonnaiseglas. Trinkwasser hatten sie auch keines, es sei denn, es regnete. In der vergangenen Woche hatte es ein einziges Mal geregnet, und es konnte mehrere Tage bis zum nächsten Regen dauern. Und Nahrung? Die schwamm friedlich um ihr Boot rum, und sie konnten sie trotzdem nicht einfangen. Verglichen mit dem, was andere Schiffbrüchige auf ihren Irrfahrten dabeihatten oder sich mit Hilfsmitteln konstruieren konnten, waren ihre Voraussetzungen einfach nur katastrophal.

Eine der letzten unglaublichen Geschichten von Schiffbrüchigen, die 2006 durch die Medien gegangen war, war die von drei mexikanischen Fischern gewesen. Ganze neun Monate, 285 Tage lang, waren sie in ihrem acht Meter langen Fiberglasboot auf dem Pazifik verschollen gewesen, länger als je ein Mensch zuvor. Sie bastelten sich Angelhaken aus Teilen des Motors und fingen damit Meeresschildkröten, indem sie sich einen Strick um die Hüfte banden und ins Meer tauchten. Sie aßen das Fleisch und die Knochen und tranken das Blut. Außerdem hatten sie große Benzinkanister, in denen sie das Regenwasser auffangen konnten. Als sie nach ihrer Irrfahrt gefunden wurden, hatten sie zwar viel Gewicht verloren, waren aber dennoch in einem erstaunlich guten Zustand.

1942 überlebte der Chinese Poon Lim 133 Tage auf dem Südatlantik. Niemand hat je länger allein auf einem Floß auf hoher See überlebt. Das britische Handelsschiff, auf dem er als zweiter Steward angeheuert hatte, war von einem deutschen U-Boot torpediert und versenkt worden. Nach zwei Stunden im Wasser entdeckte Lim ein ungefähr 2,4 Quadratmeter großes hölzernes Rettungsfloß und erklomm es.

Auf dem Floß fand er einen Kanister mit vierzig Litern Wasser, mehrere Dosen mit Keksen, etwas Schokolade, eine Tüte Würfelzucker, Fackeln und eine Taschenlampe. Als der Proviant aufgebraucht war, begann er zu fischen und in der Verkleidung seiner

Schwimmweste Regenwasser zu sammeln. Aus einem Draht der Taschenlampe formte er einen Angelhaken. Die Angelschnur fertigte er aus Hanfschnur an. Um größere Fische zu fangen, löste er einen Nagel aus einer der Planken und schlug ihn am Floß krumm. Aus einer der Keksdosen stellte er ein Messer her. Am 5. April 1943 wurde er von brasilianischen Fischern gerettet. Er hatte neun Kilogramm Gewicht verloren, aber brauchte keine Stütze, um nach den 133 Tagen allein auf hoher See von seinem Floß zu gehen.

1973 überlebten Maurice und Maralyn Bailey 117 Tage in einem aufblasbaren Rettungsfloß im Pazifik, nachdem ihre Segeljacht von einem Wal gerammt worden war. Es gelang ihnen, einen Kompass, einen Kocher, Bücher, ein Kartenspiel und einiges an Vorräten zu retten, bevor das Segelschiff in den Fluten versank. Sie hatten jede Menge Dosengerichte, sogar geschmorte Steaks und Spaghetti bolognese. Sie stellten aus einer Sicherheitsnadel einen Angelhaken zum Fischen her und fingen zahllose Fische und Schildkröten. Trotzdem verloren sie je achtzehn Kilogramm und waren so abgemagert, dass ihre dünnen Beine ihr Gewicht kaum noch zu tragen vermochten, als ein koreanisches Fischerboot sie an Bord holte.

1981 erlitt der Segler Steve Callahan ein ähnliches Schicksal. Auch seine Segeljacht wurde durch einen Wal zum Kentern gebracht. In der aufblasbaren Rettungsinsel mit 1,8 Meter Durchmesser überlebte er 76 Tage im Atlantik. Seine Ausrüstung bestand unter anderem aus einem Kissen, einem Schlafsack, Navigationskarten, einer kurzen Harpune, Fackeln, zwei Solardestillierapparaten, einigen Lebensmitteln und dem Überlebenshandbuch »Sea Survival« von Dougal Robertson, der 38 Tage im Pazifik verschollen gewesen war. Mit der Harpune erlegte Callahan mehrere kräftige Dorados. Die Destillierapparate wandelten Meerwasser durch Verdampfung in Trinkwasser um. Zusätzlich befestigte er eine Tupperbox auf dem Dach, mit welcher er Regenwasser auffing. Mit diesen Hilfsmitteln gewann er pro Tag knapp einen halben Liter Trinkwasser. Er verlor ein Drittel seines Körpergewichts, bevor er am 20. April 1982 südlich von Guadeloupe von Fischern aufgegriffen wurde.

1989 kenterte in der Südsee vor Neuseeland der Trimaran *Rose Noelle* mit vier Männern an Bord: John Glennie, Rick Hellreigel, Jim Nalepka und Phil Hofman. Ein Trimaran ist ein Segelschiff mit drei parallel liegenden schmalen Rümpfen. Als die *Rose Noelle* kenterte, blieb sie kopfüber im Wasser liegen. Vier Monate – genau 119 Tage – überlebten die vier Männer in einer größtenteils mit Wasser gefüllten Kajüte. Sie schnitten ein Loch in den Rumpf, der jetzt ihre Decke war, damit sie herausklettern konnten, und konstruierten sich in der überfluteten Kabine Liegeplätze direkt über der Wasserlinie. Glücklicherweise hatten sie viel Proviant dabei, den sie durch Tauchgänge aus dem Schiffsrumpf holten und streng rationierten. Sie benutzten einen Landungshaken als Speer und fingen damit etliche Fische. Mit der Zeit verwandelte sich die umgedrehte Jacht in ein schwimmendes Riff, und Entenmuscheln wuchsen daran, die die Speisekarte erweiterten. Außerdem entwickelten die Männer ein Wasserauffangsystem für Regenwasser. Nachdem sie auf der Great-Barrier-Insel an Land gespült worden waren, tauchten Zweifel an der Echtheit ihrer Geschichte auf. Für Schiffbrüchige sahen sie anscheinend zu gut aus und hatten zu wenig Druckstellen und offene Wunden vom Salzwasser. Die Geschichte wurde von Experten überprüft, und ausgerechnet die Entenmuscheln, die auf dem Rumpf des Segelschiffes gewachsen waren, bewiesen, dass die Männer die Wahrheit sagten. Denn wäre das Schiff nicht über Monate hinweg mit dem Mast nach unten durch den Ozean gedümpelt, hätten sich die Rankenfüßer dort niemals festgesetzt.

So unterschiedlich all diese Geschichten auch waren, eines hatten sie gemeinsam: Irgendwie konnten die Schiffbrüchigen sich Haken oder Speere basteln und damit Fische fangen. Abgesehen vom Trinkwasser, rettete ihnen das Fischen das Leben. Samu, Filo und Etueni wussten sehr wohl, dass ihre Überlebenschancen verschwindend gering waren, wenn es ihnen nicht endlich gelang, ein paar Fische zu fangen. Etueni versuchte es mit den bloßen Händen. Er hielt die Hand ruhig ins Wasser, und wenn ein Fisch nahe genug kam, packte er zu. Aber es war hoffnungslos. Die Fische waren zu flink und zu glitschig.

»Wir brauchen einen Haken«, sagte Etueni.

»Wir hätten einen Haken, wenn du nicht so dämlich gewesen wärst, ohne die Angelausrüstung meines Vaters zurückzukommen«, meinte Filo vorwurfsvoll. »Wir hätten jede Menge Haken und Angelschnur und Köder und Fallen und Netze und Ruten und Speere. Wir könnten Fisch essen bis zum Abwinken.«

»Ist ja gut«, knurrte Etueni. »Du hättest es dir ja auch selbst holen können.«

»Dazu war keine Zeit mehr, Blödmann.«

»Selber Blödmann! Das mit dem Abhauen war deine Idee! Ohne dich wären wir gar nicht erst hier!«

»Hättest ja nicht mitkommen müssen!«, schnauzte Filo zurück.

Sie sahen sich wütend an, während Samu wie üblich auf der hinteren Bank beim Motor saß und schwieg.

»Einen Haken brauchen wir trotzdem«, sagte Etueni schließlich, um auf das eigentliche Problem zurückzukommen. Und damit hatte er recht. Ohne Haken keine Fische. Ohne Fische keine Nahrung. Ohne Nahrung kein Leben. Die Gleichung war einfach und tödlich, wenn sie sie nicht bald lösten.

Nach ein paar weiteren missglückten Versuchen, von Hand einen Fisch zu fangen, gab Etueni auf. In seinem Kopf ging er alles durch, was sie im Boot hatten. Improvisation war gefragt. Woraus könnte man einen Angelhaken herstellen? Aber da gab es nichts. Keine Sicherheitsnadeln, keine Landungshaken, keine Nägel, die man zu einem Haken verbiegen konnte, kein Taschenlampendraht. Nichts.

»Der Motor«, schlug Filo nach einer langen Pause vor. »Warum zerlegen wir nicht den Motor? Vielleicht können wir aus irgendeinem Teil einen Haken anfertigen.«

»Ja, der Motor!«, sagte Etueni begeistert. »Und das Startseil nehmen wir als Angelschnur. Das müsste doch klappen!«

Die gemeinsame Idee machte Filo und Etueni wieder zu Verbündeten. Doch ihr Vorschlag wurde von Samu entschieden abgelehnt.

»Der Motor wird nicht angerührt!«, sagte er und rutschte beschützend in die Mitte der Sitzbank. »Das ist ein 15-PS-Yamaha-Motor. In perfektem Zustand. Habt ihr überhaupt eine Ahnung, wie viel der wert ist?«

»Aber Samu«, wandte Filo ein. »Was nützt uns ein perfekter Motor, wenn wir hier verhungern? Lass es uns wenigstens probieren.«

Samu blieb hart. »Nur über meine Leiche. Das Boot gehört meinem Onkel. Also bestimme ich und *nur* ich, was wir damit tun oder nicht tun!«

»Wenn wir uns keinen Haken machen können, um damit zu fischen, sterben wir vielleicht!«, stellte Etueni nüchtern fest.

»Dann sterben wir eben«, knurrte Samu eingeschnappt. »Der Motor bleibt intakt. Ist das klar?!«

Filo und Etueni mussten sich unter Samus Autorität beugen. Er war der Älteste. Er hatte das Sagen. Und das Boot gehörte tatsächlich seinem Onkel. Für Filo war Samus Haltung trotzdem schwer nachvollziehbar. Hier ging es immerhin um ihr Überleben! Wie um alles in der Welt konnte Samu ein Außenbordmotor wichtiger sein als ihr Leben? Hätte Filo länger auf Atafu gelebt, hätte er es verstanden. Der Motor eines Tokelauers war sein Augapfel, sein wertvollster Besitz. Einem Insulaner sein Boot zu stehlen, konnte gerade noch verziehen werden. Aber sich an seinem Motor zu vergreifen? Niemals. Filo wagte noch einen letzten Versuch, Samu umzustimmen. Aber Samus Blick wurde so grimmig, als wollte er seinen Freund allein für den Gedanken an diese Unverschämtheit erwürgen. Also drängte ihn Filo nicht weiter, das Thema war beendet, und der Hunger nagte weiter an ihnen.

13. Oktober 2010
Tag 9

Die Luft war so glühend heiß wie in einem Backofen. Filo, Samu und Etueni kamen sich vor, als würden sie bei lebendigem Leibe in einer Bratpfanne gegrillt. Ihre Haut war böse verbrannt. Übel juckende Ausschläge bildeten sich. Brandblasen platzten auf. Dazu kamen Furunkel von dem ständigen Kontakt mit dem Salzwasser. Die dünnen Leibchen und Fußballshorts klebten an der Haut, und jede Bewegung wurde zur Tortur. Irgendwann hielt es Filo nicht mehr aus und riss sich das Shirt und die Shorts vom Leib. Die anderen taten es ihm gleich. Sie warfen ihre Kleider einfach über Bord. Nur Filos Shirt behielten sie als Wischlappen. Jetzt brieten sie vollkommen nackt in der Sonne.

Ihre Augen und Lippen brannten vom Salz. Ihre Zungen klebten ihnen am Gaumen. Ab und zu übergossen sie sich mit Meerwasser. Das Wasser war trotz der Hitze kalt und schenkte ein wenig Kühlung. Manchmal gingen sie auch schwimmen, aber jeweils nur einer von ihnen, während die anderen beiden im Boot blieben. Samu schärfte ihnen ein, sich dabei stets an dem weißen Stück Strick festzuhalten, das am rechten Metallgriff neben der Hecksitzbank befestigt war. Einmal, als Filo sich im Wasser abkühlte, entdeckte Samu unter ihm Haifische im klaren Wasser.

»Filo«, sagte er, als wäre nichts Besonderes dabei, »da sind Haie unter dir. Wollte es dir nur sagen, damit du nicht sinnlos rumzappelst.«

»Ist gut«, meinte Filo, ebenfalls erstaunlich gelassen, und warf einen Blick nach unten. Es waren zwei um die fünf Meter lange weiße Haie, die friedlich durch den Ozean schwammen. Filo blieb ganz ruhig und vermied hektische Bewegungen. Er hatte Respekt vor den Tieren, aber keine Furcht. Er war vor Atafu beim Schwimmen schon oft Haien begegnet und wusste, dass sie nicht angriffen, solange man nicht in Panik geriet und sich dadurch zur Zielscheibe machte. Anstatt fluchtartig ins Boot zu klettern, trat Filo einfach weiter auf der Stelle und sah den gewaltigen Raubtieren unter sich zu, wie sie weiterzogen, ohne ihn eines Blickes zu würdigen.

Im Laufe der Tage wechselte das Wasser mehrmals seine Farbe. Mal war es blau, dann grau, dann grün, dann schwarz. Das Wetter wechselte ebenfalls von Tag zu Tag. Mal wehte kein Lüftchen, und das Wasser war so still und klar, dass man bis weit hinunter in die Tiefe blicken konnte. Dann wieder wehten raue Winde mit bis zu dreißig Knoten Geschwindigkeit – über fünfundfünfzig Kilometer pro Stunde. Das Meer formte sechs bis acht Meter hohe Hügel, manche wurden sogar bis zu zehn Metern hoch. Sie hoben das Bötchen mit sich in den Himmel und rissen es dann mit solcher Macht zurück in die Hölle, dass sich den Jugendlichen der Magen umdrehte. In der Nacht sahen sie ein paarmal fluoreszierendes Plankton unter sich in der Tiefe leuchten. Dann sah das Meer aus wie ein von unten beleuchtetes Schwimmbecken, in dem Myriaden von kleinen hellblauen Lichtern herumschwirrten. Es war ein beeindruckendes Phänomen – ein kleiner Einblick in Gottes geheimnisvolle Schöpfung. Aber sobald der Morgen kam, verschwand das wundersame Meeresleuchten und wich einem weiteren unbarmherzigen Tag in der Wasserhölle. Ohne Trinkwasser. Ohne Nahrung. Ohne Hoffnung.

Die Jungen beobachteten die Möwen, wie sie am Himmel kreisten und plötzlich im Steilflug hinabschossen und mit ihrem Schnabel einen Fisch fingen. Es war erstaunlich, wie sie das hinbekamen. Und frustrierend, dass diese Vögel mit einer solchen Leichtigkeit fischten, während die Teenager trotz all ihres Know-hows leer ausgingen.

»Da, seht mal! Ein Hammerhai!«, rief Etueni plötzlich und deutete aufs Wasser.

Die Jungen folgten seinem ausgestreckten Zeigefinger. Tatsächlich. Es war unverkennbar ein Hammerhai. Er hatte diesen typisch breiten, flachen Kopf mit einem Auge an jeder Seite. Der Hai war vielleicht zwei Meter lang und kam direkt auf das Boot zugeschwommen. Vor Atafu gab es viele Haifische. Doch einen Hammerhai hatten die Jungen noch nie zuvor gesehen.

»Coole Kopfform«, meinte Filo fasziniert.

Der Hammerhai umrundete das Dingi mehrmals, als wolle er es inspizieren. Unvermittelt sagte Samu:

»Filo, gib mir die Machete. Ich spring auf ihn drauf, ramm ihm das Messer rein und schlitz ihn auf.«

Etueni und Filo sahen Samu mit großen Augen an. Eine so absurde Idee konnte nur von Samu kommen. Filo lachte laut.

»Du bist verrückt, Mann! Der Hai wird dich auffressen!«

Aber Samu war es bitterernst. »Ich hab schon viele Haie gefangen. Ich schaff das. Also gib mir die Machete, bevor der Bursche wieder wegschwimmt.«

»Nein!«, antwortete Filo energisch, als er begriff, dass Samu keinen Spaß machte. »Ich geb dir die Machete nicht. Hast du den Verstand verloren?«

Samu wandte sich an Etueni. »Dann gib du mir eben die Machete. Liegt gleich hinter dir, Etueni.«

Etueni schüttelte den Kopf. »Filo hat recht. Der Hai ist viel zu stark. Du kannst ihn nicht töten. Du wirst draufgehen, Samu.«

Samu blickte auf den Hammerhai, der immer noch seine Runden um das Boot drehte, ohne etwas von dem Mordkomplott zu ahnen, das gegen ihn geschmiedet wurde.

»Kommt schon. Wir sind alle hungrig. Ich stürz mich auf ihn und schlitz ihn auf, bevor er zubeißen kann.«

»Das ist vollkommen verrückt, Samu!«, sagte Filo. »Das überlebst du nie!«

»Wetten? Mein Alter ist mal von einem Hai gebissen worden. Er hat's auch überlebt.«

»Tu's nicht, Samu«, flehte ihn Etueni an, und Filo eröffnete ihm ehrlich besorgt:

»Lieber sterb ich vor Hunger, als zuzusehen, wie mein bester Freund von einem Hammerhai zerfleischt wird! Lass es bleiben, Samu! Bitte!«

Samus Augen wanderten unruhig zwischen dem Hammerhai und der Machete hin und her, die hinter Etueni auf dem Bootsboden lag. Die Entschlossenheit in seinem Blick machte Filo richtig Angst. Er wollte es tun! Der durchgeknallte Kerl wollte es tatsächlich mit einem Hammerhai aufnehmen! War ihm denn nicht klar, dass er keine Chance gegen diesen Zweimeterriesen hatte? Das Tier würde ihn in Stücke reißen!

Filo und Etueni redeten weiter auf Samu ein, dieses gefährliche Unterfangen um Gottes willen zu unterlassen, während der Hai ihr Boot so dicht umkreiste, dass sie ihn hätten streicheln können. Endlich, nach einer halben Ewigkeit, wie es schien, schwamm der Hammerhai gelangweilt davon – und Samu saß noch immer im Boot. Zerknirscht. Mit knurrendem Magen. Aber lebend.

14 DAS GEBET

Ungefähr 14. Oktober 2010
Tag 10

In der Nacht war das Meer besonders rau. Es atmete, prustete, hob und senkte sich, warf das kleine Boot hin und her und übergoss es immer wieder mit Wellen. Dicht aneinandergedrängt teilten sich die drei Teenager den 1,2 Meter breiten Boden ihres Dingis. Trotz der Abdeckplane, die sie als Decke benutzten, frösteten sie. Sie waren zu müde, um Wasser zu schöpfen, und fanden dennoch keinen Schlaf. Ab und zu drifteten sie in das Land der Träume, doch jeder Sturz in ein Wellental weckte sie wieder auf. Gischt spritzte auf. Die See rauschte und schnaubte. Sie formte immer neue Hügel und Täler mit gefährlichen Steilhängen und schäumenden Klippen. Das Boot wurde wie ein Spielzeug von einer Seite zur anderen geworfen. Sie hofften, dass das Dingi nicht kippte und der Morgen bald kam.

Wie durch ein Wunder überlebten sie die Nacht. Als die Sonne aufging, wurde es endlich ruhiger. Die See war so glatt wie ein Spiegel und der Horizont eine einzige gerade Linie. Es war ordentlich Wasser in das Bötchen geschwappt. Filo hielt in dem Salztümpel nach der Teetasse Ausschau und machte dabei einen sehr erfreulichen Fund: Ein kleiner Fisch war während der Nacht ins Boot gespült worden!

»Samu, Etueni! Seht mal her!«

Die Teenager setzten sich auf. Ein Minifischchen von der Länge eines kleinen Fingers hatte sich in ihre Badewanne verirrt. Filo fing das silbrig glitzernde Fischchen mit den Händen ein und grinste zufrieden, als er es an den Mund hob.

»Zeit fürs Frühstück, Leute!«

Er biss dem zappelnden Fischlein den Kopf ab. Dann reichte er es an Samu weiter. Der nahm einen Bissen vom dünnen Leib, und

Etueni bekam den hintersten Teil mit der Schwanzflosse. Viel war es nicht. Gerade mal ein Bissen pro Person. Der Fisch schmeckte fürchterlich bitter, und da sie nichts zum Spülen und kaum Speichel hatten, blieb der Geschmack den ganzen Tag in ihrem Mund. Natürlich wurden sie nicht satt davon. Aber immer noch besser einen Bissen rohen Fisch als gar nichts.

Der Tag wurde wieder einmal quälend heiß, und auch heute gab es nicht das geringste Anzeichen eines Flugzeuges oder Schiffes. Ob man die Suche bereits eingestellt hatte? Wie lange trieben sie überhaupt schon auf dem Meer? Zehn Tage? Zwei Wochen? Sie hatten den Überblick verloren. Ein Tag war so eintönig wie der andere. Ihnen war langweilig. Wenn sie wenigstens etwas zum Lesen oder zum Schreiben oder ein Spiel dabeigehabt hätten, um irgendwie die Zeit totzuschlagen. Zum Beispiel Bingo. Am Dienstag war auf Atafu immer Frauentag, und alle Frauen setzten sich auf ihre geflochtenen Matten an den Strand und spielten mit Papptafeln und bunten Steinen Bingo. Die Männer spielten Kricket. Aber das hätte in dem Dingi sowieso nicht funktioniert. Filo hatte den Quadratkilometer Korallenriff auf Atafu als beengend empfunden. Jetzt war sein Lebensraum auf vier Quadratmeter geschrumpft. Weniger Platz gab es höchstens in einem Sarg. Und den würde er nicht einmal brauchen, wenn er hier auf dem Meer starb. Doch mit solchen Gedanken wollte sich der Fünfzehnjährige nicht auseinandersetzen. Noch gab es Hoffnung. Noch war nicht alles verloren. Daran musste er einfach glauben.

Die Sonne stand im Zenit und röstete die Jugendlichen wie Spanferkel über dem Feuer. Nur, dass das Feuer von oben kam. Samu, Filo und Etueni waren es leid, sich gegenseitig anzustarren. Sie waren es leid, das Wasser anzustarren. Sie waren es leid, die Möwen am Himmel anzustarren. Ihre verbrannte Haut schmerzte und juckte. Der Durst war unerträglich. Der Hunger zehrte ihr Fett auf. Diesen Prozess konnte auch das kleine Fischlein, das sie sich am Morgen geteilt hatten, nicht aufhalten. Wenn sie nicht bald gefunden wurden, würden sie langsam und elendiglich verhungern.

Sie dösten vor sich hin, in der Hoffnung, die Zeit würde dadurch etwas schneller vorangehen. Aber es schien eher so, als wäre sie komplett stehen geblieben. Stundenlang saßen sie mit gesenkten Schultern da, durstig, hungrig, schweigend, während sich ihre Gedanken wie ein Karussell um immer dieselben drei Dinge drehten: Wasser, Essen und ihre Rettung.

»Da!«, rief Samu plötzlich. »Ein Schiff!«

Filo und Etueni waren sofort hellwach. Wie von der Tarantel gestochen sprangen sie auf, schauten sich nach allen Seiten um und brachten das Boot vor lauter Aufregung heftig ins Schaukeln.

»Wo ist ein Schiff?! Wo?!«

Samu lachte laut heraus. »Reingelegt! Da ist überhaupt kein Schiff! Ihr hättet eure Gesichter sehen müssen!«

»Du elender Lügner!«, rief Filo, stürzte sich auf seinen Freund und versetzte ihm einen kräftigen Schlag zwischen die Rippen. »Das ist nicht witzig!«

»Find ich schon«, kicherte Samu, doch Filo warf ihm einen finsteren Blick zu und streckte ihm seinen Zeigefinger ins Gesicht. »Mach so was nie wieder, Samu! Hörst du?«

»Ist ja gut«, sagte Samu abwehrend. »Jetzt seid nicht so empfindlich.« Er knuffte Etueni in die Seite.

»Lass mich!«, fauchte der, und da erst sah Samu, dass der Vierzehnjährige eine Träne wegblinzelte.

»Nie wieder!«, ermahnte ihn Filo. »Nie wieder machst du darüber einen Scherz! Versprich es mir, Samu!«

»Okay«, sagte Samu dem Frieden zuliebe. »Ich versprech's.«

Samu setzte sich wieder auf die hintere Sitzbank beim Motor, Etueni schluckte seine Emotionen hinunter, das Bötchen hörte auf zu schwanken, und die drei verfielen erneut in grüblerisches Schweigen. Ein paar Stunden später nahm Samu die Teetasse und tauchte sie ins Meer. Sie hatten entgegen Etuenis Warnungen jeden Tag ein paar Schluck Meerwasser getrunken. Mit jedem Mal kam es ihnen weniger salzig vor. Und da bisher keiner von ihnen krank geworden war, tranken sie weiter davon. Ob sie innerlich austrockneten oder nicht, war ihnen egal. Der Durst war zu überwältigend, um die Disziplin aufzubringen, das Meerwasser nicht zu trinken. Gerade, als Samu die volle Teetasse hochhob, schubste eine Welle das Dingi an. Die Tasse knallte gegen das Boot, zersprang, und alles, was in Samus Hand blieb, war der Henkel der Teetasse. Der Rest der Tasse versank im Meer.

»Mist!«, rief Samu. »So ein verfluchter, *verfluchter* Mist!«

»Was ist?«, fragte Etueni.

»Die Tasse ist kaputtgegangen«, sagte Samu und hielt den Henkel hoch.

»Scheiße, Mann«, brummte Filo.

Somit hatten sie nur noch das Mayonnaiseglas, um damit Wasser zu schöpfen und Regenwasser einzufangen. *Wenn* es denn regnete. Der letzte Regen lag zwei Tage zurück. Und nur Gott wusste, wann es wieder regnen würde. Filo hätte alles für ein paar Tropfen Wasser gegeben. Aber heute sah der Himmel nicht spendierfreudig aus. Es war weit und breit keine Wolke zu sehen, nicht mal eine klitzekleine. Wie lange sie wohl ohne Trinkwasser überleben würden?

Gott, betete Filo innerlich, während er schmachtend in den blauen Himmel hochblickte. *Bitte schick uns etwas Regen! Wir sind total aufgeschmissen, wenn wir nicht bald etwas trinken können.*

Kaum hatte er das Gebet ausgesprochen, bemerkte er etwas wie einen dunkelgrauen Tintenklecks am Himmel. Er hielt die Hand über die Augen und betrachtete den Fleck genauer. Er verwandelte sich in eine kleine Wolke, die sich schnell aufpumpte und mit Wasser aus der Luft vollsog.

»Das glaub ich jetzt nicht«, murmelte Filo. »Seht euch das an!«

Samu und Etueni blickten nach oben und bestaunten das Gebilde, das sich vor ihren Augen in mehrstöckige Kumuluswolken verwandelte, eine Ansammlung wuchtiger Blumenkohlköpfe.

»Sieht nach Regen aus«, stellte Samu erfreut fest.

»Ja! Und ich hab dafür gebetet!«, sagte Filo mit leuchtenden Augen. »Das ist jetzt schon das zweite Mal!«

»Wie meinst du das?«, fragte Etueni.

Filo konnte es selbst noch kaum fassen. »Der Regen vor zwei Tagen. Ich hab dafür gebetet, und keine Minute später hat es geregnet. Und grade eben hab ich wieder für Regen gebetet! Und seht euch die Wolke an! Seht sie euch an!«

Da platschten auch schon die ersten Tropfen auf die Jugendlichen. Filo lachte begeistert. »Danke!«, rief er laut. »Danke! Danke! Danke!« Eine warme Träne rollte ihm die Wange hinunter. Sie vermischte sich mit einem kalten Regentropfen, der ihm ins Gesicht spritzte. Filo lachte noch lauter. Eine dunkle Wolkenwand schob sich vor die Sonne. Der Tag wurde zur Nacht. Starker Wind kam auf.

»Etueni, hol die Plane raus!«, befahl Samu. »Filo, gib mir das Mayonnaiseglas! Wir müssen so viel Wasser sammeln wie irgend möglich! Schnell!«

Etueni holte die Abdeckplane aus dem Stauraum im Bug, und Filo reichte Samu das Mayonnaiseglas. Filo und Etueni rutschten ganz nach außen auf ihrer Sitzbank und spannten die grüne Plane zwischen sich auf. Sekunden später trommelte der Regen auf sie nieder. Er war eiskalt, und die heftig herniederprasselnden Tropfen schmerzten auf ihren wunden nackten Körpern wie Peitschenhiebe. Diesmal gelang es ihnen überhaupt nicht, das Regenwasser ins Mayonnaiseglas zu leiten. Zu viele Windböen, die es praktisch unmöglich machten, das Wasser in das Glas zu lenken. Also leckten sie das Wasser wie Tiere von der Plane. Sie tranken Leben in sich hinein und wuschen sich gleichzeitig den bitteren Geschmack des Fischleins aus dem Mund. Oh, wie gut tat es, endlich etwas frisches Wasser trinken zu können. Oftmals verschluckten sie zwar schleimige Fetzen von der sich zersetzenden Zeltplane, die ihnen zusammen mit dem Regenwasser in den Mund gespült wurden und ziemlich eklig schmeckten. Aber sie kümmerten sich nicht darum. Der Schauer war wie beim ersten Mal kurz und intensiv, und als die Quellwolken weiterzogen, war der Durst der drei Teenager tatsächlich einigermaßen gestillt.

Filo war noch immer ganz angetan von der Macht seines simplen Gebetes. Ein Mal konnte es sich um einen Zufall handeln. Aber zwei Mal? Regen auf Kommando? So etwas hatte Filo in seinem ganzen Leben noch nicht erlebt. Und für ihn stand außer Frage, dass der Regen in unmittelbarem Zusammenhang mit seinem Gebet stand. Er hatte Gott um Regen gebeten, und Gott hatte ihm Regen geschickt. Einfach so. Wie auf Bestellung. Wenn das kein Wunder war, dann wusste er auch nicht.

Filo glaubte an Gott. Er kannte die alten protestantischen Kirchenlieder, die sie jeden Sonntag in der Kirche herunterleierten. Er kannte ein paar Geschichten aus der Bibel. Schließlich wurden sie auf Atafu jeden Sonntag dazu verdonnert, in der Bibel zu lesen. Er glaubte an Jesus, an den Himmel und die Hölle. Aber eine Erfahrung wie diese, dass Gott ein Gebet so prompt beantwortete, hatte Filo noch nie gemacht. Es ließ ihn den ganzen Tag nicht mehr los. Am Abend, als die Sonne untergegangen war, sagte Filo zu den anderen:

»Wir sollten beten.«

Samu und Etueni waren einverstanden. Sie schlossen die Augen, und Filo sprach ein kurzes Gebet. Er dankte Gott für den Fisch am Morgen und den Regen am Nachmittag und bat ihn darum, dass sie in der Nacht nicht kenterten. Er betete für seine Angehörigen und dafür, dass sie sich keine Sorgen machten. Und er betete darum, dass sie baldmöglichst gerettet wurden.

Danach legten sie sich in der Wasserpfütze schlafen.

15 VERSPRECHUNGEN

2006, in Sydney, Australien

Johnny kassierte für einen brutalen tätlichen Angriff auf einen Mann neun Monate Gefängnis. Seinen neunzehnten Geburtstag feierte er hinter Gittern. Er dachte an Maria. Sie hatten sich kurz vor seiner Festnahme wieder mal verkracht und Maria hatte zum zwanzigsten Mal mit ihm Schluss gemacht. Trotz allem vermisste er sie und wünschte sich, sie könnten sich wieder vertragen. Natürlich kam sie ihn nicht besuchen. Auch Aidan besuchte ihn nicht und auch sonst keiner von seiner Gang. Die Einzige, die ihn regelmäßig besuchte, war seine Tante Rosie. Er hatte Tante Rosie vorher nicht oft gesehen. Manchmal besuchte sie ihre Schwester Martha, und die beiden tranken im Garten eine Tasse Tee zusammen. Es wunderte Johnny, dass ausgerechnet Tante Rosie ihn besuchen kam. Doch sie tat es. Und jedes Mal, wenn sie kam, erzählte sie ihm, dass Jesus ihn liebte. Er hielt das Tantchen für verrückt. Er war ein Gangster, ein Schläger, ein hartgesottener Kerl. Mit all diesem Jesus-Liebes-Kram konnte er nichts anfangen. Bis zu dem Tag, an dem ihm etwas sehr Merkwürdiges passierte.

Es gab eine Gruppe Christen, die einmal in der Woche vorbeikamen, um einen Gottesdienst abzuhalten. Aus lauter Langeweile stellte sich Johnny hinten in den Raum, breitbeinig und mit verschränkten Armen. Sein Stolz ließ es nicht zu, dass er sich auf einen Stuhl setzte. Er hatte schließlich seine Gangsterehre. So stand er während des ganzen Gottesdienstes neben dem Eingang und hörte sich die Predigt an. Zum Schluss forderte der Prediger die Anwesenden auf, Jesus ihr Leben zu geben. Er sagte, wenn sie das tun wollten, sollten sie ihm ein Übergabegebet nachsprechen.

»Nicht in den Worten dieses Gebets steckt die Kraft, sondern in deiner Überzeugung, mit der du sie aussprichst. Wenn du glaubst, dass Jesus für deine Sünden am Kreuz gestorben ist, und wenn du möchtest, dass er dein Leben umkrempelt, dann sprich mir jetzt nach.«

Die Insassen senkten ihre Köpfe. Johnny tat es auch, ganz automatisch und ohne sich viel dabei zu überlegen. Der Prediger sprach ein Gebet vor, und ein paar von den Häftlingen wiederholten es.

»Komm in mein Leben, Jesus«, sagte der Prediger.

»Komm in mein Leben, Jesus«, murmelte Johnny.

»Vergib mir meine Schuld. Wasche mein Herz reiner als Schnee«, betete der Prediger vor. »Du sollst von nun an mein Herr sein. Und ich bin dein Kind. Und ich werde ewig mit dir leben. In Jesu Namen. Amen.«

Johnny wiederholte die Worte mit gesenktem Haupt. Es war keine bewusste Entscheidung, einfach ein Nachplappern, so wie andere es auch taten. Johnny dachte nicht weiter darüber nach.

Am nächsten Tag ging er in die Gefängnisbibliothek und lieh sich ein Buch über das Leben von Corrie ten Boom aus. Er setzte sich in die Leseecke und begann zu lesen. Je mehr er las, desto mehr weckte diese Corrie sein Interesse. Sie und ihre Familie riskierten ihr Leben, um im Zweiten Weltkrieg Juden vor den Nazis zu verstecken. Ihre ganze Familie wurde deswegen verhaftet und ins Konzentrationslager gesteckt. Ihr Vater starb wenige Tage nach seiner Verhaftung. Später starb auch Corries Schwester im KZ. Und Corrie ließ sich dennoch nicht beirren und erzählte den Menschen weiter von Jesu Liebe.

Wie tief das Tal auch sein mag, die Liebe Gottes reicht noch tiefer, schrieb Corrie.

Johnny hielt inne. Die Worte trafen ihn mit voller Wucht. Wie konnte diese Corrie solche Dinge sagen? Sie hatte so viel Schreckliches durchgemacht. Und sie redete trotzdem von Gottes Liebe? Wie war so etwas möglich? Wie konnte jemand so stark sein? Johnny musste an sein Leben als Gangster denken. Alles drehte sich darum, sich einen Ruf zu schaffen und diesen mit allen Mitteln aufrechtzuerhalten. Das war's so ungefähr. Seine Aufgeblasenheit und Arroganz erschienen Johnny auf einmal furchtbar lächerlich und beschämend, wenn er sie mit Corries Haltung verglich. *Er* beschwerte sich bei Gott über seinen Vater, der noch am Leben war. Die Nazis hatten Corries Vater und ihre Schwester *umgebracht*! Und sie gab dennoch nicht auf und machte einfach weiter mit dem, was sie für richtig hielt!

Diese Corrie ten Boom ist der ultimative Gangster, dachte Johnny bei sich.

Er las weiter. Ein gewisser Oliver ließ sich ihm gegenüber in einem Sessel nieder, um ebenfalls ein Buch zu lesen. Oliver saß wegen Drogenhandels im Knast. Johnny und er hatten nicht viel miteinander zu tun. Eine Weile waren beide Burschen in ihr Buch versunken. Und dann passierte es. Urplötzlich überkam Johnny eine Welle von Emotionen. Er konnte gar nicht anders, als zu weinen. Als er zu Oliver hinübersah, bemerkte er, dass dieser ebenfalls weinte!

»Wieso weinst du, Bruder?«, fragte ihn Johnny.

»Wieso weinst *du* denn?«, fragte Oliver zurück.

»Keine Ahnung, Mann«, schniefte Johnny. »Ich glaube, das ist Gott!«

Weder Johnny noch Oliver verstanden, was da gerade mit ihnen vorging, aber die beiden zähen, muskulösen Kerle, denen man lieber nicht im Dunkeln begegnete, schluchzten wie kleine Kinder. Und während Johnny laut weinte, spürte er, wie etwas in ihm geschah. Es war, als hätte jemand einen Eimer voller Liebe und Vergebung über ihm ausgeschüttet. Da war so viel Schrott in ihm drin, so viel Hass und Bitterkeit, Stolz und Verletzung, und alles wurde aus ihm herausgespült. Es war ein unbeschreibliches Gefühl. Es war ein Phänomen, für das Johnny keinerlei Erklärung hatte. Und nachdem die Riesenwelle über ihn hinweggeschwappt war, fühlte er sich auf einmal unendlich geliebt und angenommen. All die Geborgenheit, die sein Vater ihm seit seinem sechzehnten Lebensjahr nicht mehr gegeben hatte, war wieder da, nur viel stärker und tief in seiner Seele verankert. Gott liebte ihn. Und seine Liebe reichte tiefer als das tiefste Tal.

Es war, wie Corrie es gesagt hatte. Johnny spürte es in seinem Herzen und in seinem ganzen Körper. Er war geliebt. Das war es, wovon Corrie sprach. Das war die göttliche Liebe, die sie dazu veranlasst hatte, ihren Feinden zu vergeben und all das Schreckliche zu ertragen, das ihr widerfahren war. Das war die Liebe, von der sie redete. Und jetzt spürte Johnny sie auch. Es war ein heiliger, ein wunderschöner Moment. Und der Neunzehnjährige nahm sich unter Tränen vor, mit diesem Gott ernst zu machen.

Beim nächsten Besuch erzählte Johnny seiner Tante Rosie von seinem Erlebnis. Sie war ganz außer sich vor Begeisterung und pries Gott für die Offenbarung, die er ihrem Neffen geschenkt hatte. So wirklich begriff Johnny nicht, was das alles zu bedeuten hatte, aber Tante Rosie machte ihm Mut, diesen Weg mit Jesus auch wirklich einzuschlagen. Ganz so leicht war das aber nicht für Johnny. Er hatte keinerlei Erfahrung mit Gott. Alles, was er hatte, war dieses eine intensive Erlebnis in der Bibliothek und die Gespräche mit dem Tantchen alle paar Wochen. Er liebte Gott in seinem Herzen, wusste aber nicht, wie er das Erlebte konkret in seinem Leben umsetzen sollte.

Die Monate verstrichen. Johnny sehnte sich nach seiner Gang, nach seinen Freunden, nach der Anerkennung, den Battle-Raps, nach dem Leben, das er hatte, bevor er in den Knast kam. Aber gleichzeitig spürte er auch, dass er nicht so weitermachen konnte wie bisher. Irgendetwas musste sich ändern.

Ungefähr 22. Oktober 2010
Tag 18

Fast drei Wochen trieben Samu, Filo und Etueni nun bereits auf dem Meer. Da sie die Tage nicht von Anfang an gezählt hatten, konnten sie nicht mit Sicherheit sagen, wie lange genau sie schon unterwegs waren. Aber sie sahen an sich selbst, dass schon viel zu viel Zeit verstrichen war. Sie waren dünn geworden. Nachdem sie in der ersten Woche all ihre Kokosnüsse verzehrt hatten, hatten sie nichts mehr gegessen außer dem kleinen Fischlein, das ihnen ins Boot gehüpft war. Und getrunken hatten sie nichts außer ein wenig Regenwasser.

Mit dem Regen verhielt es sich ganz erstaunlich. Immer, wenn sie beteten, regnete es. Zu Beginn hatten Samu und Etueni Filo für verrückt gehalten. Aber dann sahen sie mit eigenen Augen, dass er recht hatte. Er redete mit Gott, als würde er neben ihnen im Boot sitzen, und sagte ihm, dass sie Durst hätten, und Minuten später regnete es, egal, ob der Himmel vorher bedeckt oder völlig wolkenlos gewesen war. Es war ein Phänomen. Ein Wunder, das ihnen mit Sicherheit niemand abkaufen würde, falls sie es denn jemals in der Lage wären zu erzählen. Doch ob man ihnen nun glauben würde oder nicht, Samu, Filo und Etueni wussten, was sie erlebt hatten, und das konnte ihnen niemand mehr wegnehmen.

Ohne das Regenwasser hätten sie die bislang etwa zweieinhalb Wochen jedenfalls nicht überlebt. Ohne die Kokosnüsse und das Fischlein vielleicht schon. Aber wie lange würden sie es noch schaffen? Wie lange würde es dauern, bis sie verhungerten? Der Hunger war kaum noch auszuhalten. Filo hatte das Gefühl, als würde ihm jemand seinen Magen auseinanderreißen. Ihm war alles zu viel, und seine Nerven lagen blank. Den anderen ging es genauso. Sie waren häufig schlecht gelaunt und brausten wegen jeder Kleinigkeit auf.

Jeden Abend gab es Streit darum, wer den Schlafplatz im Bug bekam. Der Bug war nicht nur überdacht, der Boden war zur Bugspitze hin leicht schräg nach oben geneigt und blieb daher zum größten Teil trocken, wenn sich das Bötchen bei Nacht wieder mit Wasser füllte. Der Platz im Bug war daher der begehrteste. Jede Nacht durfte ein anderer von ihnen dort schlafen. Aber manchmal lag Etueni bereits den ganzen Nachmittag über dösend im Bug und wollte den Platz abends nicht mehr freigeben. Das verärgerte Samu und Filo sehr. Manchmal brachten sie Etueni dazu, den Platz zu räumen, manchmal waren sie zu müde, um zu streiten, und ließen es bleiben.

Um nachts nicht mehr in der Salzwasserpfütze zu liegen, schliefen sie neuerdings im Sitzen. Sie setzten sich zwischen die Bänke, die Beine ineinander verschränkt, die niedere Bootswand im Rücken. Bequem war es nicht gerade. Viel Platz hatten sie alle drei nicht, und wer im Bug schlief, kam den anderen andauernd mit den Beinen in die Quere, selbst wenn er sie anwinkelte. Die grüne Abdeckplane wickelten sie um ihre Körper, als Schutz vor den überschwappenden Wellen und vor der Kälte. Keiner machte sich nachts die Mühe, Wasser zu schöpfen. Sie wollten einfach nur irgendwie die Nacht überstehen.

Ungefähr 23. Oktober 2010
Tag 19

Der neue Tag begann zumindest mit etwas Gutem: Wieder einmal hatte sich ein Fischlein in ihr Boot verirrt. Es war bereits das dritte. Drei Tage zuvor war das zweite Fischchen aus Versehen an Bord gehüpft. Es war genauso mickrig gewesen wie das erste, und dieses hier war auch nicht viel größer. Jeder bekam einen Bissen. Das waren gerade mal drei Bissen Fisch in zehn Tagen. Mehr hatten sie seit den Kokosnüssen nicht mehr zwischen die Zähne bekommen. Wenn das so weiterging, waren sie bald nur noch Haut und Knochen.

Das Fischlein schmeckte grässlich.

»Denkt einfach, es wäre ein Stück Kokosnusskrabbe«, schlug Samu vor. Viel besser wurde der bittere Geschmack im Mund dadurch auch nicht.

Samu tauchte seine hohle Hand ins Meer, um etwas Salzwasser zu schöpfen und sich damit den Mund auszuspülen, als ihm sein goldener Ring vom Finger glitt. Seine Finger waren dünn geworden. Er stieß einen leisen Fluch aus.

»Was ist passiert?«, fragte ihn Filo.

»Ich hab meinen Ring verloren!«, knurrte Samu wütend. »Den hat mir Koro geschenkt! So ein Mist, Mann!«

Filo und Etueni kamen auf Samus Seite und blickten ins Wasser. Sie entdeckten den Ring sofort. Er glitzerte und drehte sich und sank sehr schnell.

»Wir könnten nach ihm tauchen«, meinte Filo.

Samu schüttelte resigniert den Kopf. »Vergiss es. Kostet zu viel Kraft. Der Ring ist weg.«

Das Wasser war so klar, dass sie den Ring selbst nach einer Minute immer noch unter sich in der Tiefe sehen konnten. Samu verlor kein weiteres Wort darüber. Stattdessen schnappte er sich plötzlich das Mayonnaiseglas und schaufelte Wasser aus dem Dingi wie ein Verrückter. Ein paarmal wischte er sich heimlich über die Augen. Filo und Etueni warfen sich einen vielsagenden Blick zu und schwiegen. Filo wusste, wie viel Samu der Ring bedeutet hatte. Vielleicht hätte er doch nach ihm tauchen sollen. Er hätte es zumindest versuchen sollen, seinem Freund zuliebe. Aber dafür war es jetzt zu spät. Samus Ring war fort und damit nicht nur das einzige Andenken an seine Freundin Koro, sondern auch sein letzter persönlicher Gegenstand, den er bei sich hatte. Alles, was jetzt noch blieb, war die Erinnerung.

Ob wir unsere Familien jemals wiedersehen?, fragte sich Filo, während er Samu beim Wasserschöpfen zusah. *Ob wir es jemals zurück nach Hause schaffen?*

Wie lange konnten sie wohl über den Ozean treiben? Was, wenn sie von einer Meeresströmung erfasst würden, die sie auf eine gewaltige Rundreise mitnahm, ohne dass sie jemals wieder an Land kamen? Filo wusste, dass es solche Meereswirbel gab. 1890 hatte das Handelssegelschiff *Marlborough* mit neunundzwanzig Mann Besatzung und einem Passagier Neuseeland verlassen und war bald darauf spurlos verschwunden. 1913, dreiundzwanzig Jahre später, tauchte das Schiff am Kap Hoorn vor der Küste Chiles wieder auf, völlig intakt und mit den Skeletten der kompletten Crew an Bord.

Wenn sie nicht irgendwo auf einer Insel strandeten, gab es nur zwei Möglichkeiten zur Rettung: Entweder sie wurden von einem Flugzeug aus erspäht oder von einem Schiff. Dass sie von einem

Flugzeug aus gesehen wurden, hielt Filo für praktisch ausgeschlossen. Sie waren bestimmt auf keiner gängigen Flugzeugroute. Seit drei Wochen hatten sie keine einzige Maschine in der Luft gesehen, außer dem viermotorigen Seeaufklärungsflugzeug, das am zweiten Tag nach ihnen gesucht hatte. Filo fragte sich, ob es ihre Schuld war, dass der Pilot sie nicht gesehen hatte. Er war so tief und so dicht über sie hinweggeflogen. Er hätte sie doch sehen müssen. Oder etwa nicht? Wären sie doch nicht zu stolz gewesen, um zu winken. Vielleicht wäre dann alles anders gekommen. Gut, sie wären mit Sicherheit von den Männern auf Atafu wegen ihrer leichtsinnigen Aktion verprügelt worden. Aber das wäre immer noch tausendmal erträglicher gewesen als ihre jetzige Lage.

Und wie gut standen ihre Chancen, von einem Schiff gefunden zu werden? Auch Schiffe verkehrten auf bestimmten Routen. Wenn sie mit ihrem Bötchen nicht eine dieser Routen kreuzten, sah es schlecht für sie aus. Selbst wenn ein Schiff in unmittelbarer Nähe durchs Meer pflügte – und die Wahrscheinlichkeit dafür war bestimmt eins zu einer Million –, war trotzdem nicht gesagt, dass sie gesehen wurden. Heutzutage liefen Handelsschiffe die meiste Zeit auf Autopilot, während die Mannschaft sich unter Deck befand. Und die wenigen Matrosen, die Wache hielten, warfen nur gelegentlich einen Blick auf den Radar, lasen in einem Buch oder rauchten auf Steuerbord eine Zigarette, während ihr kleines Dingi auf Backbord vorbeitrieb.

Eher würden sie wohl kentern, als dass sie in dieser unendlichen Meereswüste von jemandem gefunden wurden. Eher würden sie in Davi Jones Kiste, der letzten Ruhestätte ertrunkener Seeleute, auf dem Meeresgrund landen. Oder sie würden verhungern, und ihr Schifflein dreiundzwanzig Jahre später mit drei Skeletten am anderen Ende der Welt auftauchen. Alles war wahrscheinlicher, als dass sie doch noch gerettet wurden.

An diesem Tag waren alle sehr schweigsam. Jeder war in Gedanken bei seiner Familie. Samu dachte an seine Freundin und stellte sich vor, wie er mit den Fingern durch ihr langes schwarzes Haar fuhr und sie küsste. Er flüsterte ihr ins Ohr, dass er sie liebte und dass er ihren Ring nicht mit Absicht verloren hatte. Er schloss ihre Hand um das Kokosnussfischlein, das er ihr geschnitzt hatte, und sagte ihr, sie solle immer an ihn denken und ihn noch nicht aufgeben. Noch nicht. Er musste auch an seine Großmutter denken und fürchtete, dass sie vor lauter Sorge um ihn einen Herzinfarkt erleiden könnte. Etueni dachte vor allem an seine Mutter. Er vermisste sie so sehr, dass es ihn beinahe zerriss vor Heimweh. Er sah ihr Gesicht vor sich, wie sie um ihn weinte, und ertrug den Gedanken nicht, dass sie glauben könnte, er wäre tot. Filo dachte an seinen Vater. Er wollte ihn um Verzeihung bitten für all die Dummheiten, die er in den vergangenen zwei Jahren auf Atafu gemacht hatte. Er wollte ihm sagen, dass ihm das alles furchtbar leidtäte und dass er sich ändern würde.

Sie hatten es sich zur Gewohnheit gemacht, jeden Abend, wenn die Sonne unterging, ein kurzes Gebet zu sprechen, und wechselten sich dabei ab. An diesem Abend war Etueni an der Reihe. Doch er saß nur da, brachte keinen Ton heraus, und nachdem die Sonne blutrot am Horizont verschwunden war, füllten sich seine Augen auf einmal mit Tränen. Samu und Filo setzten sich links und rechts neben ihn und legten ihm tröstend den Arm um die Schulter. Auch Samu und Filo kamen die Tränen.

»Gott«, betete schließlich Filo mit tränenerstickter Stimme. »Bitte bring uns nach Hause zurück. Bitte vergib uns. Wir versprechen dir, wir werden gut sein ... Wir ... wir werden nie wieder rauchen und nie wieder trinken. Wir werden gut in der Schule sein und uns um unsere Familien kümmern. Bitte, rette uns ... bitte lass uns hier draußen nicht sterben ... bitte hilf uns!«

16 DER STURM

Der Himmel war düster. Es roch nach Sturm. Der Donner grollte in der Ferne, und zwischen den schwarzen Wolken am Horizont waren Blitze zu sehen.

»Das sieht nicht gut aus«, murmelte Samu stirnrunzelnd. »Das sieht ganz und gar nicht gut aus.« In seiner Stimme war ein Hauch von Besorgnis, was Filo und Etueni beunruhigte, denn Samu ließ sich normalerweise nicht so leicht einschüchtern.

Die graue Wand kam näher und fraß das Blau des Himmels einfach weg. Das Wasser wurde dunkler, die Wellen höher, der Wind stärker. Die schweren Wolken schoben sich vor die Sonne, und das kleine Dingi mit seinen drei Insassen versank im Schatten. In den vergangenen Wochen waren die Jugendlichen immer mal wieder mit schwerem Seegang konfrontiert worden. Aber das hier war eines jener Unwetter, in das sich nur Wahnsinnige und Todesmutige freiwillig hineinwagten. Die See türmte sich auf wie ein zum Leben erwecktes Ungeheuer. Fünfzehn bis zwanzig Meter hohe Wellenberge formten sich. Orkanartige Windböen peitschten mit bis zu sechzig Knoten – mit einer Geschwindigkeit von über hundertzehn Kilometer pro Stunde – über das Meer hinweg und verwandelten es in einen brodelnden Hexenkessel aus schwarzem Wasser und weißem Schaum. Der Wind köpfte die Wellen, ließ die See stoßweise atmen, wühlte sie auf. Gischt spritzte von den Kanten der Wellenkämme. Die Wellen donnerten laut wie Züge heran, brachen und rollten mit tosendem Brausen weiter. Die Luft war erfüllt von sintflutartigem Regen, Gischt und Schaum.

Das kleine Dingi wurde hin und her geschleudert wie in einer Waschmaschine. Wasserfälle stürzten auf das Aluminiumboot herab. Ständig schwappten neue Wellen ins Boot, sodass der Wasserpegel bedenklich schnell anstieg. Die Jugendlichen konnten gar nicht schnell genug Wasser schöpfen. Der eisige Regen attackierte ihre Haut, als wären sie die Zielscheibe eines Messerwerfers geworden, der oben in den Wolken saß. Sie schlotterten vor Kälte. Ihnen war speiübel, doch sie übergaben sich nicht. Da war nichts in ihren Mägen, das sie hätten ausspucken können. Wieder und wieder rasten sie gen Himmel, blieben einen Moment wie schwerelos auf einem Wellenkamm stehen, bevor sie zwanzig Meter hinunter in den nächsten Wellenkrater stürzten.

Warum die Wellen sie nicht längst umgeworfen hatten, war ihnen allen ein Rätsel. Außerdem stand das Wasser bereits zwanzig Zentimeter hoch in ihrer Badewanne. Und wie viel Wasser sie auch aus dem Boot schaufelten, es kam immer wieder neues dazu. Es hatte keinen Zweck. Sie hatten keine Chance gegen dieses Unwetter. Es war nur noch eine Frage der Zeit, bis das Boot entweder kenterte oder mit Wasser volllief und in den Fluten versank. Ohne die Luftkammern im Rumpf wäre dies ohnehin längst geschehen. Das war wohl das Ende ihrer Reise. Einem Sturm wie diesem würden sie nicht standhalten. Es waren schon weit größere Boote in Stürmen wie diesem gesunken. Und sie saßen nur in einem vier Meter langen, offenen Schiffchen, vierzig Zentimeter über dem Wasserspiegel und hatten nicht mal eine Kajüte, in die sie sich verkriechen konnten.

Sie hatten Angst. Jeder hatte Angst. Aber keiner sagte ein Wort. Sie gaben es auf, Wasser zu schöpfen. Es nützte sowieso nichts. In der Zwischenzeit reichte das Wasser bis zu den Bänken. Filo holte die grüne Plane aus dem Bug. Die drei Jungen setzten sich zwischen die Bänke ins Wasser, verkeilten die Beine ineinander und zogen die Abdeckplane über sich, um sich warm zu halten. So saßen sie da, durchnässt, bibbernd vor Kälte, und warteten schweigend auf das Unabwendbare. Es war das erste Mal, dass sie sich wie ein Team fühlten, das auf Gedeih und Verderben miteinander verbunden war, ein Team, bei dem jeder auf den anderen angewiesen war und jeder dem anderen half. Allein die Körper der anderen zu spüren, war tröstlich. Ja, sie hatten Angst. Aber sie waren nicht allein mit ihrer Angst. Sie hatten einander. Und sie würden diesen Sturm irgendwie überleben. Gemeinsam. Sie würden es schaffen. Irgendwie würden sie aus dieser Hölle herauskommen. Irgendwie.

Ganze zwei Tage und zwei Nächte lang tobte der Sturm. Zwei Tage und zwei Nächte lang kauerten Samu, Filo und Etueni durchnässt und fröstelnd in ihrem grünen Zelt, während der Regen auf die Plane niederprasselte und Windböen sie durch die aufgepeitschte See wirbelten. Dass sie nicht sanken, kam einem Wunder gleich. Als sich das Meer endlich wieder beruhigte und der erste Sonnenstrahl wie ein breiter Lichtstreifen durch die düsteren Wolken hindurchdrang, krochen die drei Jungen erleichtert unter der Plane hervor und setzten sich zurück auf die Sitzbänke. In der Ferne war der Himmel immer noch schwarz, aber um sie herum hatte sich das Wasser durch die Morgensonne in flüssiges Gold verwandelt. Sie hatten den Sturm überlebt.

Und nicht nur das: Das Meer hatte ihnen sogar ein Frühstück angeschwemmt! Ein fünfzehn Zentimeter langer toter Fisch trieb mit dem Bauch nach oben in ihrem Aluminiumteich! Sie verspeisten ihn auf der Stelle mit Kopf, Augen, Flossen und Innereien. Drei Bisse für jeden. Es war nicht viel, aber immer noch mehr, als sie in den vergangenen drei Wochen zwischen die Zähne bekommen hatten. Wenigstens etwas Gutes hatte der Sturm ihnen gebracht. Und vielleicht, vielleicht würden sie ja doch bald auf ein Schiff stoßen und gerettet werden, dachten sie zuversichtlich, während sie sich daran machten, mit dem Mayonnaiseglas das Boot auszuschöpfen. Vielleicht würde ihre leidvolle Irrfahrt bald ein Ende haben.

Daran mussten sie einfach glauben.

17 DAS SCHIFF

Ungefähr 30. Oktober 2010
Tag 26

»Hey, Samu, Etueni, wacht auf! Ein Schiff!« Aufgeregt stupste Filo seine Freunde an. »Wacht auf! Ein Schiff!«

»Das ist nicht witzig«, knurrte Samu im Halbschlaf.

»Das ist kein Witz! Schaut doch! Schaut!«

Samu rieb sich die mit Salz verkrusteten Augen, hob die Abdeckplane und spähte über den Rand des Dingis in die Nacht hinaus. Auch Etueni hob verschlafen den Kopf.

»Da drüben ist es!«, sagte Filo. »Seht ihr es?«

»Ach du dickes Ei!«, murmelte Samu.

Filo hatte nicht gelogen. Da war tatsächlich ein Schiff. Die Entfernung war in der Dunkelheit schwer zu schätzen. Es war kein Frachter und definitiv kein Fischerboot. Es sah eher aus wie die Luxusjacht irgendeiner reichen Familie, die mit Freunden und Bekannten einen kleinen Ausflug machte. Die Reling war mit orangefarbenen Lichterketten geschmückt. Die Jungen hörten die Stimmen von Menschen. Sie sahen sogar ein paar Leute an Deck! So weit konnte die Jacht also nicht entfernt sein. Vielleicht sechs-, siebenhundert Meter?

»Ein Schiff!«, quiekte Etueni begeistert und warf die zerknitterte Plane zurück. »Wir sind gerettet!«

Er sprang auf und prallte dabei aus Versehen gegen Filos Kopf.

»Aua! Pass doch auf!«, schimpfte Filo und rieb sich die Stirn.

Es war stockfinster in ihrem Bötchen. In den Nächten, in denen der Mond klar und groß am Himmel stand, war es hell genug, um etwas zu sehen. Ansonsten war es nachts so dunkel, dass die Jungen die eigene Hand nicht vor den Augen erkennen konnten. Sie sahen zwar die Sterne und jetzt auch die beleuchtete Jacht in der Ferne, aber sich selbst sahen sie nicht, nicht einmal schemenhaft.

»Hallo!!!«, rief Etueni, so laut er konnte. »Hier sind wir!!! Haaal-looo!!!«

Auch Samu und Filo schrien aus Leibeskräften. Sie hatten keine Leuchtraketen an Bord, nicht einmal eine Taschenlampe. Ihre Stimmen waren das einzige Mittel, das ihnen zur Verfügung stand, um sich bemerkbar zu machen. Doch sie wurden nicht gehört.

»Das versteh ich nicht«, stellte Etueni kopfschüttelnd fest. »Wir hören sie doch auch! Sie *müssen* uns doch hören! Haaallooo!!! Haaallooo!!!«

Nichts passierte. Die Jacht wich nicht von ihrem Kurs ab. Die Menschen lachten und redeten und hatten offenbar eine gute Zeit. Bestimmt genossen sie mit einem Glas Wein und auserlesenen Früchten, Pralinen und anderen exquisiten Gaumenfreuden die sternenklare Nacht auf dem Ozean. Wenn sie doch nur geahnt hätten, dass wenige Hundert Meter von ihnen entfernt drei nackte, ausgehungerte Teenager in einem kleinen Bötchen saßen und dringend auf ihre Hilfe angewiesen waren! Warum reagierten sie denn nicht?

»Das darf doch nicht wahr sein!«, sagte Etueni fassungslos. »Nein, nein, nein. Ihr dürft nicht weiterfahren! Nein!«

»Vielleicht könnten wir die Plane als Segel benutzen und auf das Schiff zusegeln!«, schlug Filo vor. »Wir müssen bloß den Wind einfangen. Samu, du hältst das Segel unten, und Etueni und ich halten es an der oberen Kante, damit es sich blähen kann. Das müsste klappen.«

»Tun wir's«, willigte Samu ein.

Samu raffte die eine Seite der Plane zusammen und stellte sich mit beiden Füßen darauf. Filo und Etueni setzten sich auf die vordere Sitzbank und hielten je ein Ende der anderen Seite in die Höhe. Sie trauten sich allerdings nicht aufzustehen, um nicht das Gleichgewicht zu verlieren und in der Dunkelheit über Bord zu fallen. Da sie absolut nichts sehen konnten, war die Umsetzung ihres Planes äußerst schwierig. Die Plane knisterte, und ein paarmal hörte es sich fast so an, als würde sie vom Wind aufgebläht. Aber es war ungeheuer anstrengend, sie hochzuhalten. Filos und Etuenis Arme erschlafften ständig. Das Segel wollte einfach nicht richtig funktionieren. Die Teenager trampelten sich gegenseitig auf den Füßen herum, sie waren sich nicht einig, wie sie das Segel eigentlich halten mussten, damit der Wind sie nicht in die falsche Richtung blies, und dass sie ohne Lichtquelle so blind waren wie Maulwürfe, war auch nicht gerade hilfreich. Schließlich gaben sie frustriert auf.

Immer noch war die Jacht in Sichtweite. Sie glitt sehr gemächlich durchs Wasser, aber sie war in Bewegung, und das bedeutete, dass den Jungen die Zeit davonlief. Sie mussten sich dringend etwas einfallen lassen, bevor das Schiff sich zu weit entfernte. Im Grunde gab es nur noch eine Alternative.

»Wir könnten versuchen hinzuschwimmen«, überlegte Etueni.

»Vergiss es«, sagte Samu. »Zu riskant. Zu weit weg. Das schaffen wir nicht.«

»Vielleicht ja doch!«, beharrte Etueni. »Ich bin ein guter Schwimmer.«

»Das ist nicht die Lagune«, entgegnete Samu.

»Es ist unsere einzige Chance! Vielleicht die einzige überhaupt!«

»Du kannst die Plane nicht mal zehn Sekunden hochhalten und willst sechshundert Meter schwimmen?!«, wies ihn Samu zurecht. »Denk doch mal nach, Etueni!«

»Ich könnt's probieren«, bot sich Filo freiwillig an.

»Hast du mir nicht zugehört?«, fauchte ihn Samu an. »Du bist zu schwach dafür! Wir alle sind zu schwach dafür! Kapierst du das denn nicht?«

»Und was willst du jetzt tun?«, fragte Filo. »Hier sitzen bleiben und zusehen, wie das Boot weiterzieht?«

»Was sollen wir sonst tun?«, entgegnete Samu gereizt. »Wenn du ins Wasser springst, bist du erledigt, Mann! Nach zehn Metern hast du keine Kraft mehr weiterzuschwimmen und ertrinkst. Und wir werden dich nicht mal retten können, weil wir in dieser Finsternis keinen Meter weit sehen! Ich spring da jedenfalls nicht rein, und ihr werdet es auch nicht tun, oder ich erwürg euch eigenhändig, klar?!«

Samu hatte gesprochen, und seine beiden Gefährten schwiegen betreten. Im Grunde wussten sie, dass er recht hatte. Doch sie wollten es einfach nicht akzeptieren. Das Schiff war so nah! So greifbar nah! Sie konnten doch nicht untätig in ihrem Dingi sitzen bleiben! Sie mussten irgendetwas tun! Und zwar jetzt!

»Hallo!!!«, rief Etueni erneut. »Hier sind wir! Hallo!!! Hallo! ... Hallo ...«

Es war schier nicht auszuhalten, die Leute an Deck der Jacht zu sehen, ihre Stimmen zu hören, und nichts, einfach nichts tun zu können, damit sie sie sahen. Die Chance, dass ein Schiff mitten auf dem Ozean, mitten im Nirgendwo, so extrem dicht an ihnen vorbeifuhr, war verschwindend klein. Dennoch war es passiert. Das Schiff war hier! Direkt vor ihrer Nase! Und keiner bemerkte sie! Es war zum Verrücktwerden. Viele Schiffbrüchige, die mehrere Wochen und Monate auf hoher See verschollen gewesen waren, berichteten von ähnlichen Erlebnissen. Die meisten hatten im Verlauf ihrer Reise sogar nicht nur eines, sondern mehrere Schiffe gesichtet. Aber selbst mit Leuchtraketen und Notfunksignal war es ihnen nicht gelungen, die Besatzungen auf sich aufmerksam zu machen.

Die Distanz zwischen dem Dingi und der Luxusjacht wurde immer größer.

Bitte komm zurück!, rief Etueni dem Schiff in Gedanken zu. *Komm zurück! Komm zurück!!!*

Er war verzweifelt. Da fuhr sie dahin, ihre Freikarte aus der Hölle, ihre einzige Hoffnung auf ein Happy End. Die Menschen an Deck waren nur noch kleine, verschwommene Striche, wie Farbtupfer, die mit einem Pinsel zwischen die Lichterkette gemalt waren. Etueni starrte sie so intensiv an, dass ihm die Augen davon tränten. Er blinzelte, und als er die Augen wieder öffnete, machte er eine überraschende Entdeckung: Täuschte er sich, oder war das Schiff etwa dabei, seinen Kurs zu ändern? Er schaute genauer hin. Ja! Ja, es beschrieb auf einmal einen großen Bogen und dann, ja dann steuerte es direkt auf sie zu!

Ach du meine Güte!, dachte Etueni, und sein Herz begann wild zu klopfen. *Es hat gewendet! Es kommt zurück! Es hat unseren Hilferuf doch gehört!*

Ein großer Scheinwerfer am Bug der Jacht wurde eingeschaltet und suchte das Meer ab. Jetzt gab es keinen Zweifel mehr. Das Schiff kam ihretwegen zurück! Sie waren gerettet! Filo, Samu und Etueni waren nicht mehr zu halten. Sie sprangen auf, hüpften und schrien und wedelten wie wild mit den Armen in der Luft herum.

»Hierher! Hierher!!!«

Der Scheinwerfer erfasste sie, und die drei Jungen lachten und fielen sich in die Arme vor Freude. Sie hatten es geschafft! Ihre Irrfahrt war endlich zu Ende! Endlich! Ein paar Minuten später war die Jacht bei ihnen. Es war ein gigantisches Schiff, mindestens dreißig Meter lang, drei Stockwerke hoch und mit einem sehr futuristischen Design. Die Jacht war bestimmt Millionen wert. Die Menschen an Deck, die aus der Ferne nichts weiter als unscharfe Farbflecken gewesen waren, entpuppten sich aus der Nähe als elegant gekleidete Passagiere, die eindeutig aus der Oberschicht kamen. Sie standen mit Champagnergläsern an der Reling und blickten neugierig auf die drei splitternackten Jungen in ihrem Aluminiumdingi hinunter. Sie tuschelten und schüttelten betroffen die Köpfe.

An der Backbordseite öffnete sich eine Klappe, und eine Aluminiumleiter wurde heruntergelassen. Samu, Filo und Etueni paddelten mit den Händen, bis ihr Bötchen die Leiter erreichte. Sie kletterten daran hoch und wurden von Matrosen in weißen Uniformen in Empfang genommen. Etueni fühlte sich wie ein Schlafwandler. Jemand reichte ihm einen kuscheligen weißen Bademantel, und er schlüpfte hinein. Matrosen, Kapitän und Gäste empfingen ihn und seine Freunde wie Helden, klopften ihnen auf die Schulter, lächelten ihnen freundlich zu.

»Es ist vorbei«, hörte er eine väterliche Stimme neben sich, die er keinem bestimmten Gesicht zuordnen konnte. »Du bist in Sicherheit.«

Die Gäste traten zur Seite, zwei Butler mit Schlips und weißen Handschuhen öffneten eine mit Goldornamenten verzierte Flügeltür, und die Jugendlichen betraten einen festlich geschmückten Saal. Er war riesig, mit funkelnden Kronleuchtern, eleganten Tischgruppen und Kunstpalmen. Und dort, in der Mitte des Saales, befand sich das längste Büfett, das Etueni je gesehen hatte. Zögernd trat er näher. Er traute seinen Augen nicht. Da lagen Berge von Essen, knusprig gebratene Hähnchenschenkel, Reis, pürierte Kartoffeln, Spießchen, gegrillte Krebse, Fischfilets an Kokosnussmilch, Spaghetti, Rührei, angedünstete Pilze, frittierte Brotfruchtscheiben, Spargel, Brokkoli, Palmherzen, glasierte Bananen, frische Ananas, Papaya, Schokoladen- und Zitronenmousse, Kuchen, mindestens zehn verschiedene Sorten Eiscreme.

Und dahinter war ein weiterer Tisch mit frisch gepresstem Orangensaft, Kiwisaft, Erdbeersaft, Mangosaft, Kirschsaft. Es gab Säfte in allen Farben, von Eigelb über Blutrot bis Knallgrün. Etueni lief allein vom Hinsehen das Wasser im Mund zusammen. Die Vielfalt an Essen und Getränken war so groß, dass er gar nicht wusste, wo er beginnen sollte. Er stürzte sich einfach auf den erstbesten Saftkrug, hob ihn an die Lippen und trank ihn gierig leer. Es war Melonensaft mit einem Schuss Zitrone, und es war der beste Saft, den er je getrunken hatte. Er spürte, wie das süße Getränk seine Kehle hinunterrann und seinen Durst löschte. Oh, wie gut das tat! Genießerisch schloss er die Augen, ein Lächeln auf den Lippen, und war einfach nur glücklich.

»Wir hätten schwimmen sollen«, riss ihn Filos Stimme aus dem siebten Himmel.

Etueni schlug die Augen auf. Finsternis. Nichts als Finsternis umgab ihn. Da war kein Büfett mehr und keine Fruchtsäfte, nur Dunkelheit, Meeresrauschen und die harte Sitzbank des Dingis. Und dort, weit entfernt und klein, fuhr sie dahin, die Luxusjacht. Sie hatte nie gewendet. Sie war nie zurückgekommen. Nur in Etuenis Fantasie. Die Realität war so brutal, dass der Junge in sich zusammensank. Dies war ihre Gelegenheit gewesen, gefunden zu werden. Und sie hatten sie verpasst. Wie groß war wohl die Wahrscheinlichkeit, dass ein zweites Schiff ihren Weg kreuzte? Es war so unwahrscheinlich, dass Etueni sich nicht an diese Illusion klammern wollte, obwohl es die einzige Hoffnung war, die ihm blieb, und obwohl die Alternative einfach nur grausam und vernichtend war: Es würde kein Schiff mehr kommen. Es war vorbei. Sie würden nie gefunden werden.

Während Etueni den Schmerz über die Ausweglosigkeit ihrer Situation still in sich hineinfraß, hielt Filo weiter daran fest, dass es ein Fehler gewesen war, so schnell aufzugeben.

»Wir hätten es wenigstens probieren müssen«, sagte er. »Wir hätten es schaffen können!«

»Hör auf damit«, brachte ihn Samu auf den Boden der Tatsachen zurück. »Wir hätten es niemals geschafft.«

»Und wenn doch?«, zweifelte Filo. »Woher willst du wissen, dass es nicht geklappt hätte? Woher?! Ich wär geschwommen! Ich hätt's gemacht!«

»Und wärst dabei draufgegangen!«

»Wär ich nicht!«, behauptete Filo selbstsicher. »Du hast es vermasselt, Samu, nur, weil du unbedingt immer das letzte Wort haben musst! Ich wette, du wolltest bloß selbst nicht schwimmen. Und damit es nicht auffällt, hast du es auch uns verboten.«

»So ein Schwachsinn!«, brummte Samu.

»Feigling!«, knurrte Filo und kickte Samu mit dem Fuß. Samu kickte zurück.

»Du weißt genau, dass schwimmen nichts gebracht hätte«, rechtfertigte sich Samu. »Du weißt es ganz genau! Also hör auf, mir die Schuld dafür zu geben! Die Jacht war zu weit weg! Und falls es dir entgangen ist: Wir sind keine Starathleten mehr, Filo!«

»Na und?! Es wäre das Risiko wert gewesen!«

»Du bist ein elender Idiot!«

»Wir hätten es schaffen können!«

»Halt die Klappe, Filo! Das Schiff ist weg. Find dich damit ab!«

»Scheiße«, murmelte Filo. »So eine verfluchte, *verfluchte* Scheiße ...« Er schlug die Fäuste und Füße mehrmals gegen das Boot. Dann hörte man nur noch ein tiefes Seufzen, bevor Filo in ein resigniertes Schweigen verfiel. Auch Samu schwieg. Jeder spürte die Verzweiflung des anderen, auch wenn sie einander nicht sehen konnten.

Die Luxusjacht wegfahren zu sehen, tat barbarisch weh. Kleiner und kleiner wurde sie, bis sie schließlich in der Nacht verschwand. Und die drei Jungen blieben in ihrem Dingi zurück, nackt, ausgehungert und mutterseelenallein. Etueni rollten dicke Tränen über die Wangen, während er dem Schiff wehmütig hinterherblickte. Er sah ihm selbst dann noch hinterher, als es nur noch als kleiner Lichtpunkt in der Ferne auszumachen war. Und als auch dieser erlosch, erlosch in Etueni die letzte Hoffnung, jemals wieder nach Hause zurückzukehren.

Ungefähr 31. Oktober 2010
Tag 27

Etueni lag zusammengerollt im überdachten Bug, als die ersten warmen Sonnenstrahlen seine kalten Zehen kitzelten.

»Morgen«, hörte er Samu verschlafen murmeln.

»Morgen«, murmelte auch Filo.

Etueni blieb stumm.

Das übliche Morgenritual begann. Samu und Filo räkelten sich und knüllten ihre zerknitterte, sich immer stärker zersetzende Bettdecke zusammen, um sie in die Bugnische zu stopfen. Filo stupste Etueni mit den Füßen an.

»Hey, Etueni. Aufstehen.«

Etueni rührte sich nicht von der Stelle. Filo probierte es ein zweites Mal.

»Etueni. Steh auf! Ich brauch den Bug für die Plane.«

Nichts. Etueni lag da wie ein Stein.

»Was soll das, Etueni? Ich weiß, dass du wach bist. Jetzt steh schon auf.«

»Was hat er denn?«, fragte Samu.

»Ich weiß es nicht«, sagte Filo. »Er ist wach, aber er will nicht aufstehen.«

»Ist er krank?«

»Ist dir schlecht?«, fragte Filo Etueni und sah ihn besorgt an. Der Vierzehnjährige hatte die Augen geöffnet, aber er starrte bloß vor sich ins Leere. Er reagierte überhaupt nicht, weder auf Filos sanftes Rütteln an seiner Schulter noch auf seine Fragen. Sein Gesicht war ausdruckslos und wie eingefroren.

»Was ist denn nur los mit dir? Mensch, sag doch was, Etueni! Das ist nicht witzig!«

Samu kletterte über die vordere Sitzbank und setzte sich neben Filo. Er hob das Mayonnaiseglas vom Boden und streckte es Etueni entgegen. »Etueni, du bist heute mit Wasserschöpfen dran ... Komm schon ... jetzt hab dich nicht so!«

Etueni sagte kein Wort, blickte nur auf die Innenwand des Aluminiumbootes und stellte sich taub.

»Was denkst du?«, fragte Filo Samu. »Was stimmt nicht mit ihm?«

»Keine Ahnung. Aber der kriegt sich schon wieder ein«, meinte Samu und reichte Filo das Mayonnaiseglas. »Hier. Ich war gestern dran.«

Samu kehrte auf seinen Platz hinten beim Motor zurück. Filo verstaute die Plane behelfsmäßig zwischen der vorderen Sitzbank und dem Bug, da Etueni ja die Nische besetzte. Dann schöpfte er das Wasser aus dem Boot. Es war furchtbar anstrengend. Filo musste mehrere Pausen einlegen. Wenn er sich zu schnell bückte und den Kopf wieder hob, wurde ihm schwindlig. Er hatte das Gefühl, im Körper eines tatterigen Greises gefangen zu sein. Samu hatte die Wahrheit gesagt: Sie waren keine Starathleten mehr. Sie waren definitiv nicht mehr das schnellste und wendigste Rugby-Duo auf Atafu. Sogar eine Schildkröte wäre flinker gewesen. Nach einer halben Ewigkeit war der Boden wieder einigermaßen trocken und von all den Hautschuppen gereinigt, die sich von ihren Körpern lösten. Ein weiterer, trostloser Tag auf dem Pazifik nahm seinen Lauf, ein weiterer Tag des Hungerns und Dürstens, ein weiterer Tag der Hoffnungslosigkeit, ein weiterer Tag, an dem sie sich wünschten, ihre Insel nie verlassen zu haben.

Sie redeten wie üblich nicht viel. Sie dösten, um die Zeit totzuschlagen. Sie träumten von Essen. Es war alles, woran sie denken konnten. Sie sahen die köstlichsten Speisen vor sich. Manchmal, wenn Filo die Augen schloss, stand er im McDonald's, und die Bedienung stapelte ihm tonnenweise saftige Hamburger aufs Tablett. Er packte einen nach dem anderen aus und aß und aß und aß. Die Hamburger waren so real in seinem Kopf, dass er sie riechen und schmecken konnte. Und dennoch vermochten sie seinen Hunger nicht zu stillen. Dennoch verlangte sein Körper konstant nach Nahrung und rebellierte mit quälenden Unterleibsschmerzen gegen den ständigen Mangel. Das war kein knurrender Magen mehr, weil er mal eine Mahlzeit ausgelassen hatte. Das war ein sich aufbäumender Körper, der am Verhungern war.

Samu kratzte wie wahnsinnig an seinem juckenden Hautausschlag, der sich im Laufe der Wochen ebenso wie bei Filo und Etueni ständig verschlimmert hatte. Aber Samu war der Einzige der drei Gefährten, der nie darüber jammerte. Er hatte sich innerlich ganz darauf fokussiert, zu überleben. Allein darauf konzentrierte er sich. Allein darauf kam es an: Panik überwinden, Furcht ausschalten, Kontrolle behalten, die Situation beherrschen und sich nicht von ihr beherrschen lassen. Nur mit Willensstärke und Durchhaltevermögen hatten sie eine Chance zu überleben. Und solange sie lebten und in Bewegung blieben, bestand Hoffnung.

Etueni jedoch glaubte nicht mehr an ihre Rettung. Ihre letzte Hoffnung war das Schiff gewesen, das in der vergangenen Nacht an ihnen vorbeigefahren war. Jetzt gab es nichts mehr, worauf er hoffen konnte, außer auf den Tod. Etueni gab innerlich auf. Mit angewinkelten Beinen lag er im Bugstauraum, stumm und steif und wälzte immer und immer wieder dieselben Gedanken in seinem Kopf:

Warum bin ich mitgegangen? Warum nur bin ich mitgegangen? Ich hätte an Land springen müssen, als noch Zeit dafür war. Ich hätte an

Land springen müssen. Ich hätte einfach springen müssen. Warum hab ich mich auf diesen Mist eingelassen? Ich hasse es hier. Ich hasse das alles! Ich will nicht mehr! Ich will nicht mehr!

Wie lange würde es wohl dauern, bis sie eines qualvollen Hungertodes starben? Wie viele Tage blieben ihnen noch? Fünf? Zehn? Mehr bestimmt nicht, ihrer körperlichen Verfassung nach zu urteilen. Etueni hatte bemerkt, dass sich in der Mitte seiner Fingernägel schuppige weiße Quadrate gebildet hatten, ein Zeichen des Verhungerns. Außerdem fielen ihm zunehmend die Haare aus. Lange würde er nicht mehr durchhalten.

Je höher die Sonne kletterte, desto düsterer wurden Etuenis Gedanken. Er dachte über Selbstmord nach. Nie zuvor hatte sich der Vierzehnjährige mit solch einem endgültigen Vorhaben auseinandergesetzt. Jetzt tat er es. Er dachte ernsthaft daran, sich das Leben zu nehmen. Er würde ja sowieso sterben. Da konnte er das Unausweichliche genauso gut etwas beschleunigen. Er stellte sich vor, die Machete zu nehmen und sie sich in die Brust zu rammen. Wo war die Machete eigentlich? Das letzte Mal, als er sie gesehen hatte, hatte sie zwischen den Sitzbänken im Wasser gelegen. Sie war rostig und stumpf geworden. Vielleicht war es doch keine so gute Idee, sich mit einer stumpfen Machete das Herz zu durchbohren. Aber was gab es für eine Alternative?

Ich könnte mich einfach nachts über Bord fallen lassen, überlegte er. Keiner würde es bemerken. Die Strömung würde ihn rasch davontreiben, und wenn Samu und Filo am nächsten Morgen aufwachten, wäre er einfach nicht mehr da. Etueni malte sich in Gedanken aus, wie er in der Dunkelheit ein, zwei Stunden im Meer strampeln würde, bis ihn die Kraft verlassen und er in den Fluten versinken würde. Doch ein, zwei Stunden erschienen ihm zu lange zum Sterben, viel zu lange. Er musste eine andere, effektivere Methode finden, eine, die möglichst schnell und möglichst schmerzlos war. Er wollte nicht noch mehr leiden. Schließlich fiel ihm ein, wie er es machen konnte: Er würde sich die Anlassschnur des Motors ums Bein binden, den Motor vom Boot lösen und ihn ins Meer werfen. Der Motor würde ihn mit sich in die Tiefe reißen. Er würde sinken wie ein Stein und in wenigen Minuten ertrunken sein.

So mach ich es, beschloss Etueni. Sein Plan stand fest. Er musste nur warten, bis die anderen schliefen, damit sie ihn nicht daran hindern konnten. Dann wäre dieser Albtraum endlich vorbei.

18 LEBEN UND TOD

Ungefähr 8. November 2010, auf Atafu, Tokelau

Fünf Wochen waren vergangen, seit die drei Teenager spurlos verschwunden waren. Die Tokelauer wussten nicht, was sie tun sollten. Sie trauerten und hofften gleichzeitig. Jeder *Tautai*, der zum Fischen aufs Meer hinausfuhr, hielt nach den Jungen Ausschau. In der Schule wurden die Plätze von Samu, Filo und Etueni frei gehalten. Jeden Morgen, wenn das Dorf zum Leben erwachte, die Frauen die Korallenstraße fegten und die Männer der *Aumaga* sich zur Arbeitsaufteilung einfanden, spähten die Leute aufs Meer hinaus, nur für den Fall, dass irgendwo am Horizont ein Dingi auftauchte. Kuresa Nasau, der *Faipule*, befand sich in einer äußerst heiklen Lage. Das Leben musste weitergehen. Er wollte die dramatische Geschichte einerseits abschließen, andererseits aber die Jugendlichen nicht vorzeitig für tot erklären. Er war mit allen dreien verwandt und wollte die Hoffnung nicht aufgeben, dass Samu, Filo und Etueni noch am Leben waren. Die ganze Dorfbevölkerung fieberte mit ihm.

Jeden Morgen und jeden Abend wurden in der Kirche Gottesdienste für die Teenager abgehalten. Anstatt mit Stöcken nach ihnen zu suchen, saßen die Männer des Dorfes jetzt mit gefalteten Händen auf den alten Kirchenbänken und beteten für die Heimkehr der Verschollenen. Die ganze Insel flehte Gott an, das Leben der Jugendlichen zu retten. Sie nannten die Gottesdienste absichtlich nicht Gedenkgottesdienste. Denn solange der Tod der drei Jungen nicht offiziell bestätigt war, würden sie sie offiziell nicht für tot erklären.

Tanu Filo, Filos Vater, träumte fast jede Nacht von seinem Sohn. Er sah ihn, aber er konnte nicht mit ihm reden. Tief in seinem Herzen spürte er, dass sein Sohn noch lebte. Ja, er war felsenfest davon überzeugt, dass Filo nicht tot war. Auch wenn die Vernunft ihm etwas anderes sagte, auch wenn er wusste, dass es praktisch unmöglich war, fünf Wochen lang ohne Essen und Trinken zu überleben, weigerte er sich, die Hoffnung auf ein Wunder aufzugeben. Sein Sohn lebte! Ganz gewiss! Tanu hörte auf zu arbeiten, klaubte ein paar Planen und Decken zusammen, ging zum Strand hinunter und baute sich ein Zelt. Tag und Nacht saß er in seinem Zelt und blickte auf den Ozean hinaus. Niemand konnte ihn dazu bewegen, wieder nach Hause zu kommen oder in der Bank zu arbeiten. Er blieb am Strand sitzen und hielt Ausschau nach seinem verschollenen Sohn. Irgendwo dort draußen auf dem Meer war er. Und er würde auf ihn warten, bis er zurückkehrte.

Ungefähr 9. November 2010
Tag 36

»Hey, Etueni, wie geht es dir?«

Filo stupste Etueni in die Seite. Aber Etueni antwortete nicht. Er hatte seit vier Tagen kein Wort mehr gesprochen. Er lag den ganzen Tag nur vorn im Bug und starrte Löcher in die Luft.

»Sag doch was!«, forderte ihn Filo immer wieder auf und versuchte, ihn aus seiner Passivität herauszuholen. Doch Etueni schwieg. Selbst wenn er hätte reden wollen, wäre es ihm nicht möglich gewesen. Seine Zunge verweigerte ihm den Dienst. Seine Lippen waren verklebt, und in seinem Mund hatte er seit Tagen einen üblen Geschmack, den er einfach nicht mehr loswurde.

Samu ärgerte sich furchtbar über seinen psychischen Zusammenbruch. Schließlich kletterte er nach vorn und schlug ihn mehrmals mit der flachen Hand.

»Jetzt hör endlich auf mit dem Theater«, sagte er streng. »Wir können nur überleben, wenn wir als Team zusammenhalten. Du kannst nicht ewig nur rumliegen und nichts tun! Außerdem ist es nicht fair, dass du den Bug Tag und Nacht für dich allein hast. Und beim Wasserschöpfen hilfst du auch nicht mehr. Du bist noch nicht tot, Mann! Also mach dich gefälligst nützlich!«

Aber weder Samus Worte noch seine Schläge schienen Etueni zu beeindrucken. Er hatte die Verbindung zur Außenwelt abgebrochen wie ein Raumschiff den Kontakt zur Erde. Es war, als wäre er gar nicht mehr da, als hätte seine Seele sich ausgeklinkt und nur noch ein schlagendes Herz in einer leeren Hülle zurückgelassen. Und während Samu und Filo jeder auf seine Weise versuchten, Etueni aus seinem apathischen Zustand herauszuholen, drehten sich Etuenis Gedanken nur um das eine: wann er seinen Plan in die Tat umsetzen sollte, wann er sich mit dem Motor an den Füßen im Meer versenken sollte.

Im Gegensatz zu Samu ließ Filo Etueni gegenüber Milde walten. Sicher, er ärgerte sich ebenfalls über seine Teilnahmslosigkeit und darüber, dass er seit Tagen den besten Schlafplatz und das kleine Sonnendach in Beschlag nahm, als würde es ihm allein gehören. Dennoch tat ihm der Junge leid. Er war der Jüngste von ihnen. Und offensichtlich kam er nicht mehr klar mit der Situation. Wer konnte es ihm verübeln? Am Mittag, als die Sonne erbarmungslos auf sie niederbrannte, schöpfte Filo Wasser aus dem Meer und kühlte damit Etuenis Körper.

Am Nachmittag fiel ein heftiger Platzregen. Doch auch jetzt bequemte sich Etueni nicht dazu, aus seiner Höhle zu kriechen. Samu und Filo spannten die Plane auf, schlürften so viel Wasser, wie sie ergattern konnten, und füllten das Mayonnaiseglas mit frischem Trinkwasser. Samu war dagegen, Etueni von dem eingesammelten Wasser etwas abzugeben, da er es seiner Meinung nach nicht verdient hatte, davon zu trinken. Aber Filo konnte ihn davon überzeugen, nicht so hart zu ihm zu sein.

»Wenn er nichts trinkt, stirbt er«, meinte er.

Er streckte Etueni das Mayonnaiseglas hin, und Etueni richtete sich ein wenig auf, nahm das Glas entgegen und trank es leer. Dann gab er es Filo zurück und rollte sich wieder im Bug zusammen.

In den nächsten Stunden hing jeder seinen eigenen Gedanken

nach. Filo überlegte sich, wie lange es wohl noch dauerte, bis einer von ihnen zu halluzinieren begann. Es war ein Wunder, dass sie immer noch einigermaßen klar im Kopf waren – mal abgesehen von Etueni. Aber was diesem fehlte, war schwer zu sagen. Zumindest brabbelte er kein wirres Zeug. Vielleicht würde das als Nächstes kommen.

Im glatten Wasser betrachtete Filo sein Spiegelbild. Er war dünn geworden. Nicht nur dünn, sondern mager. Bedenklich mager. Er konnte die hervorstehenden Wangenknochen deutlich sehen und spürte die eingefallenen Wangen, wenn er sein Gesicht betastete. Wenn er an sich hinuntersah, erkannte er sich kaum wieder. Seine Arme waren spindeldürr, seine Beine ebenso. Er konnte seine Rippen zählen. Da sein Körper nicht genug Nahrung bekam, hatte er damit begonnen, sich selbst zu verzehren. Zuerst hatte er sein Fett aufgezehrt, dann die Muskeln. Die Gesäßmuskeln waren die ersten, die verschwunden waren. Von seinem prallen Po war nichts mehr übrig. Da waren nur noch angedeutete Mulden aus Fleisch, zwischen denen die Beckenknochen hervortraten. Auch Samu und Etueni verloren immer mehr an Gewicht. Ihre nackten, von der Sonne versengten und mit Salzwassergeschwüren übersäten Körper waren streichholzdünn. Sie wurden von Tag zu Tag schwächer. Ihre Bewegungen wurden langsamer. Ihre Konzentration ließ nach. Alles geschah in Zeitlupe. Als Nächstes würde der Hunger ihnen den Verstand wegfressen.

Samu kratzte sich seine Wunden. An einigen Stellen kratzte er so lange, bis er blutete.

»Filo, hast du die Machete gesehen?«, fragte er nach einer Weile. »Ich will mich damit schaben. Vielleicht hilft's.«

Filo und Samu suchten den Boden ab. Aber die Machete war nicht da, auch nicht unter der Plane. Sie musste also vorn im Bug bei Etueni sein.

»Etueni«, sagte Samu. »Gibst du mir mal die Machete?«

Etueni rührte sich nicht.

»Etueni! Die Machete!«

Noch immer machte Etueni keine Bewegung. Samu atmete tief ein und ballte seine Fäuste.

»Jetzt reicht's!«, knurrte er, kletterte zu Etueni und kickte ihn heftig in die Seite. »Steh endlich auf, du Penner!«, rief er.

Er war stinksauer. Er hatte Etuenis Untätigkeit schon viel zu lange toleriert. Damit war jetzt endgültig Schluss. Der Junge nervte, er nervte so sehr, dass Samu es nicht länger aushielt. Er packte Etueni grob am Arm und riss ihn hoch. Die Machete lag unter ihm, wie Samu vermutet hatte. Der Vierzehnjährige hatte die ganze Zeit darauf gelegen und es offenbar nicht einmal bemerkt. Samu griff nach der Machete, stürzte sich auf Etueni und presste ihm die Machete an die Gurgel.

»Samu!«, rief Filo entsetzt. »Was tust du da?!« Er versuchte, seinen Freund von Etueni wegzuzerren, aber es gelang ihm nicht. Etueni lag mit weit aufgesperrten Augen unter Samu, legte seine Finger um die Machete und drückte sie mit den Handballen nach oben, während Samu sie weiter nach unten drückte. Die Klinge war zwar stumpf, doch Samu presste sie so hart gegen Etuenis Hals, dass sie ihm ins Fleisch schnitt. In Samus Augen funkelte der blanke Wahnsinn. Etueni merkte, dass es ihm bitterernst war. Samu wollte ihn tatsächlich umbringen! Etuenis dünne Arme zitterten vor Anstrengung bei dem Versuch, die Machete von seiner Kehle wegzustoßen. Warmes Blut rann ihm über den Hals.

»Bitte«, flehte er Samu flüsternd an. »Ich will nicht sterben!«

Und während er diese Worte aussprach, wurde Etueni plötzlich klar, dass er tatsächlich nicht sterben wollte. Nein, er wollte nicht sterben! Er wollte sich nicht an den Motor binden und sich im Meer ertränken! Er wollte nach Hause! Er wollte zu seiner Mutter! Er vermisste sie so sehr! Er wollte von ihr in den Arm genommen und getröstet werden! Er wollte sie wiedersehen, mehr als alles andere in der Welt. Er wollte nicht hier auf dem Meer mit aufgeschlitzter Kehle sterben! Seine Verzweiflung mischte sich mit Zorn. Tränen rannen ihm aus den Augen.

»Samu, hör auf!«, quiekte er.

»Lass endlich los!«, fauchte Samu zurück.

Die beiden Jungen stierten sich an wie zwei verfeindete Wölfe. Ihre Nasenspitzen berührten sich beinahe. Jeder umklammerte die Machete mit eisernem Willen und drückte sie von sich weg.

»Samu!«, rief Filo und zog Samu an der Schulter nach hinten. »Du bringst ihn um! Samu!!!«

Plötzlich ließ Samu die Machete fallen. »Für diesmal kommst du davon«, knirschte er und warf Etueni einen flammenden Blick zu. Dann wandte er sich von ihm ab. Etueni setzte sich jäh auf und schnappte sich die Machete.

Spring auf ihn!, schoss es ihm durch den Kopf. *Bring ihn um! Töte ihn! Töte das Schwein!*

Er biss die Zähne aufeinander und umklammerte die Machete. Samu hatte ihm den Rücken zugedreht. Er hätte ihm einfach von hinten die Machete in den Körper rammen können.

Tu es! Worauf wartest du noch? Mach ihn kalt!

Es war das erste Mal, dass Etueni ernsthaft daran dachte, jemanden umzubringen. Für den Bruchteil einer Sekunde wollte er es tatsächlich tun. Er wollte Samu töten. Er wollte ihm das Messer in den Rücken stoßen und ihm beim Sterben zusehen. Er wollte ihn leiden sehen! Der Mistkerl hatte es nicht anders verdient nach dem, was er ihm angetan hatte! Nur ein Meter trennte Etueni von seinem mörderischen Plan. Und das Erschreckende dabei war, dass der Vierzehnjährige dabei keinerlei Skrupel empfand. Nie hätte er gedacht, dass er zu so etwas Grausamem überhaupt in der Lage gewesen wäre. Doch sein Hass auf Samu blendete sämtliche Barrieren in seinem Kopf einfach aus. Um ein Haar hätte Etueni sich von hinten auf Samu gestürzt und in blinder Wut zugestochen. Um ein Haar hätte er den schrecklichsten Fehler seines Lebens begangen. Aber etwas hielt ihn zurück. Und es waren nicht seine Gewissensbisse. Es war ein Zitat, das er in seinem Schulbuch gelesen hatte. Es waren die Worte eines längst verstorbenen Mannes, an die Etueni auf einmal denken musste:

Wir müssen lernen, entweder als Brüder miteinander zu leben oder als Narren unterzugehen.

Der Ausspruch von Martin Luther King entwaffnete ihn im wahrsten Sinne des Wortes. Etueni legte die Machete nieder und taumelte zurück. Seine Hände zitterten noch immer. Sein Puls raste. Aber es gelang ihm, sich zu beherrschen. Langsam beruhigte er sich wieder, und der Entschluss, Samu zu töten, verflüchtigte sich allmählich wie Dampf in der Luft.

»Alles klar bei dir?«, fragte ihn Filo.

Etueni nickte. Er fasste sich an den Hals. Der Schnitt war nicht tief, aber er blutete. Auch dort, wo die Machete in seine Handballen eingeschnitten hatte, rann ihm das Blut über die Hände. Aber er war froh, noch am Leben zu sein. Und Samu konnte Martin Luther King danken, dass auch er noch lebte. Beinahe wären sie als Narren untergegangen. Beinahe.

2008, in Sydney, Australien

An die neun Monate Gefängnis dachte Johnny Knock kaum noch zurück. In den vergangenen zwei Jahren, seitdem er wieder auf freiem Fuß war, hatte sich in seinem Leben nicht viel verändert, außer, dass er wieder mit Maria zusammen war und inzwischen bei seiner jüngeren Schwester Patricia und ihrem Mann wohnte. Das Versprechen, das er Gott im Knast gegeben hatte, war schnell vergessen. Er war ein paarmal mit Tante Rosie in die Kirche gegangen, aber irgendwann verlor er das Interesse und hing wieder mit Aidan und seinen Kumpels von der Gang herum.

Er rappte, trank, feierte und verwickelte sich ab und zu in eine Schlägerei. Bei manchen kam er mit einem blauen Auge davon, bei anderen hatte er weniger Glück. Einmal zettelten Aidan, Johnny und sein Cousin Matt einen Kampf mit ein paar Afghanen vor deren Clubhaus an. Das hätten sie lieber gelassen. Plötzlich schwärmten die Afghanen wie gereizte Killerbienen aus ihrem Loch heraus und stachen mit Klappmessern auf sie ein. Aidan wurde in den Rücken getroffen, und Johnny kam mit einer klaffenden Stichwunde davon.

Er befand es allerdings nicht für nötig, zum Arzt zu gehen, hielt sich ein T-Shirt an die Schläfe und ging nach Hause. Seine Schwester war noch auf, als er mit blutigem Gesicht in die Küche kam, um sich ein Bier aus dem Kühlschrank zu holen. Als sie ihn sah, riss sie entsetzt die Augen auf.

»Was um alles in der Welt! Jonathon! Was ist passiert?«

Aber Johnny winkte nur ab. »Ist halb so wild, Schwesterchen. Hast du vielleicht irgendwo ein Pflaster oder so was?«

Patricia versorgte die Stichwunde, und Johnny legte sich schlafen, als wäre nichts passiert.

Kaum war die Wunde einigermaßen verheilt, kam es zur nächsten Attacke. Er und Aidan waren betrunken, und Aidan schlug im Bahnhof von Mount Druitt einem Kerl die Faust ins Gesicht, worauf dieser ihm seine Wodkaflasche über den Schädel zog. Johnny ging dazwischen, und ehe er sich's versah, stach der Fremde mit dem abgebrochenen Flaschenhals zu und riss ihm ein eigroßes Loch in den Bauch. Johnny blutete wie ein Schwein.

Aber wieder kam er nicht auf die Idee, einen Arzt aufzusuchen. Er ging nach Hause, legte sich schlafen, und am nächsten Morgen machte er sich einen Spaß daraus, seine kleine Schwester mit der Wunde zu schockieren. Diesmal bestand sie darauf, dass Johnny ins Krankenhaus ging. Sie packte ihn eigenhändig ins Auto und fuhr ihn zur nächstbesten Notaufnahme. Der Arzt, der die Glassplitter entfernte und die Wunde nähte, sagte Johnny, er habe großes Glück gehabt.

»Ein paar Millimeter tiefer und die Flasche hätte Ihre Eingeweide zerschnitten. Sie wären innerlich verblutet. Sie hätten die Nacht nicht überlebt, Herr Walker.«

»Echt? Cool«, war Johnnys Reaktion. Er nahm das alles nicht so ernst. Noch nicht.

Bis zu jener Nacht, als sein Leichtsinn ihn beinahe das Leben kostete. Es war der 26. Dezember, der sogenannte *Boxing Day* oder wörtlich »Geschenkschachtel-Tag« - ein verkaufsoffener Feiertag, der seinen Ursprung darin hatte, dass die Bediensteten am Tag nach Weihnachten von ihren Arbeitgebern Geschenke erhielten. Johnny war zusammen mit Aidan und mit seinem Cousin Matt bei Tante Martha gewesen. Sie hatten im Garten Gras geraucht, Poker gespielt und ein paar neue Raps geschrieben. Matt hatte aus diesem Grund ein Keyboard dabei und Johnny seine Gitarre.

Es war eine sehr besondere Gitarre, die ihm Maria zu seinem zwanzigsten Geburtstag geschenkt hatte. Das Schallloch war nicht rund, sondern in der Form eines Adlers geschnitzt. Johnny hatte sich sehr über das Geschenk gefreut, obgleich er an dem Abend betrunken zu seiner eigenen Geburtstagsparty erschienen war und deswegen für ziemliches Chaos gesorgt hatte. Natürlich hatten er, Matt und Aidan auch in dieser Nacht vom 26. Dezember wieder ein paar Bier über den Durst getrunken, als sie sich gegen zwei Uhr morgens auf den Nachhauseweg machten. Gut gelaunt betraten sie den Bahnhof von Lidcombe, um den Zug nach Blacktown zu nehmen. Sie schwankten die Treppe zu ihrem Gleis hinunter. Eine Gruppe von zehn bis fünfzehn Afrikanern kam gerade die Treppe hinauf.

»Fröhliche Weihnachten!«, sagte Johnny im Vorbeigehen.

Es war eine ungeheure Beleidigung, den Schwarzen am *Boxing Day* fröhliche Weihnachten zu wünschen und sie damit indirekt als Bedienstete zu bezeichnen. Ebenso gut hätte Johnny sie mit »Nigger« beschimpfen können. Augenblicklich blieben die Afrikaner stehen und blockierten die Treppe.

»Entschuldigung, *was* hast du gesagt?!«

Johnny und Aidan warfen sich einen vielsagenden Blick zu. Nach dieser Provokation würden sie sowieso nicht mehr ungeschoren davonkommen, so viel stand fest. Also war es besser, es gar nicht erst zu probieren.

»Er sagte: Fröhliche Weihnachten!«, wiederholte Aidan grinsend.

Das reichte. Die Afrikaner gingen zum Angriff über. Ein wilder Kampf entbrannte auf der Treppe. Matt, der eigentlich gar nichts mit Raufereien zu tun haben wollte, nahm voller Panik das Keyboard vom Rücken und drosch damit auf die Angreifer ein. Johnny schlug seinen Gegnern die Gitarre um die Ohren. Hätten die Afrikaner nur mit ihren Fäusten gekämpft, wäre alles halb so schlimm gewesen. Doch einige der Burschen waren mit Schnappmessern ausgerüstet. Damit hatten Johnny und Aidan nicht gerechnet. Matt bekam mehrere Messerstiche in den Unterleib. Flaschen segelten durch die Luft. Jemand schlug Aidan eine Bierflasche ins Gesicht und zerschmetterte ihm die Nase.

Johnny wurde von mehreren Afrikanern gleichzeitig attackiert. Sie stachen von allen Seiten auf ihn ein und trafen ihn an der Schulter, den Armen und im Gesicht. Die Klinge eines Messers sauste senkrecht von seiner rechten Schläfe hinunter zum rechten Kiefer und schnitt ihm tief ins Fleisch. Brennende Schmerzen explodierten in Johnnys Kopf. Warmes Blut rann seinen Hals hinunter. Johnny packte den Gitarrenhals und schwang die Gitarre wie eine Keule im Kreis herum. Er schrie und fauchte, und als ihm einer der Kerle zu nahe kam, schlug er ihm die Gitarre mit voller Wucht über den Schädel, wobei die Gitarre zwischen Korpus und Hals brach.

Plötzlich, aus keinem ersichtlichen Grund, ließen die Afrikaner von ihnen ab und rannten die Treppe hinauf. Vielleicht fürchteten sie, Ärger zu bekommen, falls die Polizei aufkreuzte. Immerhin hatten sie ihre Opfer übel zugerichtet. Jedenfalls ergriffen sie die Flucht, und Matt, Aidan und Johnny verfolgten sie bis aus dem Bahnhofsgelände. Erst jetzt, da die Schlacht vorbei war, merkte Johnny, wie schwindlig ihm war. Er betastete sein Gesicht, und als er die Hand wieder zurückzog, war sie voller Blut.

»O Mann, mir ist schlecht«, murmelte er und ließ sich am Fuße der Überführung auf die Treppe fallen. Er schielte zu seinem Cousin und zu Aidan hinüber. Matts ganzes T-Shirt war blutverschmiert. Und Aidans Nase sah ziemlich hässlich aus. Johnny selbst fühlte sich, als wäre er durch den Fleischwolf gedreht worden. Er konnte sein Gesicht zwar nicht sehen, aber er spürte, wie das Blut aus den pochenden Schnitten lief.

»O nein, das sieht gar nicht gut aus«, stellte Aidan besorgt fest. »Das sieht überhaupt nicht gut aus. Ich ruf einen Krankenwagen.«

»Ach was«, nuschelte Johnny tapfer. »Gehen wir nach Hause. Meine Schwester klebt ein paar Pflaster drauf und gut ist's.«

»Johnny, dein Gesicht ist völlig entstellt!«

»Mir geht's gut.«

»Du bist schwer verletzt, Johnny! Ich ruf jetzt einen Krankenwagen. Und ich ruf deine Schwester an. Johnny ... Johnny?«

Johnny war zur Seite gekippt und hatte das Bewusstsein verloren. Aidan klaubte hastig sein Handy aus der Hosentasche. Seine Nase blutete ebenfalls stark, und auch Matt hielt sich stöhnend den Bauch. Aber ihre Verletzungen waren nichts im Vergleich zu Johnnys zerstochenem Gesicht. Der Maori musste dringendst ins Krankenhaus. Mit blutigen Fingern wählte Aidan die Notrufnummer und bestellte einen Krankenwagen zum Bahnhof von Lidcombe.

Dann informierte er Johnnys Schwester über die Messerstecherei. Sie versprach, unverzüglich herzukommen. Johnny kam für ein paar Minuten zu sich, dann wurde er erneut ohnmächtig. Als er das nächste Mal die Augen aufschlug, sah er rote und blaue Lichter blinken. Alles war verschwommen. Jemand beugte sich über ihn und sprach mit ihm. Aber er hörte die Stimme nur wie durch Watte und verstand nicht, was sie sagte. Er wurde hochgehoben und auf einer Bahre in den bereitstehenden Krankenwagen geschoben. Von der Fahrt zum Krankenhaus bekam Johnny kaum etwas mit. Er wachte wieder auf, als er durch die Schwingtüren der Notaufnahme gerollt wurde. Mehrere Sanitäter machten sich an ihm zu schaffen, hängten ihn an den Tropf, schnitten seine Kleider auf. Plötzlich hörte der Einundzwanzigjährige die Stimme seiner Mutter.

»Jonathon! O Jonathon, Jonathon!«

Sie stand vor der verschlossenen Tür zur Notaufnahme und hielt sich schockiert die Hand vor den Mund. Er musste offenbar furchtbar aussehen. Johnny hatte sie seit Ewigkeiten nicht gesehen. Doch ihr ängstlicher Blick durch die Glasscheibe ging ihm durch Mark und Bein. Das war er also, der panische Blick all jener Mütter, deren Söhne er selbst krankenhausreif geprügelt hatte, dachte er auf einmal beschämt. So viele junge Kerle hatte er brutal zusammengeschlagen und sie genauso zugerichtet, wie er jetzt selbst aussah, und es war ihm vollkommen egal gewesen. Aber dieser eine bestürzte Blick seiner Mutter ging tiefer als jeder Messerstich.

Ich muss damit aufhören, dachte er, bevor die Umgebung wieder vor seinen Augen verschwamm und er abermals wegtauchte.

Nachdem die Ärzte Johnny stabilisiert hatten und er einigermaßen ansprechbar war, eröffneten sie ihm, es wären ein paar schönheitschirurgische Eingriffe nötig, um sein Gesicht und vor allem sein rechtes Ohr wiederherzustellen.

»Cool. Dann sorgt dafür, dass ich aussehe wie Brad Pitt«, scherzte Johnny.

In den nächsten zwei Tagen wurde Johnny mehrmals operiert und wieder zusammengeflickt. Vierzig Stiche waren dafür allein in seinem Gesicht nötig. Als der Maori aus der Narkose aufwachte, hörte er unter sich ein seltsames Knacken, als hätte jemand eine Tafel Schokolade auseinandergebrochen. Er tastete unter seinen Rücken, und ihm wurde klar, dass das Knacken von seinem hüftlangen Haar herrührte. Es war derart mit Blut verklumpt, dass es steif wie ein Brett geworden war. Es war ekelhaft.

Mann, ich kann mein Leben so nicht weiterleben, dachte Johnny bei sich. *Ich laufe ständig in dieselbe Richtung und erhalte ständig dasselbe Resultat. Damit muss endlich Schluss sein. Da sind Menschen, die mich lieben. Ich kann ihnen das nicht länger zumuten. Ich muss mich ändern, Mann. Ich muss mich echt ändern.*

Am nächsten Morgen erhielt Johnny überraschend Besuch von seinem Vater. Sein Vater war der Letzte, den er hier erwartet hätte. Sie hatten sich seit Jahren nicht mehr gesprochen. Johnnys Gefühle seinem Vater gegenüber waren genauso steif und brüchig wie seine ruinierte Löwenmähne, für die es wahrscheinlich auch keine Rettung mehr gab. Dennoch schossen Johnny die Tränen in die Augen, als er seinen Vater ins Krankenzimmer eintreten sah.

»Du?«, brachte er nur hervor.

Sein Vater trat zu ihm ans Bett. Er sagte kein Wort, aber die Liebe, die in seinen feuchten Augen glitzerte, sprach Bände.

»Mein Sohn«, hauchte er schließlich und küsste Johnny zärtlich auf die Stirn. »Was machst du nur für Sachen?«

»Tut mir leid«, sagte Johnny und versuchte zu lächeln. »Ich sollte jetzt eigentlich wie Brad Pitt aussehen. Aber ich glaube, die Ärzte haben's vermasselt.«

Johnnys Vater wischte sich über die Augen und lachte, bevor ihm erneut die Tränen kamen.

»Es ist gut, dich zu sehen«, sagte er.

»Ist auch gut, dich zu sehen, Dad«, sagte Johnny.

Dann sagten sie lange nichts mehr, sahen sich nur an und weinten. Es hätte so viel zu sagen gegeben, aber irgendwie war das alles gar nicht nötig. Sie hatten beide Fehler gemacht. Sie hatten beide versagt, Johnny als Sohn und sein Vater als Vater. Doch in diesem einen Moment spielte das alles keine Rolle mehr. Sie hatten einander verloren. Jetzt hatten sie sich wiedergefunden. Das war das Einzige, was zählte.

19 DIE MÖWE UND DIE WELLE

Ungefähr 12. November 2010
Tag 39

Nach wie vor lag Etueni wie in Trance vorn im Bug und tat rein gar nichts. Das ging nun schon fast zwei Wochen so. Filo benetzte jeden Tag seine trockene Haut mit Wasser und fragte ihn, wie es ihm gehe, auch wenn er keine Antwort bekam. Etueni hatte sich in sein seelisches Schneckenhaus zurückgezogen, und nicht einmal Samus Angriff mit der Machete hatte ihn daraus hervorlocken können. Aber auch Samu und Filo kamen an ihre psychischen Grenzen. Manchmal drehte sich Filo von Samu weg und weinte stumm. Er konnte nichts dagegen tun. Die Tränen kamen von ganz allein. Ihre ausweglose Situation war einfach zu erdrückend. Dann kletterte Samu zu Filo auf die vordere Bank und legte ihm den Arm um die Schulter.

»Es wird alles gut«, tröstete er seinen besten Freund. »Wir werden überleben, Filo. Du darfst nicht aufgeben. Wir stehen das gemeinsam durch. Ich versprech's dir.«

Samus Überlebenswille war erstaunlich. Es war, als hätte er in seinem Gehirn den Schalter auf Überlebensmodus umgelegt. Er zehrte von einer inneren Stärke, die Etueni und Filo längst nicht mehr hatten. Dennoch: Lange würden sie es nicht mehr schaffen. Ihre Kräfte nahmen von Tag zu Tag ab, und das rapide. Sie hatten Mühe, die Realität zu erfassen. Oftmals nahmen sie ihre Umgebung wahr, als würden sie gerade aus einer Narkose aufwachen. Jede Bewegung war furchtbar anstrengend. Samu und Filo saßen tagelang wie benebelt in der glühenden Sonne und stierten aufs Meer hinaus. Etueni lag in der Bugnische und rührte sich nicht.

Eine Gruppe grauweißer Seemöwen segelte krächzend am blauen Himmel. Plötzlich flog eine von ihnen tiefer, umkreiste das Bötchen und landete prompt auf dem kleinen Relingstück an der Bugspitze. Samu und Filo, halb im Delirium, starrten den Vogel an, als käme er aus einer anderen Welt.

»Na so was«, murmelte Filo. »Wo kommst du denn her? Bist du echt?«

»Hallo Möwe!«, begrüßte Samu den Vogel und winkte ihm zu. »Was tust du hier? Wie ist dein Name?«

Die Möwe schüttelte sich und gurrte. Samu und Filo grinsten.

»Komm schon, sag uns, wie du heißt«, fuhr Samu fort. »Bist du ein Engel? Hat Gott dich geschickt? Du kannst es uns ruhig sagen, wenn es so ist.«

Die Möwe saß da und blickte die beiden Jungen mit ihren stechenden runden Augen an. Samu und Filo waren fasziniert von dem Vogel, auch wenn sie ihrer Wahrnehmung nicht ganz trauten. War die Möwe wirklich da, oder entsprang sie ihrer Fantasie? Während der ganzen Zeit auf hoher See war nie ein Vogel auf ihrem Boot gelandet. Wieso ausgerechnet jetzt?

»Ich glaube, das ist ein Zeichen«, überlegte Filo und nickte bedächtig. »Ich glaube, er will uns sagen, dass wir bald gerettet werden.«

»Ja«, gab ihm Samu recht. »So muss es sein. Hey, Möwe! Kannst du uns nach Hause bringen? Kannst du uns helfen?«

Mindestens fünfzehn Minuten lang saß die Möwe wie eine Galionsfigur auf dem Bug, während der Wind ihre Federn zerzauste und sie die Wellen, die das Bötchen hin- und herschaukelten, mit ihrem kleinen Körper geschickt ausbalancierte. Filo beobachtete sie lange. Dann stand er schwerfällig auf, hielt sich mit der linken Hand am Vordach fest, um nicht hinzufallen, beugte sich etwas nach vorn und versuchte, die Möwe mit der rechten Hand zu fangen. Die ruckartige Bewegung verscheuchte die Möwe, und sie flog ohne große Hektik davon. Filo blickte ihr nach, bis sie sich hoch oben zu ihrer Truppe gesellte und er sie in dem Vogelschwarm nicht mehr von den anderen Möwen unterscheiden konnte.

Es war unglaublich: Schon wieder ließ sich eine Möwe auf dem Dingi nieder. Es war nicht dieselbe Möwe. Die Schwimmhaut zwischen ihren drei linken Zehen war etwas eingerissen. Außerdem war sie etwas größer als die erste, ungefähr vierzig Zentimeter groß. Filo und Samu saßen zwischen den Bänken auf dem Boden, die Bootswand im Rücken. Die Möwe hatte sich auf dem Griff neben der vorderen Bank niedergelassen, fast unmittelbar neben Filos Kopf. Samu erkannte seine Chance sofort.

»Filo, nicht bewegen!«, raunte er.

Langsam lehnte er sich vor und streckte seine Hand aus, vorsichtig, um den Vogel ja nicht zu vertreiben. Samu wusste, dass er nur diesen einen Versuch hatte. Er durfte jetzt keinen Fehler machen. Alles hing von seiner Geschicklichkeit ab. Immer noch saß die Möwe da, unbedacht und friedlich. Nur noch wenige Zentimeter trennten Samus Fingerspitzen von der Möwe. Jetzt! Samu schnellte vor wie eine Schlange und packte die Möwe am Hals.

»Ich hab sie! Ich hab sie!«, rief er. »Halt ihre Füße fest! Schnell!«

Die Möwe flatterte und krächzte und schnappte wild um sich. Sie strampelte mit den Füßen und wand sich in Samus Griff. Sie hatte erstaunlich viel Kraft.

»Halt sie fest, Filo! Na los!«

Filo griff nach ihren Beinen. Er bekam erst das eine, dann das andere zu fassen und hielt die dünnen Beine wie in einem Schraubstock gefangen, während Samu versuchte, ihr das Genick zu brechen. Doch ihr Hals war unglaublich biegsam. Die Möwe breitete ihre Flügel aus und kämpfte wie ein Löwe. Sie schien zu spüren, dass es hier um Leben und Tod ging, und setzte alles daran, sich zu befreien. Aber Samu und Filo kämpften genauso verbissen und ließen nicht locker. Filo umklammerte ihre Beine und zog die Möwe, die sich flügelschlagend befreien wollte, nach unten. Samu zerrte an ihrem Hals und verdrehte ihn wie einen Lappen beim Auswringen.

Er dachte, er hätte den Vogel endlich getötet, aber gerade, als er ihn losließ, zappelte, strampelte und quiekte das Tier erneut, die nackte Panik in den kleinen runden Knopfaugen. Sein Leben stand auf dem Spiel, doch umgekehrt verhielt es sich genauso, und schließlich gewann Samus und Filos Überlebensinstinkt die Oberhand. Ein leises Knacken des Halswirbels, ein letztes Zucken, und die Möwe war tot.

Samu und Filo blickten auf das leblose Tier, glücklich und völlig außer Atem. Sogar Etueni kroch aus dem Bug hervor, um ihre Beute in Augenschein zu nehmen. Die drei Teenager sahen einander an und strahlten wie ein stolzes Team nach einem gewonnenen Rugby-Spiel. Endlich geschah einmal etwas Gutes! Endlich würden sie etwas Nahrhaftes zwischen die Zähne bekommen! Die Jugendlichen machten sich unverzüglich an die Arbeit. Sie rupften dem Vogel die Federn aus. Samu biss die zähe Haut mit seinen Zähnen auf und zog der Möwe die Haut ab. Jeder nahm einen kräftigen Bissen von dem rohen Fleisch. Es schmeckte scheußlich, scheußlicher als das Fischfleisch. So groß ihr Hunger auch war, sie beschlossen, mit Essen zu warten, bis der Kadaver an der Sonne getrocknet war. Vielleicht würde das Fleisch dann genießbarer. Sie hatten vierzig Tage gehungert. Auf ein, zwei Stunden mehr oder weniger kam es auch nicht mehr an.

Tatsächlich machte das Trocknen einen großen Unterschied. Das Fleisch der Möwe war nicht nur gut, es war großartig und Leben spendend. Sie tunkten es zum Würzen ins Meer, damit es mehr Geschmack bekam, und aßen es gierig auf. Sie aßen alles, das Fleisch, das Herz, die Leber, die Eingeweide, die Augen. Sie kramten im Magen herum und fanden ein paar unverdaute Fischlein, die sie ebenfalls verschlangen. Sie zermalmten die Knochen und aßen sie auf. Und dann, zum ersten Mal, seit Etueni in sein seelisches Koma gefallen war, huschte ein Glanz von Leben über sein Gesicht.

»Das war gut«, sagte er. »Ich könnte mehr davon vertragen.«

Er lächelte, und Samu und Filo lächelten zurück. Und für diesen einen Moment war das Kriegsbeil zwischen ihnen begraben und sie waren wieder Freunde, drei Verbündete, die alle am selben Strick zogen und in ihrem Elend gemeinsam das Beste hofften. Am Ende würden sie es vielleicht doch schaffen. Am Ende würden sie diesen Höllentrip vielleicht doch überleben. Etueni war sogar so motiviert, dass er versuchte, aus einem Knochen einen Haken zum Fischen herzustellen. Es klappte zwar nicht, und Filo zog ihn damit auf, dass er lieber die Haken seines Vaters hätte an Bord bringen sollen, statt sich jetzt im Basteln zu versuchen. Aber immerhin lag Etueni nicht mehr untätig im Bug herum. Es war ein guter Tag, ein Tag, an dem die drei zum ersten Mal seit Wochen nicht mehr so hungrig waren.

Am Abend, als die Sonne glutrot am Horizont verschwand, sprach Etueni das Gebet.

»Lieber Gott, danke für die Möwe«, sagte er. »Bitte bring uns nach Hause. Bitte mach, dass wir gefunden werden. Amen.«

2009, in Sydney, Australien

Dass sich etwas in seinem Leben ändern musste, war Johnny klarer denn je. Die Messerstecherei im Bahnhof von Lidcombe hätte leicht tödlich enden können. Es war ein Wunder, dass sein zerschnittenes Gesicht so gut verheilte und kaum Narben zurückblieben. Seine hüftlange Haarpracht hatte er leider abschneiden müssen. Das eingetrocknete Blut hatte sein Haar derart verklebt, dass er es nicht einmal mit Waschen wieder herausbekam. Mit seinem Kurzhaarschnitt kam sich der Maori schon ein wenig nackt vor. Aber immerhin war er am Leben. Eines Abends, als Johnny mit seiner Freundin Maria und den Freunden Riley, Max und Aidan bei seiner Tante Martha im Garten Poker spielte, hielt Johnny aus heiterem Himmel inne. Er konnte die Erkenntnis, dass sein Leben seit Jahren in die total falsche Richtung lief, nicht länger ignorieren.

»Mann, Leute, was tun wir hier eigentlich?«, sagte er und deutete auf die vielen Bierflaschen und den Joint, der die Runde machte.

»Das ist doch alles totaler Schwachsinn, was wir hier treiben. Wollen wir echt warten, bis jemand von uns ins Gras beißt? Wir müssen damit aufhören, Leute!«

Es war ihm bitterernst mit seiner Moralpredigt. Er redete über eine Stunde lang auf sich und seine Kameraden ein und wurde ganz sentimental dabei. Seine Freunde dachten, er hätte einfach zu viel getrunken. Aber so war es nicht. Und als Johnny in dieser Nacht nach Hause ging, betete er innerlich:

»Jesus, ich will ernst machen mit dir. Ich weiß, ich hab dir dieses Versprechen schon einmal gegeben und es nicht gehalten. Aber diesmal will ich es tun. Ich will dir für den Rest meines Lebens dienen, Mann. Ich bitte dich nur um eines: Bring *du* mich in eine Gemeinde. Von allein geh ich da nie hin.«

Zwei Wochen nach diesem Gebet traf Johnny überraschend ein Mädchen auf der Straße, das er noch aus seiner Zeit vor dem Einstieg ins Gang-Leben kannte und seither nicht mehr gesehen hatte. Sophie war genauso überrascht, Johnny zu sehen, wie er sie.

»Mensch, Jonathon, wie geht's dir? Was machst du so?«

»Nicht viel«, sagte Johnny achselzuckend. Dass er sich in den vergangenen sechs Jahren einen Namen als brutaler Schläger und Anführer einer Gang gemacht hatte, verschwieg er wohlweislich.

»Sag mal, hättest du Lust, am Sonntag mit mir zum Gottesdienst zu kommen?«, schlug Sophie vor. »Ich kann dich abholen, wenn du magst.«

»Ja, bin dabei!«, willigte Johnny ein, verblüfft darüber, wie prompt und präzise Gott sein Gebet erhört hatte.

Am Sonntag, als er mit Sophie zum Gottesdienst ging, setzte er sich ganz hinten in den Saal, die Kapuze seines Pullovers tief in die Stirn gezogen, die Hände in der Brusttasche vergraben. Der Pastor predigte über Bartimäus – den Blinden, der in Jericho am Wegrand saß, als Jesus vorbeikam, und schrie, Jesus möge sich seiner erbarmen. Jesus rief ihn zu sich, und Bartimäus warf seinen Mantel von sich, sprang auf und lief zu Jesus, der ihn von seiner Blindheit heilte.

»Bartimäus warf den Mantel von sich«, sagte der Pastor. »Dieser

Mantel war ein ganz bestimmter Mantel, an dem jeder erkennen konnte, dass er blind war. Er war sein Markenzeichen. Aber als Jesus ihn rief, warf er dieses Zeichen seiner Blindheit einfach von sich. Vielleicht geht es dir genauso. Vielleicht sitzt du heute hier, und du trägst denselben Mantel wie Bartimäus. Diesen Mantel musst du von dir werfen. Tu es hier und jetzt. Gib Jesus dein Leben.«

Die Worte trafen Johnny mitten ins Herz. Er blickte auf seinen schwarzen Kapuzenpulli, das Symbol seines Gangsterlebens, und, ohne auch nur einmal zu zögern, riss er sich den Pullover über den Kopf und warf ihn von sich. Dann sackte er auf seinem Stuhl zusammen, verbarg das Gesicht in den Händen und weinte laut. Schluchzend gab er Jesus sein Leben und bat ihn um Vergebung für all das Schlechte, das er getan, und all die Leute, die er verletzt hatte.

»Bitte vergib mir!«, rief er. »Bitte vergib mir! Nimm mein Leben, Jesus! Ich will kein Gangster mehr sein! Verändere mich! Verändere mich! Verändere mich!«

Er weinte und weinte, und je länger er weinte, desto leichter wurde es ihm ums Herz. Er hatte seinen Mantel - seinen Kapuzenpulli, sein altes, kaputtes Leben - von sich geworfen, und Jesus gab ihm dafür einen »Mantel der Gerechtigkeit«[4]. Johnny Knock verwandelte sich zurück in Jonathon Walker, einen brandneuen Jonathon Walker mit einem brandneuen Leben, bereit, für Jesus in die Schlacht zu ziehen - aber nicht mehr mit seinen Fäusten, sondern mit seinem Herzen.

Ungefähr 14. November 2010
Tag 41

Das Fleisch der Möwe hatte den Hunger der Teenager nur vorübergehend gestillt. So lange hatte ihr Magen keine Nahrung mehr bekommen, dass diese eine Mahlzeit ihn wie einen schlafenden

---

4   Siehe Jesaja 61,10.

Drachen aufgeweckt hatte. Er wollte mehr. Er brauchte mehr. Viel mehr. Und da er nicht mehr weiter gefüttert wurde, rebellierte er, gurgelte, knurrte und ließ die Jungen vor Hunger kaum noch zur Ruhe kommen.

Am Nachmittag ging Filo schwimmen, um sich abzukühlen. Er und Samu taten dies fast täglich. Etueni fühlte sich zu schwach dafür. Filo ließ sich ins Wasser fallen und hielt sich neben dem Boot am Strick fest, während er an Ort und Stelle mit den Armen und Beinen trat. Als er kurz untertauchte, bemerkte er etwa ein Dutzend seltsame Hubbel am Rumpf des Dingis. Es waren keine Muscheln, auch keine Algen. Sie sahen aus wie versteinerte Minikrater. Filo war sich nicht sicher, ob es sich um Pflanzen oder um Tiere handelte. Er klaubte einen der Kegel vom Schiffrumpf, tauchte damit auf und zeigte ihn den anderen.

»Das ist eine Seepocke«, erklärte Etueni. »Eine Art Krebs. Die setzen sich an Felsen, Muscheln, Buckelwalen oder Schiffen fest und sieben mit ihren fächerartigen Beinchen Mikroorganismen aus dem Wasser.«

»Meint ihr, die kann man essen?«

»Probieren wir's aus«, meinte Samu. »Wie viele kleben denn da unten?«

»Etwa zwölf bis fünfzehn Stück«, sagte Filo, während er seinen abgemagerten Körper mit Samus Hilfe zurück ins Boot hievte. Er kam sich vor wie ein gebrechlicher alter Mann. Er legte die Seepocke auf die Sitzbank und zerschmetterte den Panzer mit dem Mayonnaiseglas. In dem Krater befand sich ein ziemlich unförmiges, schlabbriges Wesen mit einer Art Fühler. Es war zu klein, um es in drei Teile zu teilen. Aber es klebten ja noch mehr davon unter dem Boot. Also steckte Filo es sich in den Mund und verschluckte es.

»Und?«, fragte Etueni.

»Schmeckt wie Fisch«, erklärte Filo. »Wartet, ich hol euch auch welche.« Er ließ sich wieder ins Wasser gleiten, tauchte unter und löste zwei weitere Seepocken vom Rumpf. Nachdem jeder von ihnen eine gegessen hatte, hätten sie am liebsten alle abgeerntet. Doch sie beschlossen, sparsam mit den kleinen Leckerbissen umzugehen und es nicht so zu machen wie mit den Kokosnüssen. Hätten sie sich nämlich nur eine Kokosnuss pro Tag gegönnt, hätte der Vorrat fast einen Monat lang gereicht, und mit den drei alten Kokosnüssen, die sie später unter der Plane gefunden hatten, sogar noch drei Tage länger.

Doch damals war keiner von ihnen auf den Gedanken gekommen, dass ihre Odyssee so lange dauern könnte. Und jetzt war es ohnehin nicht mehr zu ändern. Sie konnten ihre Fehler nicht mehr rückgängig machen. Sie konnten nicht neue Kokosnüsse von Palmen schlagen oder Angelhaken und Angelschnur aus der Vorratskammer von Filos Vater holen, um damit zu fischen. Sie konnten die einundvierzig Tage bis zum 5. Oktober nicht zurückspulen, wieder auf Atafu anlegen und aus dem Dingi zurück an Land springen, sosehr sie es sich auch wünschten. Sie saßen hier fest. Irgendwo mitten im Pazifik. Und nur Gott wusste, wo.

Ungefähr 15. November 2010, auf Atafu, Tokelau

Sechs Wochen waren verstrichen. Sechs Wochen lang hatte die Dorfbevölkerung von Atafu täglich Gottesdienste für die drei verschollenen Teenager abgehalten. Noch immer gab es kein Lebenszeichen von ihnen. Der *Faipule* redete mit einem erfahrenen Schiffskapitän von Westsamoa, der Wind und Wetter seit dem Verschwinden der Jugendlichen am 5. Oktober genau beobachtet und analysiert hatte.

»Ich würde Ihnen gern Hoffnung machen«, sagte der Kapitän dem *Faipule*. »Aber niemand kann sechs Wochen ohne Nahrung und Wasser überleben. Diese Teenager sind nicht mehr am Leben. Es tut mir sehr leid.«

Schweren Herzens erklärte Kuresa Nasau Samu, Filo und Etueni für tot. Die Familien der drei schlachteten traditionsgemäß mehrere Schweine für das Leichenmahl. Von Filos zehn Schweinen mussten sechs ihr Leben lassen. Die Angehörigen kamen zusammen, um zu trauern, sich gegenseitig zu trösten und zu beten. Auch wenn die Jugendlichen jetzt offiziell als tot galten, weigerte sich Tanu Filo noch immer zu glauben, dass sein Sohn tatsächlich tot war. Er sah ihn in seinen Träumen. Er war am Leben! Keiner konnte Filos Vater vom Gegenteil überzeugen. Eisern blieb er in seinem Zelt am Strand und blickte weiterhin Tag und Nacht aufs Meer hinaus. Er würde seinen Sohn nicht aufgeben. Um nichts in der Welt.

Ungefähr 16. November 2010
Tag 43

Die Sonne brannte erbarmungslos vom Himmel, und es wehte ein heftiger Wind. Die Wellen klatschten gegen das schaukelnde Boot. Samu, Filo und Etueni brieten in der Hitze wie Würstchen auf dem Grill. Samu und Etueni dösten. Filo beschloss, sich ein bisschen im Meer abzukühlen. Er hielt sich am Strick fest, der am rechten Heckgriff befestigt war, und ließ sich ins Wasser hinunter. Als er untertauchte, um wie die beiden Tage zuvor ein paar Seepocken vom Rumpf zu lösen, wurde das Boot jäh von einer Welle getroffen, und der Strick wurde ihm aus seiner knochigen Hand gerissen. Filo tauchte auf, um nach dem Strick zu greifen, als eine zweite Welle das Dingi erfasste und wie mit einem gewaltigen Fußtritt mehrere Meter von ihm wegstieß. Filo schwamm auf das Boot zu, doch die Strömung war stark, und innerhalb weniger Sekunden verdoppelte sich der Abstand zwischen ihm und dem Boot.

O nein, dachte Filo. *Nein, nein!*

Er strampelte und schwamm mit aller Kraft, um das Boot wieder zu erreichen. Vergeblich. Wellen schmetterten Filo wie Ohrfeigen ins Gesicht. Er schluckte Salzwasser und kam einfach nicht voran. Die Distanz zum Boot wurde in rasantem Tempo größer. Panik erfasste den Jungen.

»Samu!«, rief er. »Hilf mir!«

Samu hob verschlafen den Kopf und sah Filo, wie er gegen die

Strömung und die Wellen ankämpfte. Augenblicklich war er hell-wach.

»Filo!«, rief er entsetzt.

Ohne auch nur einen Moment nachzudenken, packte Samu den Strick neben sich und sprang ins Meer. Das Boot mit der linken Hand festhaltend, schwamm er einhändig auf Filo zu. Er schwamm wie ein Weltmeister. Er war in einer denkbar schlechten körper-lichen Verfassung, hatte so gut wie keine Muskeln mehr und war spindeldürr. Selbst ohne das schwere Dingi im Schlepptau wäre es ein ungeheurer Kraftakt gewesen, auch nur wenige Meter weit zu schwimmen. Und zwischen ihm und Filo lagen mindestens zehn Meter! Aber Samu wusste, wenn er nicht schnell genug war, würde die Strömung seinen Freund auf Nimmerwiedersehen fortreißen. Und er durfte auch das Boot auf keinen Fall loslassen, sonst wären sie beide verloren.

Die Jungen schwammen aufeinander zu. Wellen drückten sie un-ter Wasser, warfen sie hin und her und drängten sie immer wieder auseinander. Filo merkte, wie ihn seine Kräfte verließen.

»Beeil dich!«, rief er Samu zu. »Beeil dich bitte! Ich kann nicht mehr!«

Er prustete und spuckte. Nach jeder Welle, die über ihm zusam-menschlug und ihm den Atem raubte, brauchte er mehr Kraft, um wieder an die Oberfläche zu kommen und den Kopf über Wasser zu halten. Verzweiflung überkam ihn. Er würde es nicht schaffen. Der Abstand war zu groß. Die Strömung zu stark. Sein ausgehungerter Körper zu schwach. Er würde es nicht schaffen. Und Samu auch nicht. Sie hatten keine Chance gegen das Meer. Noch kämpfte sich Samu Schwimmzug um Schwimmzug vorwärts, um seinen Freund zu retten, das Boot wie einen Anker hinter sich her schleifend. Aber Filo wusste, dass sie beide nicht mehr lange genug durchhalten wür-den. Es hatte keinen Zweck. Er musste der nackten Tatsache ins Auge sehen, dass dies sein Ende war.

»Lass mich hier!«, rief er. »Ich kann nicht mehr schwimmen, Samu! Ich bin zu müde! Rette dich selbst! Ich schaff es nicht!«

»Vergiss es, Filo!«, schrie Samu zurück. »Ich lass dich nicht hier! Halte durch, Mann!«

Eine Welle krachte auf Samu nieder. Filo konnte ihn nicht mehr sehen und befürchtete schon, die Welle hätte auch ihm den Strick aus der Hand gerissen oder würde ihn nicht mehr hochkommen lassen. Aber da tauchte Samu wieder auf und schwamm weiter auf ihn zu. Jeder andere hätte aufgegeben. Jeder andere hätte Filo seinem Schicksal überlassen. Nicht Samu. Und wenn er selbst dabei draufgegangen wäre, er hätte seinen besten Freund niemals im Stich gelassen. Weiter und weiter schwamm er, trotzte der See und seiner eigenen Schwäche mit einer übermenschlichen Willenskraft. Die Strecke zwischen den beiden Jungen verringerte sich Armlänge um Armlänge.

Endlich, endlich war Samu bei Filo und streckte ihm seine Hand entgegen. Filo packte zu. Mit letzter Kraft zog Samu Filo zu sich hin, bis Filo den Strick ergreifen konnte. Dann hievte sich Samu mit Etuenis Hilfe ins Boot zurück, und gemeinsam halfen sie auch Filo hinein. Völlig erschöpft und außer Puste ließen sich die beiden Fünfzehnjährigen auf den Boden fallen. Filo schluchzte laut. Samu weinte ebenfalls und brüllte Filo mit bebender Stimme an:

»Nie wieder verlässt du das Boot ohne meine Erlaubnis, hörst du?! Tu das nie wieder, hast du mich verstanden?!«

Filo gab ihm keine Antwort. Er weinte nur und zitterte am ganzen Körper. Und zwar nicht vor Kälte. Filo machte sich nichts vor: Wäre Samu nicht gewesen, wäre das Meer heute zu seinem Grab geworden. Samu hatte sein eigenes Leben aufs Spiel gesetzt, um ihn zu retten und vor dem sicheren Tod zu bewahren. Einen größeren Liebesbeweis eines Freundes gab es nicht. Und dafür würde Filo auf ewig in seiner Schuld stehen.

20 TÖTEN UND STERBEN

20. August 2013, in Sydney, Australien

Ich konnte noch immer kaum fassen, wie Gott das alles eingefädelt hatte. Und das innerhalb eines einzigen Nachmittags! Ich recherchierte, entdeckte einen zwei Jahre alten Artikel über Gangs in Sydney – wohlgemerkt den einzigen, den ich zu dem Thema im Netz finden konnte –, stieß dabei auf Jonathon Walker, einen Ex-Gang-Führer, der Christ geworden war, stöberte weiter im Internet, bekam seine Telefonnummer heraus, rief ihn an, und er meldete sich prompt und war sofort damit einverstanden, mich zu treffen, weil er der Meinung war, das wäre von Gott so arrangiert!

Ich liebe es, wenn Gottes Handschrift so klar zu erkennen ist. Oh, wie wunderbar wäre es doch, wenn es mir gelingen würde, Jonathon und Filo irgendwie miteinander bekannt zu machen, den Ex-Gangster und Ex-Schläger mit dem Noch-Gangster und Noch-Schläger! Sicher, vielleicht war es etwas zu viel verlangt. Es war schon großartig, dass ich die Möglichkeit hatte, Jonathon zu treffen, um mehr Hintergrundwissen zum Thema »Gangs in Sydney« zu sammeln und Filos jetzige Welt dadurch besser zu verstehen. Vielleicht könnte ich Jonathons Geschichte ja irgendwie ins Buch einflechten, überlegte ich. Aber wenn ich die beiden obendrein zusammenbringen könnte ... das wäre wirklich das Größte!

Filo war für mich längst über den Status einer Buchfigur hinausgewachsen. Ich wollte seine unglaubliche Überlebensgeschichte auf dem Meer erzählen. Aber das war nicht alles. Sein junges Leben war weitergegangen und hatte sich in eine gefährliche Richtung entwickelt. Straßenkämpfe, Diebstähle, Verhaftungen, Gang-Leben und das Ziel, ein Käfigkämpfer für UFC zu werden. Ich hätte ihm gern gesagt, dass das alles übel enden könnte, wenn er so weitermachte. Aber wer war ich schon, um Filo Ratschläge für sein Leben zu erteilen. Jonathon hingegen war so gewesen wie er. Sie kamen aus derselben Gegend, hatten dieselben Erfahrungen gemacht, sprachen dieselbe Sprache. Wenn es irgendjemanden gab, auf den Filo hören würde, dann war es mit Sicherheit dieser Jonathon.

Vielleicht wäre er ja bereit, am Sonntag mit zu Hillsong *zu kommen und sie könnten sich gleich dort kennenlernen!*, schoss es mir durch den Kopf, und mein Herz schlug automatisch höher bei dieser Idee. Ich musste ihn unbedingt fragen!

Wir vereinbarten Ort und Zeit, und am Dienstagabend um achtzehn Uhr fuhr ich mit meinem Aufnahmegerät bewaffnet zum Bahnhof von Parramatta, um mich mit Ex-Gang-Führer Jonathon Walker beim Café *Brenner* zu treffen. Ich war ja so gespannt auf diese so eindeutig von Gott arrangierte Begegnung! Ich fuhr die Rolltreppe zum Ausgang hinauf und hielt Ausschau nach jemandem, der so aussah, als würde er auf mich warten. Ich brauchte nicht lange zu suchen: Direkt vor dem Eingang zum Café *Brenner* stand ein hünenhafter Kerl mit einer schwarzen Wollmütze und einem grauen Kapuzenpullover. Das musste er sein! Ich ging auf ihn zu.

»Jonathon Walker?«

Er strahlte mich an, als würden wir uns seit Jahren kennen. »Hey! Was geht?!« Er war mit seiner Frau Maria gekommen. Die beiden waren seit sechs Monaten verheiratet. Wir gingen in ein Restaurant und bestellten uns etwas zu essen. Er erzählte mir seine haarsträubende Geschichte, und ich erzählte ihm von meiner Buchrecherche, von Filo, seinem Abenteuer auf dem Meer und davon, dass er jetzt in Mount Druitt wohnte, Mitglied bei *Loyal Samoan Bloods* war und ständig zwischen Gefängnis und Straße hin- und herpendelte.

»Ich hab ihn eingeladen, nächsten Sonntag mit mir zur *Hillsong*-Gemeinde in Parramatta zu gehen. Ich dachte mir, es wäre der Hammer, wenn du auch kommen könntest und ihr beide euch kennenlernen würdet. Ich meine, du kommst aus diesem Leben. Du weißt, wie junge Leute wie er ticken.«

»Bin dabei«, willigte Jonathon sofort ein, während er auf seinem

Hamburger herumschmatzte. »Wo genau in Mount Druitt wohnt Filo denn?«

Ich nannte ihm die Adresse, worauf er meinte: »Wenn du willst, kann ich ihn am Sonntag abholen. Ich wohn nur fünf Minuten von ihm weg.«

Mir fiel die Kinnlade runter. »Was? Im Ernst?! Ja, sehr gern!«

War das zu fassen? Sydney hatte 650 Vororte! Jonathon hätte in jedem von ihnen wohnen können. Aber nein, er wohnte nicht nur im selben Bezirk wie Filo, sondern gerade mal fünf Minuten von ihm entfernt! Also, wer so etwas als Zufall bezeichnen wollte, war selber schuld. Ich war einfach nur begeistert, wie Gott in rasantem Tempo dabei war, etwas in die Wege zu leiten, das weit außerhalb meiner Kontrolle lag. Ich hatte bloß den ersten Dominostein angestoßen. Und jetzt ratterten die Steinchen fleißig weiter. So etwas war mir bei einer Buchrecherche wahrhaftig noch nie passiert. Normalerweise interviewte ich die Leute, sie erzählten mir ihre Geschichte, und ich schrieb die Geschichte auf. Ich war der Erzähler, der Zuschauer, der staunende Beobachter, nichts weiter. Das war das erste Mal, dass es anders verlief.

Ich hatte das Gefühl, dass die Geschichte noch nicht abgeschlossen war. Sie war eben dabei, sich selbst zu schreiben! Und ich war ein Teil davon! Dass es hier um weit mehr als die Erzählung dreier verschollener Jugendlicher ging, war mir längst klar. Gott war Filo auf dem Meer begegnet. Und er wollte ihm wieder begegnen! Dieser Junge war etwas Besonderes, sonst hätte Gott ihn nicht gerettet und mich nicht um die halbe Welt geschickt, um ihn zu treffen. Irgendetwas hatte Gott mit ihm vor, und irgendwie spürte ich, dass Jonathon, die *Hillsong*-Gemeinde und ich dabei eine nicht ganz unbedeutende Rolle spielten. Welche, das vermochte ich nicht zu sagen. Aber ich war so gespannt darauf, wie die Geschichte sich weiterentwickelte – ich hätte platzen können vor Neugier.

Nachdem Filo beinahe ertrunken war, ging er nicht mehr schwimmen. Der Schock saß ihm zu tief in den Gliedern. Samu tauchte noch einmal ins Meer, um den Rest der Seepocken zu pflücken. Danach wagte auch er sich nicht mehr aus dem Bötchen. Sie waren einfach zu geschwächt für solche Aktionen. Die Jungen kühlten sich, indem sie die hohle Hand ins Wasser tauchten und sich damit benetzten. Das Wasser im Boot stieg täglich etwas höher. Sie schafften es nicht mehr, jeden Morgen alles herauszuschöpfen. Sie hatten keine Kraft mehr dazu. Ihre Körper waren wund gescheuert und voller Furunkel und schwerem Sonnenbrand. Sie konnten sich förmlich dabei zusehen, wie sie langsam, aber sicher verrotteten.

Ihre Knie sahen aus wie Knoten von Pflanzenstängeln und waren tatsächlich dicker als ihre Beine. Wenn sie aufzustehen versuchten, knickten sie gleich wieder ein, da ihre Beine ihr Gewicht nicht mehr zu tragen vermochten. Ihre Zungen waren geschwollen vor Durst, ihre Lippen gesprungen. Ihr Speichel hatte die Konsistenz von Klebstoff. Sie hatten bestimmt ein Drittel ihres Körpergewichts verloren. Durch den Hunger war außerdem ihre Körpertemperatur gesunken, sodass sie nachts mehr froren denn je. Sie versuchten, in Bewegung zu bleiben und sich aufs Überleben zu konzentrieren. Aber immer häufiger flossen die Tränen. Sie trösteten sich gegenseitig mit Worten, an die sie selbst nicht mehr glaubten. Sie waren total entkräftet und völlig verzweifelt.

Samu war so hungrig, dass er begann, an der vorderen Sitzbank zu nagen.

»Was machst du da?«, fragte ihn Filo.

Samu riss mit seinen Zähnen einen Holzsplitter aus der fünf Zentimeter dicken Bank heraus, nahm ihn in die Finger, dippte ihn zum Salzen ins Meer und steckte ihn wieder in den Mund zurück. Er kaute mehrere Minuten darauf herum, bevor er ihn hinunterschluckte.

»Und?«, fragte ihn Filo neugierig.

»Schmeckt ganz okay«, meinte Samu. »Fast wie richtiges Essen.«

Filo und Etueni sahen sich an, dann gruben sie ebenfalls ihre Zähne in die Sitzbank. Sie beschränkten sich auf die vordere Sitzbank, weil diese vom Wasser ein wenig aufgeweichter war als die hintere Bank und sich dadurch leichter Stücke aus ihr herausreißen ließen. Wie drei Biber nagten die Jugendlichen an der Bank herum und füllten ihre Mägen mit Holzspänen. Etueni fielen dabei zwei Zähne aus. Sie aßen auch ihre Haare und ihre Fingernägel. Der Tod nahte. Sie konnten es spüren.

In der Nacht schliefen sie sitzend. Zu viel Wasser war in dem Bötchen, um sich hinzulegen. Selbst der Platz vorn im Bug war zur Hälfte überschwemmt. Also setzten sie sich zwischen die beiden Bänke, Samu auf der einen, Filo und Etueni auf der anderen Seite, die Bootswand im Rücken, die Plane als Decke über sich gezogen, Arme und Beine ineinander verschränkt, um sich gegenseitig warm zu halten.

Mitten in der Nacht wachte Filo mit höllischen Schmerzen auf. Sein Körper fühlte sich an, als hätte jemand Säure über ihn gekippt, die sich langsam durch seine Haut ins Fleisch fraß. Der Sonnenbrand in Kombination mit den offenen Hautgeschwüren war so schmerzhaft, dass Filo sich am liebsten die Haut vom Leib gerissen hätte. Er hatte das Gefühl, bei lebendigem Leibe zu verbrennen. Er schrie vor Qual.

»Gott, bitte hilf mir! Bitte nimm mir diese Schmerzen! Bitte, Gott!!!« Er weinte und stöhnte und bat Gott um Vergebung. »Bitte vergib mir, Gott, vergib mir! Vergib mir! Nimm mein Leben! Bitte! Aaah!!!« Jede Berührung war wie ein Stromschlag. Nie in seinem Leben hatte Filo derartige Schmerzen empfunden. Er hielt es nicht mehr aus. Er griff nach der Machete und streckte sie Samu entgegen.

»Bitte töte mich!«, forderte er seinen besten Freund auf. »Töte mich, Samu! Bitte tu es! Ich flehe dich an! Mach dem allem ein Ende!«

»Beruhige dich, Filo«, sagte Samu und nahm ihm die Machete aus der Hand. »Das geht vorbei.«

»Nein, tut es nicht!!!«, rief Filo. »Lieber sterbe ich, als diese Qualen noch länger zu ertragen! Nur wenn ich tot bin, wird es aufhören! Etueni, tu *du* es! Bitte töte mich, Etueni! Bitte!« Es war ihm bitterernst. Aber auch Etueni ging nicht auf seinen Wunsch ein.

»Niemals«, sagte er. »So etwas tu ich nicht, Filo!«

Filo wand sich vor Schmerzen. Über mehrere Stunden hinweg schrie und weinte er und flehte seine Freunde an, ihn mit der Machete zu erstechen. Etueni und Samu schöpften Wasser aus dem Meer, um Filos Haut zu kühlen. Sie versuchten, die Abdeckplane so zu halten, dass sie keinen Kontakt mit Filos Haut hatte. Erst gegen Morgen hörte Filo vor Erschöpfung auf zu weinen und fiel in einen unruhigen Schlaf.

Ungefähr 19. November 2010
Tag 46

Als die Sonne aufging, waren Filos Schmerzen tatsächlich etwas erträglicher geworden. Dafür fühlte sich Etueni auf einmal elend. Er musste sich mehrmals übergeben. Aber da er nichts in seinem Magen hatte, spuckte er nur gelben Schleim. Er war zu schwach und zu langsam, um seinen Kopf über den Bootsrand zu heben, und erbrach sich in den Tümpel auf dem Boden.

»Was soll das?«, knurrte Samu und schlug ihn ins Gesicht.

»'Tschuldigung«, murmelte Etueni.

»Nicht ins Boot, Mann!«, sagte Samu vorwurfsvoll und klatschte ihm noch eine. »Wir sitzen hier zufällig!«

»'Tschuldigung«, flüsterte Etueni noch einmal kleinlaut. Er schleppte sich mit Mühe und Not zum Bug und rollte sich dort zusammen.

»Idiot!«, schimpfte Samu. »Und wer putzt das jetzt auf?«

Etueni gab keine Antwort. Schließlich nahm Samu knurrend das Mayonnaiseglas und schaufelte die eklig gelben Magensäfte zusammen mit der Pfütze aus Meerwasser, das sich im Boot gesammelt hatte, über Bord. Anschließend biss er sich sein Frühstück aus der vorderen Holzbank. Filo tat dasselbe. Sie verbrachten mehrere Stunden damit und kauten im Schneckentempo, da ihnen der Speichel zum Schlucken fehlte. Sie aßen so viel Holz, bis die Bank aussah wie ein ausgewellter Gebäckteig, aus deren Kante jemand eine überdimensionale Mondsichel herausgestochen hatte. Doch die Späne vermochten ihren Hunger nicht zu stillen. Der Drang, endlich etwas Richtiges zwischen die Zähne zu bekommen, brachte sie beinahe um den Verstand. Sie hatten solchen Hunger!

Und dann sprach Samu es aus. Als Etueni in der brütenden Mittagssonne im Bug ein Nickerchen machte, sprach Samu die unmenschlichste aller Optionen aus.

»Filo, was würdest du tun, wenn ich Etueni umbrächte?«

Filo sah seinen Freund verdutzt an. »Sag mal, spinnst du?«

Samu schielte zu Etueni hinüber, um sicherzugehen, dass er schlief. »Überleg doch mal«, raunte er sachlich. »Entweder wir sterben alle vor Hunger, oder nur einer von uns stirbt und zwei überleben. Verstehst du, was ich meine?«

Filo verstand sehr wohl, was Samu meinte. Der Gedanke war unheimlich, barbarisch, ein Gedanke, den er nicht mal ansatzweise in Betracht ziehen wollte. Sie waren doch keine Kannibalen!

»Das tust du nicht«, flüsterte Filo, worauf Samu vielsagend seine Augenbrauen hob.

»Und wenn doch? Würdest du ihn mit mir essen?«

Er sagte es mit einer Leichtigkeit, die Filo schockierte. Sein Herz schlug schneller. »Hör auf damit, Samu! Was redest du da?!«

Allein bei der Vorstellung wurde ihm schlecht. Allein darüber zu reden, fühlte sich falsch an. Sündhaft falsch. Fast so, als hätten sie das Verbrechen bereits begangen. Würde Samu wirklich so weit gehen? Und er? Würde er es zulassen? Waren sie tatsächlich in der Lage, Etueni ... zu *töten* und ... *aufzuessen*?! Waren sie tatsächlich so tief gesunken, dass sie selbst vor Kannibalismus nicht zurückschreckten? Dass sie sogar bereit waren, ihren Freund dafür zu opfern?

Es wäre nicht das erste Mal in der Geschichte, dass Schiffbrüchige ihre eigenen Kameraden aßen, um zu überleben. 1820 wurde das Walfangsegelschiff *Essex* von einem Pottwal gerammt und sank. Die 21-köpfige Mannschaft trieb drei Monate lang in drei Fangbooten durchs Meer. Als die Lebensmittel ausgingen und die ersten Männer starben, wurden sie von ihren verhungernden Kameraden aufgegessen. Die verbleibenden Seemänner losten darum, wer als Nächster sein Leben für die anderen lassen musste. Nur acht von ihnen überlebten.

Wie verzweifelt muss ein Mensch sein, um so etwas Grauenvolles zu tun?, überlegte Filo. Er wollte nicht darüber nachdenken. Nicht einmal für eine Sekunde. Wie, in Gottes Namen, konnte Samu überhaupt so etwas Bestialisches vorschlagen?

»Wir haben keine Wahl, Filo«, fuhr Samu fort. »Wenn wir es nicht tun, gehen wir alle drauf.«

Filo schüttelte energisch den Kopf. »Ich mach da nicht mit, Samu. Das ist Mord!«

»Willst du lieber sterben?«

»Das ist Irrsinn, Samu!«

»Ich tu's.«

»Nein!« Filo hob die rostige Machete vom Boden auf und umklammerte sie fest. Er versuchte in Samus Augen zu lesen, wie ernst es ihm wirklich war. Er dachte daran, wie Samu Etueni vor über einer Woche beinahe die Kehle aufgeschlitzt hätte. Er dachte daran, wie er in der vergangenen Nacht sowohl Samu wie Etueni geradezu angewinselt hatte, ihn zu töten. Ihre Handlungen hatten ein Maß an Gewalt und Wahnsinn erreicht, das er weder sich noch den anderen jemals zugetraut hätte. Nicht der Ozean war ihr gefährlichster Feind. Das waren sie selbst.

In den nächsten zwei Tagen schnitt Samu das Thema mehrmals an, wenn Etueni im Bug döste. Er versicherte, er würde es tun. Er war tatsächlich entschlossen, Etueni umzubringen. Aber letztlich brachte er es doch nicht übers Herz. Er hatte zu große Ehrfurcht vor Gott, um diese schwere Schuld auf sich zu laden. Er ließ Etueni am Leben und akzeptierte stattdessen die Tatsache, dass sie sowieso verloren waren, ganz egal, was sie taten oder nicht taten. Es gab keine Rettung mehr. Das hier war das Ende. Und auch wenn Samu es sich selbst nicht recht erklären konnte: Diese unumstößliche Wahrheit nahm dem Tod irgendwie seinen Schrecken.

21 GEFUNDEN

Sieben Wochen und zwei Tage waren Samu, Filo und Etueni nun schon verschollen. Längst hatten sie die Illusion aufgegeben, jemals gefunden zu werden. Sie machten sich nichts vor. Sie wussten, dass sie bald sterben würden. Noch ein, zwei Tage würden ihre Herzen in ihren mumienhaften Körpern schlagen, im Höchstfall drei. Sie bereiteten sich innerlich auf den Tod vor. Sie hatten den Kampf verloren. Sie hörten auf, Wasser zu schöpfen. Sie tranken mehrere Deziliter Salzwasser, da es seit Tagen nicht mehr geregnet hatte. Aber es spielte ohnehin keine Rolle mehr. Es war vorbei.

Etueni lag die meiste Zeit vorn im Bug und kam nur herausgekrochen, um an der Holzbank zu nagen. In der Zwischenzeit hatten sie die halbe Bank verspeist. Sie sah aus, als hätte ein Haifisch den gesamten mittleren Teil herausgebissen. Samu und Filo saßen die meiste Zeit einander gegenüber auf den Sitzbänken und starrten ins Leere, ohne noch auf irgendetwas zu warten oder zu hoffen. Ihr Gehirn war auf Autopilot geschaltet, ihre Augen schweiften über den endlosen Horizont wie in einer Art Schlafmodus. Es gab nichts mehr zu sagen. Nichts mehr zu hoffen. Nichts mehr zu tun. Filo dachte an seinen Vater. Es schmerzte ihn, ihn nie mehr wiederzusehen. In seinen Träumen begegnete er ihm oft und versuchte ihm zu sagen, er solle sich keine Sorgen um ihn machen. Es wäre alles in Ordnung. Aber sein Vater schien ihn nicht zu hören.

Der Gedanke an den sicheren Tod war erstaunlicherweise weniger beängstigend als erwartet. Sie waren an einem Punkt angelangt, an dem sie sich mit ihrem Schicksal abgefunden hatten. Ja, irgendwie war es beinahe beruhigend zu wissen, dass bald alles vorüber war. Ihre Verzweiflung war einer vollkommenen Entspannung gewichen. Sie weinten nicht mehr. Sie empfanden keinerlei Panik.

»Hast du Angst zu sterben?«, fragte Filo Samu.

Samu schüttelte den Kopf, ohne Filo anzusehen. »Nein«, sagte er ruhig, den glasigen Blick aufs Meer gerichtet. »Nicht mehr. Und du?«

»Nein«, sagte Filo mit derselben Gelassenheit. »Wenn es vorbei ist, ist es vorbei.«

Er stellte sich vor, wie ihre drei toten Körper von einer Welle ins Meer gespült wurden und eine Weile leblos an der Wasseroberfläche trieben, bevor sie lautlos in die Tiefe sanken. Er dachte nicht groß darüber nach, was nach dem Tod käme. Gott allein würde bestimmen, wie es danach mit ihm weiterging. Was auch immer geschah, er hatte keine Angst davor. Gott wusste, was er tat. Es lag in seinem Ermessen, ob er ihn leben oder sterben lassen würde. Und wenn er sterben würde, so würde er eben sterben.

Sie waren müde, unendlich müde. Und so geschwächt, dass sie nicht mehr länger sitzen konnten. Also legten sie sich in die Wasserpfütze, schlossen die Augen und warteten in ihrem eigenen Sarg auf den Tod. Am späten Nachmittag hob Samu den Kopf, um zu sehen, ob Regenwolken am Himmel waren. Und da sagte er ein einziges Wort.

»Ja.«

Er hob seinen dürren Arm und begann zu winken.

»Jungs. Da ist ein Schiff.«

»Quatsch«, murmelte Filo. Er glaubte ihm nicht. Schließlich hatte Samu schon einmal im Scherz behauptet, ein Schiff zu sehen, obwohl keines da war. Und obendrein hatte er es furchtbar komisch gefunden, wenn auch als Einziger.

»Da ist wirklich ein Schiff«, sagte Samu. Da war etwas in seiner Stimme, das Filo stutzig machte. »Ich schwör's bei meiner Schwester.«

Jetzt hatte Filo keinen Zweifel mehr. Er kannte Samu gut genug, um zu wissen, dass er niemals bei seiner Schwester schwören würde, wenn er nicht die Wahrheit sagte. Eilig richtete Filo sich auf. Auch Etueni reckte neugierig den Hals.

Und da sahen sie es. Ein Schiff. Ein großes Fischerboot mit schwarzem Rumpf und weißen Aufbauten, weißem Mast und zwei seitlich abstehenden Kranvorrichtungen, die sich hin- und herschwenken ließen. Samu hatte die Wahrheit gesagt. Da war ein Schiff, wahrscheinlich ein Thunfischboot, etwa eineinhalb Kilometer von ihnen entfernt, und es kam direkt auf sie zu! Die Jugendlichen trauten ihren Augen nicht. Es war wie eine Fata Morgana, und doch war es Wirklichkeit. Die drei setzten sich unter größter Anstrengung auf die Bänke und winkten, obgleich sie die Arme kaum länger als ein paar Sekunden in der Luft halten konnten. Näher und näher kam das Schiff. Es mochte um die achtzig Meter lang sein. Der Name *San Nikunau* war an der Seite zu lesen. Der Kutter war sehr schnell, und einen Moment lang fürchteten die Jungen, man hätte sie nicht gesehen und würde an ihnen vorbeifahren. Aber dann wurde das Schiff langsamer, kam ziemlich dicht an sie ran, und eine Stimme erklang über Lautsprecher:

»Braucht ihr Hilfe?«

»Ja!«, riefen die drei zurück. »Und ob!«

Sie konnten ihr Glück kaum fassen. Samu und Filo begannen zu weinen. Etueni war so ausgetrocknet, dass er keine Tränen mehr hatte.

»Wir sind gerettet!«, flüsterte Filo, während er seinen Rettern an Deck der *San Nikunau* ungläubig und voller Staunen entgegenblickte. »Wir sind gerettet!«

Die Mannschaft ließ ein Rettungsboot ins Wasser und holte die splitternackten Schiffbrüchigen mitsamt ihrem Boot an Bord. Die Teenager mussten auf beiden Seiten gestützt werden. Sie waren so wackelig auf den Beinen wie tattrige Greise. Und genauso sahen sie trotz ihres eindeutig jugendlichen Alters auch aus – wie wandelnde Skelette, die mit lederiger Haut überzogen waren, völlig ausgedörrt und von Kopf bis Fuß übersät mit Krusten, Ausschlägen und Blasen, die von stärkstem Sonnenbrand herrührten. Tränen der Dankbarkeit rollten den Jugendlichen über die eingefallenen Wangen, als die Matrosen sie zu einem großen, kräftigen Mann brachten, der sie herzlich an Bord begrüßte.

»Ich bin der erste Maat, Tai Fredricsen«, stellte sich der Mann vor. »Willkommen auf der *San Nikunau*.«

»Danke!«, stammelten die drei weinend. »Danke, danke, danke, danke ... tausend Dank!«

»Nichts zu danken«, lächelte der erste Maat. »Die Männer werden euch mit allem Nötigen versorgen. Fühlt euch wie zu Hause.«

Die drei nickten voller Rührung. Vorsichtig, als wären sie aus zerbrechlichem Porzellan, führten die Matrosen sie ins Innere des Schiffes. Ohne ihre Hilfe hätten Samu, Filo und Etueni keinen Schritt allein machen können. Sie bewegten sich vorwärts wie ungelenke Marionetten. Ein älterer Mann mit weißem Bart, Hawaiihemd und roter Baseball-Mütze kam ihnen unter Deck entgegen.

»Ich bin Kapitän Joe Soares«, sagte er freundlich und schüttelte ihnen die Hände. »Wie fühlt ihr euch?«

»Gut«, antworteten die Jungen tränenüberströmt. »Sehr gut!«

»Ihr habt großes Glück, dass wir euch gefunden haben«, sagte Soares. »Ihr müsst wissen, wir befinden uns nicht auf unserer üblichen Route. Hätten wir nicht den Kurs gewechselt, wären wir gar nicht hier vorbeigekommen. Und vierhundert Meter weiter backbord oder steuerbord, und wir hätten euch und euer Dingi übersehen. Es gibt also noch Wunder.« Er lächelte fasziniert. »Und wie heißt ihr? Woher kommt ihr?«

Filo, der am besten von ihnen Englisch sprach, nannte ihre Namen.

»Wir kommen von Tokelau«, sagte er.

»Tokelau?« Der Kapitän zog die buschigen weißen Augenbrauen hoch. »Ihr seid die Jugendlichen, die seit Oktober vermisst werden?«

»Ja, wir sind am fünften Oktober losgefahren«, bestätigte Filo.

»Ach du meine Güte«, murmelte Soares kopfschüttelnd. »Ich hab davon gehört. Das ist sechs, nein, über sieben Wochen her! Wir haben heute den vierundzwanzigsten November! Und wir befinden uns nordöstlich der Fidschi-Inseln.«

»Wir sind vor Fidschi?!«, wiederholte Filo ungläubig.

»Ja«, nickte der Kapitän. »Von hier bis Tokelau müssen es über 1 300 Kilometer sein!«

Filo, Samu und Etueni sahen sich an und waren sprachlos. Sie waren in ihrem Dingi sagenhafte 1 300 Kilometer abgedriftet? Dabei hatten sie doch bloß nach Nukunonu fahren wollen! Die Fidschi-Inseln. Sie hatten es bis zu den Fidschi-Inseln geschafft. Es war kaum zu glauben.

Ein Matrose brachte den Teenagern etwas zum Anziehen. Die Hosen und Pullover waren ihnen viel zu weit, so dünn waren sie geworden.

»Ich nehme an, ihr habt Hunger und Durst«, meinte Soares, worauf sich die Gesichter der drei aufhellten.

»Ja, wir könnten Tonnen verschlingen!«, sagte Etueni begeistert.

Der weißhaarige Mann im Hawaiihemd lachte. »Das glaube ich gern. Doch wir müssen es langsam angehen lassen, meine Freunde. In eurem Zustand könnte es gefährlich sein, feste Nahrung zu euch zu nehmen.«

»Aber wir haben Hunger!«

»Ich weiß. Aber euer Magen ist geschrumpft. Er wird große Mengen oder schweres Essen wie Fleisch im Moment nicht vertragen. Wir sollten mit was Leichtem beginnen wie Suppe oder Eiscreme. Was habt ihr überhaupt gegessen auf dem Meer? Hattet ihr die Möglichkeit zu fischen?«

Die Teenager verneinten. Und Filo zählte die spärlichen Mahlzeiten auf, von denen sie sich in den vergangenen sieben Wochen ernährt hatten: Das Einzige, was sie in den vergangenen einundfünfzig Tagen gegessen hatten, war das glibberige, hauchdünne Fruchtfleisch von ungefähr dreiundzwanzig Kokosnüssen (die ersten Kokosnüsse hatten sie ja nur ausgetrunken und fortgeworfen), drei Fischlein von der Größe ihres kleinen Fingers, ein Fischlein von ungefähr fünfzehn Zentimeter Länge, eine Seemöwe, an die zwölf fingerbeerengroße Seepocken und die Hälfte der vorderen Sitzbank. Das ergab für jeden grob geschätzt zwei Teller Essen, allerdings verteilt auf einundfünfzig Tage.

»Das gibt's doch nicht!«, sagte der Kapitän fassungslos. »Dass ihr überhaupt noch lebt, ist ein Wunder. Einfach unglaublich ...«

Er begleitete die drei in die Kombüse. Beim Anblick all der leckeren Vorräte waren die Jungen so perplex und überwältigt, dass ihnen beinah die Augen aus dem Kopf kugelten. Es fiel ihnen schwer zu glauben, dass sie nicht träumten. Geschah das alles wirklich? Waren diese Nahrungsmittel echt? Oh, wie oft hatten sie in den vergangenen Wochen in ihrer Fantasie die leckersten Gerichte verzehrt, hatten sie gerochen, hatten sie geschmeckt, so intensiv, dass ihnen dabei das Wasser im Mund zusammengelaufen war. Und doch war alles nur eine Illusion gewesen und die Speisen waren nie in ihrem Magen angekommen.

Am liebsten hätten sie sich wie Wölfe auf die Schränke gestürzt und alles herausgerissen und in sich hineingestopft, was essbar war. Aber der Kapitän betonte noch einmal, dass sie ihren ausgehungerten Körpern Zeit geben mussten, sich wieder an Nahrung zu gewöhnen. Er reichte jedem ein Glas Wasser. Filo starrte auf sein Glas, als hätte er noch nie in seinem Leben eins gesehen. Ihm kamen schon wieder die Tränen. Auch Samu hatte erneut feuchte Augen. Und Etueni blickte sein Glas nur mit offenem Mund an und war sprachlos. Nie hätten sie gedacht, dass sie ein Glas Wasser derart aus der Fassung bringen könnte. Sie tranken es gierig leer und Soares schenkte nach. Endlich ihren Durst löschen zu können, war einfach unbeschreiblich. Danach gab Soares ihnen Saft und kleine Brotbrocken. Das Brot schmeckte den Jugendlichen vorzüglich. Es musste das beste Brot der Welt sein. Ja, es kam ihnen so vor, als wären ihre Geschmacksnerven um ein Vielfaches sensibler als früher. Etueni wollte unbedingt einen Apfel essen. Doch ihm wurde schlecht davon, und er erbrach sich in eine Schüssel.

Nachdem sie genug gegessen und getrunken hatten, duschten sie ausgiebig und wuschen sich all das Salz und den Schmutz vom Körper. Sie fühlten sich wie neugeboren. Anschließend wurden sie auf die Brücke geführt, wo Kapitän Joe Soares und der erste Maat Tai Fredricsen sie erwarteten.

»Eure Geschichte ist wirklich unglaublich«, sagte Tai. »Ist euch eigentlich klar, wie gering die Wahrscheinlichkeit ist, ein kleines Dingi wie eures inmitten des Pazifiks direkt vor dem Bug zu haben? Was hier geschehen ist, ist ein absolutes Wunder. Anders kann man es nicht bezeichnen. Ihr solltet dem da oben wirklich dankbar sein.«

»Das sind wir«, sagte Filo ernst, und Samu und Etueni nickten zustimmend.

»Möchtet ihr eure Eltern anrufen?«, fragte sie der Kapitän.

Was für eine Frage. Natürlich wollten sie das. Sie scharten sich um das Telefon, stellten auf Lautsprecher, und Samu wählte die Nummer seines Onkels. Es klingelte ein paarmal, bevor sich eine weibliche Stimme meldete. Es war Samus Großmutter.

»Ja? Wer ist da?«

»Großmutter. Ich bin's. Samu.«

Für ein paar Sekunden war es totenstill. Dann schrie die Großmutter laut auf.

»Samu! Ich glaub, ich träume, Samu! Bist du es wirklich?!«

»Ja, Großmutter. Ich bin es. Wir sind am Leben. Man hat uns gefunden!«

»Ach du liebes bisschen. Ich fass es nicht. Ich glaube, ich muss tanzen!«, rief die Großmutter aufgeregt. Sie ließ den Hörer fallen, und Samu, Filo und Etueni hörten, wie sie aus dem Haus stürmte. Sie hörten sie im Hintergrund schreien vor Freude.

»Sie sind gefunden!«, rief sie mit kräftiger Stimme. »Sie sind gefunden! Sie sind gefunden!!!«

Samu schniefte. Die Tränen rollten ihm die Wangen hinunter. Er stellte sich vor, wie seine Großmutter die Korallenstraße auf und ab rannte und vor Freude tanzte. Durch den Lautsprecher war zu hören, wie sie immer und immer wieder rief: »Sie sind gefunden! Unsere Jungen! Sie sind gefunden!« Das Haus von Samus Onkel

Mele befand ziemlich in der Mitte des Dorfes, und die frohe Kunde verbreitete sich wie ein Lauffeuer auf Atafu. Innerhalb kürzester Zeit schien sich das ganze Dorf vor und in dem Haus versammelt zu haben. Jubelschreie waren zu hören. Die Leute lachten und weinten. Alle waren überglücklich.

Etuenis Mutter kam ans Telefon und wechselte ein paar Worte mit Etueni. Etueni brachte vor lauter Emotionen fast keinen Ton heraus. Dann wurde Filos Vater ans Telefon geholt. Er war völlig außer Atem, als wäre er einen weiten Weg gerannt.

»Filo?«, sagte er. »Mein Junge, bist du das?«

»Vater«, sagte Filo. Seine Augen quollen über. Er wollte weitersprechen, aber es ging nicht. Er weinte laut und bitterlich. Am anderen Ende der Leitung hörte Filo auch seinen Vater schluchzen und schreien.

»Vater«, brachte Filo endlich mit tränenerstickter Stimme hervor. »Es tut mir so leid, was ich getan habe. Es tut mir alles so schrecklich leid.«

»Es ist mir egal, was du getan hast«, antwortete sein Vater. »Komm einfach nach Hause, mein Sohn. Komm nach Hause!«

22 EIN WUNDER

Tai Fredricsen stellte den Jungen seine private Koje zur Verfügung, die sie sich zu dritt teilten. Ein weiches Bett, frische Bettlaken, eine trockene Bettdecke. Samu, Filo und Etueni kamen sich vor wie im siebten Himmel. Sie schliefen wie Babys in der Wiege, aneinandergekuschelt und geborgen. Sie waren in Sicherheit. Sie waren gerettet. Der Albtraum war vorbei. Sie konnten endlich nach Hause.

Am nächsten Tag, nachdem die Crew der *San Nikunau* sich herzlich von ihnen verabschiedet und ihnen alles Gute gewünscht hatte, wurden die drei von einem Marinepatrouillenboot aufgenommen, das sie nach Suva, der Hauptstadt der Fidschi-Inseln, brachte. Links und rechts von kräftigen Marinesoldaten gestützt, verließen sie das Boot und betraten endlich, nach abenteuerlichen dreiundfünfzig Tagen, wieder festes Land. Da sie so lange auf dem Meer gewesen waren, hatten sie das Gefühl, betrunken zu sein, als sie die ersten Schritte an Land machten. Der Boden schwankte bedrohlich und kam ihnen entgegen. Ihnen wurde schwindlig, und sie waren froh, von starken Händen festgehalten zu werden, um nicht hinzufallen. Man hatte ihnen eine Infusion in die Hand gesteckt, und die Männer, die sie stützten, hielten die Infusionsbeutel hoch, während sie ihnen in den bereitstehenden Krankenwagen halfen. Etueni kollabierte und wurde auf die Pritsche gelegt. Samu und Filo waren kräftig genug, um zu sitzen. Sie sahen ein paar Reporter, die allerdings von den Marinesoldaten abgewimmelt wurden.

Unverzüglich wurden Samu, Filo und Etueni ins Krankenhaus gebracht, um medizinisch behandelt zu werden. Sie hatten Verbrennungen zweiten Grades, Pilzinfektionen und Hautausschläge am ganzen Körper. Sie waren extrem ausgetrocknet, hatten massiven Muskelschwund und eine stark erhöhte Herzfrequenz. Dennoch befanden sie sich in einem erstaunlich guten Zustand, wenn man bedachte, was sie durchgemacht hatten. Die Ärzte sagten, dass sie keine weitere Woche überlebt hätten, im Höchstfall ein paar Tage.

Während sie in ihren Krankenhausbetten lagen, erhielten sie Besuch von einer Vertreterin der neuseeländischen Botschaft. Da Tokelau eine Kolonie Neuseelands ist, war die neuseeländische Botschaft damit beauftragt worden, sich um das Wohl der verschollenen Tokelauer zu kümmern. Die Frau informierte die Teenager, dass sie nach ihrem Krankenhausaufenthalt im Haus des Botschafters untergebracht würden, bis sie kräftig genug wären, um die Reise nach Westsamoa und von dort nach Tokelau anzutreten. Ihr Dingi war bereits unterwegs dorthin. Samu und Filo wurden nach nur einem Tag aus dem Krankenhaus entlassen. Etueni musste vier Tage bleiben, da er sich etwas langsamer erholte. Aber Samu und Filo gingen ihn jeden Tag besuchen. Die Ärzte waren erstaunt über ihre schnelle körperliche Genesung. Ein Psychiater, der die drei untersuchte, äußerte sich auch sehr zuversichtlich über ihre psychische Verfassung. Er meinte, junge Leute seien unverwüstlich und würden Tragödien im Normalfall weit besser verarbeiten als ältere Leute. Er glaube nicht, dass mit Langzeitschäden zu rechnen wäre.

»Aber sie werden dieses Erlebnis nie vergessen. Sie werden es immer im Gedächtnis behalten, ihr Leben lang.«

Dass die drei kein Trauma erlitten hatten, wurde spätestens dann klar, als die Vertreterin der Botschaft ihnen ein ordentliches Taschengeld gab und sie sich davon nicht nur Kleidung, sondern auch heimlich Alkohol und Zigaretten kauften. So viel zu dem Versprechen, das sie Gott gegeben hatten, nie wieder zu rauchen oder zu trinken.

Wie angekündigt, stellte der neuseeländische Botschafter ihnen sein Gästezimmer zur Verfügung. Es war sehr luxuriös, mit einem großen Fernseher und weichen Betten. Im Garten gab es einen Swimmingpool, den sie jederzeit benutzen durften. Der Botschafter hatte mehrere Köche, die für ihn arbeiteten, und jeder der Jungen durfte sich seinen ganz persönlichen Koch aussuchen, der ihm jeden kulinarischen Wunsch erfüllte. Die drei kamen sich vor wie Könige. Etueni wählte eine Köchin von den Philippinen und bat sie als Erstes, ihm eine große Pizza zu backen, mit viel Käse und Speck belegt.

In der Nacht schlichen sie sich in die Küche und verschlangen Schachteln von Frühstücksflocken und literweise Milch dazu. Am Morgen wurde ihnen ein fürstliches Frühstück serviert mit verschiedenen Backwaren, Rührei, Schinken, Käse, Pfannkuchen, Bohnen, Würstchen und einer reichen Auswahl an geschnittenen Früchten. Sie langten kräftig zu und aßen und aßen und tranken und tranken. Zum Mittagessen bestellte Filo Hühnchen mit Reis. Zum Abendessen gebackenes Hühnchen mit Pommes frites. Sie hielten sich fast nur noch in der Küche auf und verschlangen Unmengen von Essen, schaufelten Päckchen um Päckchen asiatische Fertignudeln mit Hühnchengeschmack in sich hinein, bis sie beinahe platzten. Sie konnten einfach nicht genug davon bekommen.

Natürlich erregte ihre spektakuläre Geschichte viel Aufsehen in den Medien. Weltweit wurde über die drei Teenager und ihre wundersame Rettung berichtet. Alle waren erstaunt, dass die Jugendlichen noch lebten. Selbst den Reportern fiel es schwer, sachlich zu bleiben vor lauter Faszination über das, was geschehen war.

»Es ist ein Wunder, es ist ein Wunder!«, sagte Tanu Filo dem Sender Radio Neuseeland. »Das ganze Dorf ist außer sich. Alle weinen, singen Lieder und umarmen sich mitten auf der Straße. Alle schreien einander die gute Nachricht zu.«

Der Kommandant des Marinepatrouillenboot meinte: »Ich danke Gott, dass er diesen drei Teenagern eine zweite Chance gegeben hat.«

Als Kuresa Nasau offiziell darüber informiert wurde, dass die drei Jungen gefunden waren, setzte er sich hin, weinte und sagte tief bewegt:

»Sie sind von den Toten zurückgekehrt.«

Gegenüber der Presse erklärte er: »Es ist ein Wunder, dass die drei überlebt haben. Atafu ist explodiert vor Freude. Und auch die anderen Inseln. Wir haben besondere Gottesdienste abgehalten, um dem Allmächtigen zu danken, dass er die drei beschützt hat. Wir feiern immer noch.«

»Für die drei tokelauischen Teenager hat das Wort Wunder eine völlig neue Bedeutung erhalten«, schrieb ein Journalist.

Internationale Fernsehsender wie CNN schalteten live zu Tai Fredricsen auf das Thunfischboot *San Nikunau*, um aus erster Hand zu erfahren, wie sich alles zugetragen hatte. Auch Tai sagte, es sei ein Wunder, dass sie die drei Jungen gefunden hätten.

Es gab fast niemanden, keinen Journalisten, keine Zeitung, keinen Insulaner und keinen, der die Jugendlichen persönlich gesehen hatte, der das Wort Wunder nicht in den Mund nahm. Denn anders war das Überleben der drei und ihre Rettung schlicht und einfach nicht zu erklären.

Wenn Samu, Filo und Etueni durch die Straßen gingen, wurden sie angestarrt, als wären sie von den Toten auferstanden. Und im Grunde waren sie das ja auch. Sie konnten noch nicht besonders gut gehen und bewegten sich nur ganz langsam und sehr hölzern vorwärts. Aber es wurde von Tag zu Tag besser. Wildfremde Menschen sprachen sie an, sagten ihnen, wie gut Gott sei und dass er sie liebe. Einige steckten ihnen Geld zu, vielleicht, weil sie Mitleid mit ihnen hatten und ihnen etwas Gutes tun wollten nach all den Strapazen, die sie erduldet hatten. Die drei hatten so viel Geld, dass sie sich alles kaufen konnten, was sie wollten. Sie hatten auch jede Menge »Ruhe in Frieden«-Facebook-Einträge von Freunden, die sie für tot geglaubt hatten. Und Filo erfuhr, dass von seinen zehn Schweinen anscheinend nur noch vier übrig waren, weil die anderen für seine eigene Trauerfeier geschlachtet worden waren. Das ärgerte ihn ein bisschen.

Sie wurden von Reportern belagert wie von einem hartnäckigen Fliegenschwarm. Massenweise strömten Journalisten aus aller Welt herbei und stellten ihnen immer und immer wieder dieselben Fragen. Einige versuchten, über den Zaun der Botschaftervilla zu klettern, um ein Exklusivbild von ihnen zu knipsen. Es gab Pressekonferenzen und Interviews. Ihr Bild war in allen Zeitungen abgedruckt. Sogar in China wurde von ihrer sagenhaften Geschichte berichtet. Der Wirbel um die drei verschollenen und geretteten Teenager war riesig.

Zu Beginn genoss Filo all die Aufmerksamkeit, die ihnen geschenkt wurde, und es gefiel ihm, plötzlich so interessant zu sein und auf der Straße von den Leuten erkannt zu werden. Wenn jemand ganz verblüfft zwischen ihm und dem Zeitungsbild hin- und herschaute, nickte er meist freundlich und grinste. Er kam sich vor wie Tupac. Aber mit der Zeit fand er es nicht mehr so toll, berühmt zu sein, und hätte die Reporter und Gaffer und Fotografen am liebsten alle auf den Mond geschickt. Er wollte einfach nur seine Ruhe haben und nicht andauernd fotografiert werden und Fragen beantworten, die er schon tausendmal beantwortet hatte.

Eine Frage, die ihm immer wieder gestellt wurde, war, was er aus dieser schrecklichen Erfahrung für sich gelernt hätte und ob er daraus irgendwelche Konsequenzen für sein zukünftiges Leben ziehen würde. Filo wusste nicht, was er darauf antworten sollte. Er wollte einfach nur nach Hause, Rugby spielen, mit seinem besten Freund Samu herumhängen und sein Leben weiterleben. Wieso waren die Erwachsenen nur so erpicht darauf, irgendwelche tiefen moralischen Erkenntnisse von ihm zu hören? Er hatte überlebt. War das nicht gut genug? Viele sagten ihm, Gott hätte bestimmt noch einiges mit ihm vor. Aber er konnte nichts damit anfangen. Was sollte Gott schon Großes mit ihm vorhaben? Der ganze Rummel um seine Person ging ihm auf die Nerven, und er war froh, als sie endlich nach Samoa flogen, um von dort mit dem Schiff zurück nach Tokelau zu fahren.

Samus Familie und Filos Mutter sowie sein Bruder waren extra von Sydney nach Samoa geflogen und erwarteten sie bereits. Es tat gut, sie alle zu sehen. Die Mütter weinten und wollten ihre Söhne gar nicht mehr loslassen. Sie hatten die Hoffnung nie aufgegeben, dass sie vielleicht doch noch am Leben waren. Etuenis Eltern und Filos Vater kamen ihren Söhnen mit dem erstbesten Schiff von Tokelau entgegen. Als die *MV Tokelau* im Hafen einlief, erkannte Filos Vater seinen Sohn schon von Weitem am Pier.

Die Fähre legte an, und kaum war die schräge Rampe angelegt, eilte Tanu von Bord, rannte seinem Sohn entgegen, fiel ihm um den Hals und küsste ihn. Weinend lagen sie sich in den Armen. So standen sie mehrere Minuten da und hielten einander umschlungen. Auch Etuenis Eltern schlossen ihren tot geglaubten Sohn in die Arme. Die Wiedersehensfreude war unbeschreiblich groß. Wer hätte gedacht, dass sie sich jemals wiedersehen würden? Wer hätte gedacht, dass die Geschichte so ausgehen würde?

Am 16. Dezember nahmen sie die Fähre zurück nach Tokelau. Als sie an Bord der *MV Tokelau* gingen, zögerte Etueni einen Moment. Seine Füße waren auf einmal wie festgefroren, und er wagte es kaum, auf den Ozean zu blicken. Aber Samu schob ihn grob auf die Rampe und meinte:

»Sei kein Baby!«

Er sagte Etueni nie, dass es ihm leidtäte, wie hart er ihn auf dem Meer behandelt hatte. Aber Etueni verzieh ihm trotzdem. Sie hatten beide ihre dunklen Geheimnisse voreinander. Das Meer hatte sie beide fast zu Mördern gemacht. Und es war allein Martin Luther King und Gott zu verdanken, dass es nicht so weit gekommen war.

Zwei Tage später, am Morgen des 18. Dezember 2010, knapp elf Wochen, nachdem sie Atafu in ihrem Dingi verlassen hatten, kehrten die Jungen auf ihre Koralleninsel zurück. Das ganze Dorf hatte eine große Willkommensfeier im Versammlungshaus vorbereitet. Alles war festlich geschmückt mit Girlanden, Blumen und Palmblättern. Die Leute jubelten und tanzten vor Freude, als Samu, Filo und Etueni auf dem Verladefloß an Land gebracht wurden. Die Frauen schwangen Palmwedel und hatten sich Blumenkränze umgehängt. Alle sangen im Chor Lieder und klatschten dazu. Alle hatten Freudentränen in den Augen. Die Morgensonne tauchte das

Atoll, die Palmen, den Strand und die Gesichter der Menschen in ein goldenes Licht.

Samu entdeckte Koro zwischen den Leuten. Sie sah bezaubernd aus in ihrem weißen *Lavalava* und der Rüschenbluse. Sie lächelte ihm scheu zu und umschloss mit der rechten Hand die Kette an ihrem Hals. Es war die Kette mit dem Kokosnussanhänger, den Samu extra für sie geschnitzt hatte. Sie hatte ihn also nicht aufgegeben, genau, wie er es ihr in seinen Träumen zugeflüstert hatte. Er wäre am liebsten auf sie zugerannt, hätte sie an sich gezogen und lange und innig geküsst. Aber das strenge Verbot, in der Öffentlichkeit Zärtlichkeiten auszutauschen, hielt ihn zurück, und er begnügte sich damit, mit den Augenbrauen mit ihr zu flirten. Seine Großmutter kam auf ihn zugelaufen. Sie schrie vor Freude laut auf und schlug die Hände vor dem Kopf zusammen, während ihr die Tränen über die Wangen liefen.

»Mein Samu!«, rief sie. »Komm her, mein Junge! Lass dich drücken!« Sie presste ihn mit ihren fleischigen Armen weinend an ihre Brust.

Filo wurde von seiner Stiefmutter und seiner Halbschwester Manueta stürmisch umarmt. Etueni wurde von seinen beiden Schwestern Tase und Caitlin so stürmisch gedrückt, dass er fast keine Luft mehr bekam. Danach wurden sie von der Masse zum *Lotala*-Versammlungshaus geschoben, wo ein riesiges Büfett auf sie wartete. Filo hielt eine kleine Rede und dankte allen für ihre Gebete. Alle drei waren beschämt von dem überwältigenden Empfang, den sie doch eigentlich gar nicht verdient hatten. Etwas betreten entschuldigten sie sich für das, was sie getan hatten, und baten das Dorf um Verzeihung. Es war ein sehr emotionaler Moment, bei dem kein Auge trocken blieb.

Der *Faipule*, barfuß, in einem bunt gemusterten Hemd und mit einem geflochtenen Kranz auf dem Kopf, trat vor. Instinktiv zuckten Samu, Filo und Etueni zusammen und senkten den Blick, um dem Mann nicht in die Augen schauen zu müssen. Im Bruchteil einer Sekunde verwandelten sich die gefeierten Helden in drei eingeschüchterte Schulbuben, die vor lauter Angst vor der drohenden Bestrafung förmlich zusammenschrumpften. Sie hatten entsetzliche Dummheiten gemacht. Sie hatten ein Boot mit brandneuem Motor gestohlen, Benzin geklaut, Wodka getrunken, waren ohne einen *Tautai* aufs offene Meer hinausgefahren. Sie hatten gegen so viele Dorfregeln verstoßen, dass sie keine Gnade erwarten konnten. Eine kollektive Prügelstrafe, abgesegnet vom Staatsoberhaupt von Atafu höchstpersönlich, war wohl unvermeidlich. Doch zu ihrer Erleichterung geschah nichts dergleichen. Kuresa Nasau lächelte sie gutmütig an und drückte im Namen der Dorfbevölkerung seine Freude darüber aus, dass sie gefunden worden waren. Dieses eine Mal hatte die Barmherzigkeit über das Gericht triumphiert. Die Jungen atmeten befreit auf.

Der *Faipule* hob feierlich seinen Trinkbecher, stieß auf die Rückkehr der verschollenen Teenager an, und das Büfett war eröffnet. Sie feierten bis spät in die Nacht hinein. Alle wollten hören, was Samu, Filo und Etueni auf dem Meer erlebt hatten. Hundertmal erzählten sie ihre Geschichte, und die Insulaner kamen nicht mehr aus dem Staunen heraus und priesen Gott für das Wunder ihrer Rettung.

Zu fortgeschrittener Stunde stahlen sich Samu und Filo vom Fest davon und gingen zu ihrem Lieblingsplatz beim Friedhof. Sie setzten sich an den weißen Korallenstrand, die überwachsenen Gräber und raschelnden Palmen hinter sich, das rauschende Meer vor sich. Lange saßen sie einfach nur da, blickten aufs Meer hinaus und schwiegen. Ohne es laut auszusprechen, spürten sie beide, dass sie sich verändert hatten. So vieles war in den vergangenen Wochen geschehen. Sie hatten zusammen gelitten, gehungert, geweint. Sie waren gemeinsam durch die Hölle gegangen, waren dem Tod näher gewesen, als es zwei fünfzehnjährige Teenager wie sie je sein sollten. Sie hatten gekämpft und verloren, hatten den Tod geschmeckt und waren auf wundersame Weise ins Leben zurückgekehrt.

Und sie trugen beide das dunkle Geheimnis mit sich herum, beinahe zu Kannibalen geworden zu sein, ein düsteres Geheimnis, das sie lieber für sich behielten. Keiner außer ihnen selbst würde je verstehen, was sie auf dem Meer wirklich erlebt hatten. Es hatte sie zusammengeschweißt. Sie waren nicht mehr nur beste Freunde, sie waren Brüder.

»Danke, dass du mir das Leben gerettet hast«, sagte Filo nach einer Weile.

»Hätte doch jeder getan«, winkte Samu bescheiden ab, aber Filo schüttelte den Kopf.

»Nein, das hätte nicht jeder getan. Was du für mich getan hast, war das Mutigste, was ich je gesehen habe. Ganz im Ernst.«

»Ach, hör auf«, murmelte Samu. Er sah sich nicht als Held. Er hatte Filo gerettet. Aber er hätte auch beinahe Etueni getötet. Nein, er war, weiß Gott, kein Held.

Wieder schwiegen die beiden, und jeder hing seinen eigenen Gedanken nach.

»Schon irgendwie unfair«, meinte Filo nach einer langen Pause. »Wir hatten doch eigentlich vor, von hier zu fliehen. Und jetzt sitzen wir schon wieder hier fest.«

»Ja«, murmelte Samu und spielte mit den Fingern im Sand.

»Meinst du, es wird sich je irgendwas ändern auf Atafu?«, überlegte Filo. »Ich meine, an den blöden Gesetzen und so?«

»Glaub ich nicht«, erwiderte Samu.

»Ich auch nicht«, sagte Filo und zog den Mund schief.

Er hatte sich so sehr nach Freiheit gesehnt, hatte sein Leben riskiert, um aus dem moralischen Käfig der kleinen Südseeinsel auszubrechen, und wo war er gelandet? Wieder in seinem Käfig. Sicher, heute Nacht stand der Käfig noch weit offen. Heute Nacht war er nicht der verhasste *Palagi*, der mit seinen Ideen und Streichen die Jugend verdarb und allen ein Dorn im Auge war. Aber die heutige Nacht würde nicht ewig dauern, das Wohlwollen ihm gegenüber nicht ewig anhalten. Das Törchen würde sich schließen, der Schlüssel würde sich im Schloss herumdrehen, und alles wäre wieder beim Alten. Filo wäre wieder der Schandfleck der ganzen Dorfgemeinschaft und würde täglich seine Prügel einstecken wie eh und je.

Die Vorstellung, dass er hier auf diesem trostlosen Quadratkilometer Korallenriff in der Südsee womöglich sein ganzes Leben verbringen musste, war einfach unerträglich. Er konnte hier nicht bleiben. Die Insel und das Denken der Menschen waren zu eng für ihn. Er konnte doch nicht sein ganzes Leben lang Schweine füttern, in der Bibel lesen und ein braver Junge sein! Er wollte leben! Er wollte frei sein! Er wollte selbst Entscheidungen treffen, ob sie nun gut waren oder schlecht. Er wollte seinen eigenen Weg finden, ohne ständig auf dieser Schaukel zwischen folgsam und unfolgsam hin und her zu balancieren und zu wissen, dass er eins auf den Deckel bekam, sobald er sich zu weit auf die unfolgsame Seite wagte. Das war doch kein Leben, das war eine Zwangsjacke! Und er würde darin ersticken!

»Erinnerst du dich an den Abend des Tanzwettbewerbes?«, fragte Filo Samu. »Als ich dich fragte, wo du leben wolltest, wenn du die Wahl hättest?«

»Ja.«

»Und?«, stellte ihm Filo dieselbe Frage erneut. »Möchtest du lieber hierbleiben oder zu deinen Eltern nach Sydney ziehen?«

»Ich möchte nach Sydney ziehen«, sagte Samu, und es klang, als hätte er schon länger darüber nachgedacht.

»Ich auch«, sagte Filo. »Wir sollten mit unseren Müttern reden. Ich glaube, sie werden uns den Wunsch nicht abschlagen können nach allem, was wir durchgemacht haben.«

»Stimmt«, nickte Samu. »Wie weit würden wir dann voneinander entfernt wohnen?«

»Nur wenige Häuserblocks«, erklärte ihm Filo. Er sah seinen Freund an und grinste spitzbübisch. »Wir werden jede Menge Spaß haben in Sydney. Das versprech ich dir.«

Er streckte Samu die Faust entgegen, und Samu schlug ein. Und mit dem Blick auf das weite Meer gerichtet, stieß Filo einen abenteuerlustigen Schrei aus und rief aus vollem Halse:

»Sydney, wir kommen!«

23 DER VERSCHOLLENE SOHN

18. August 2013, in Sydney, Australien

Zweieinhalb Jahre waren seit jener unfassbaren Geschichte vergangen. Samu, Filo und Etueni waren zweieinhalb Jahre älter geworden. Etueni war siebzehn und lebte immer noch auf Atafu, wo er sehr glücklich zu sein schien. Auf seinen Facebook-Bildern lachte er jedenfalls immer. Samu und Filo waren achtzehn und lebten beide in Sydney, nur wenige Straßen voneinander entfernt. Bei meinem dritten Gespräch mit Filo, als wir in der Garage seines Hauses redeten, fragte ich ihn, ob er je nach Atafu zurückgekehrt wäre.

»Nein«, sagte er. »Weder Samu noch ich sind je zurückgekehrt. Und ich hab es auch nicht vor. Ich hab's gehasst dort. Zu viele Regeln und keine Möglichkeit, sich zu amüsieren. Obwohl – nach unserer Rückkehr damals hat sich doch einiges geändert. Plötzlich liefen die Dinge so, wie wir es wollten. Das Dorf schaffte sich zum Beispiel mehr Computer an, und das Internet wurde auch viel schneller. Vorher hatten nur die Alten etwas zu sagen, und die Jungen mussten schweigen und gehorchen und wurden hart bestraft, wenn sie sich nicht an die Regeln hielten. Nach unserer Rückkehr überdachte die *Taupulega* die vielen Gesetze und schaffte ein paar davon ab. Es gab immer noch Regeln, aber es waren Regeln, die Sinn machten, zum Beispiel, dass man erst mit achtzehn trinken darf und solche Sachen. Die Kinder wurden nicht mehr so oft verprügelt, auch in der Schule nicht. Ich denke, die Leute hatten erkannt, dass es besser ist, mit den Kindern zu reden, statt sie zu schlagen. Vielleicht hatten die Erwachsenen auch einfach nur Angst davor, dass ihre Kinder auf dieselbe Idee kommen könnten wie Samu, Etueni und ich. Jedenfalls hat unsere Flucht wirklich was bewegt. Aber Samu und ich wollten trotzdem nicht bleiben. Wir blieben noch ungefähr einen Monat auf Atafu, dann zogen wir beide hierher nach Sydney.«

»Unternehmt ihr noch viel zusammen?«, fragte ich Filo.

»Nicht mehr so viel wie früher«, sagte Filo. »Wir sehen uns zwar noch oft, aber Samu ist nicht in der Gang. Damit möchte er nichts zu tun haben. Er hat sich verändert, aber in einer guten Art. Als wir auf Atafu gelebt haben, war uns alles egal. Ob unsere Handlungen seinen Onkel oder meinen Vater verletzten, war uns vollkommen gleichgültig. Hauptsache, wir hatten unseren Spaß. Heute ist das anders. Wir leben bei unseren Müttern. Ich würde meine Mutter nie verletzen wollen. Ich meine, sie ist meine Mutter. Samu denkt genauso.«

»Seid ihr immer noch beste Freunde?«

»Samu ist viel mehr als mein bester Freund.« Filos Stimme wurde ganz weich bei diesen Worten. »Ich schaue zu ihm auf und bewundere ihn für das, was er für mich getan hat. Wann immer er vorbeikommt, behandle ich ihn wie einen König.« Er sagte es ehrfürchtig, voller Respekt. »Er hat mein Leben gerettet. Ich würde alles für ihn tun.« Er nickte mit dem Kopf und ich sah in seinen Augen, wie seine Gedanken zurückschweiften zu jenem verhängnisvollen Tag, der ihn beinahe sein Leben gekostet hätte, wenn Samu nicht gewesen wäre.

»Hast du eigentlich je an Selbstmord gedacht?«, wollte ich wissen und holte Filo damit aus seinen Gedanken zurück.

Er verneinte. »Nein, an so was hab ich nie gedacht. Wir wussten, dass wir sterben würden, aber wir hatten keine Angst davor.«

»Hast du schon mal darüber nachgedacht, wohin du kommen wirst, wenn du stirbst?«

»Nein«, sagte er gelassen. »Ich weiß es nicht, ehrlich gesagt. Aber ich habe keine Angst vor dem Tod. Wenn ich sterbe, geh ich da hoch und schau mal, was Gott sagt.« Er lachte.

»Weißt du, als ich dreizehn war«, sagte ich, »hat mir jemand genau dieselbe Frage gestellt – ob ich wüsste, wohin ich komme, wenn ich sterbe. Es ist gut, wenn man das weiß. Die Bibel sagt: Glaube an Jesus Christus und du bist gerettet. Es ist tatsächlich so einfach.«

»Ich glaube, es ist einer da oben, der auf uns achtgibt und seinen

Job macht«, meinte Filo. »Und er macht seinen Job gut. Das tut er wirklich.«

»Ja, du hast es selbst erlebt auf dem Meer.«

»O Mann, das habe ich«, bestätigte Filo und schüttelte fasziniert den Kopf. »Ich sag dir, das war so was von krass, wenn wir gebetet haben. Ich weiß gar nicht, wie ich es sagen soll. Aber sobald wir gebetet haben ...« Er hielt inne, und in seine Augen kam ein Leuchten, ein ungläubiges Staunen wie das eines kleinen Jungen, wenn er sein erstes Fahrrad bekommt. »Also, ich hab so mit ihm geredet, wie ich jetzt mit dir rede, weißt du. Ich hab gesagt: ›Mann, bitte, Gott, wir sind durstig.‹ Es war wie ein Gespräch, so, als stünde Gott direkt neben mir. Und dann schnipst er mit den Fingern, und es regnet.«

»Das ist Gott«, bestätigte ich lachend. »Genau so ist er. Wenn du ihn anrufst, antwortet er dir.«

»O Mann, es war verrückt«, sagte Filo. »Es war so was von verrückt.«

»Und wie oft hat es geregnet?«

»Jedes Mal, wenn wir gebetet haben«, sagte er. »Jedes Mal. Du hast Durst? Bete einfach. So war es. Ich schwöre dir, wann immer wir um Regen gebetet haben, dauerte es keine Minute, und der Himmel war pechschwarz und es regnete. Und *wie* es regnete. Es regnete so stark, dass es wehtat auf der Haut. Und wenn es zu stark schmerzte, haben wir gebetet, dass der Regen aufhört. Dann hörte er tatsächlich auf. Die Sonne kam wieder heraus und es war wie ein ganz neuer Tag, blauer Himmel, strahlende Sonne. Es war verrückt, einfach nur verrückt. Kannst du das glauben?«

Ja, das konnte ich. Und selbst wenn vielleicht mancher daran zweifelt, ich zweifelte keinen Moment an Filos Aussage. Erstens, weil ich seine strahlenden Augen gesehen habe, als er es mir erzählte, und zweitens, weil ich weiß, dass meinem Gott nichts unmöglich ist. Die amerikanischen Flieger, die 1942 im Ozean verschollen waren, hatten nach ihrer Aussage erlebt, wie eine Regenwolke nach einem simplen Gebet plötzlich ihre Richtung änderte und gegen den Wind auf sie zukam und sich genau über ihnen entleerte. Unmöglich? Vom Verstand her schon. Aber wäre ein Wunder denn noch ein Wunder, wenn man es erklären könnte? Und was war mit dem Thunfischboot, das die drei Jungen nur deswegen fand, weil es ausnahmsweise durch Gewässer fuhr, die es eigentlich nie durchquerte? Und was war mit der Aussage der Ärzte, die drei hätten keine Woche länger überlebt, vielleicht höchstens noch ein paar Tage? Sicher, mancher wird dies alles als eine Reihe glücklicher Zufälle bezeichnen. Ich sehe darin die Handschrift Gottes.

Seit ich die Geschichte der drei verschollenen Jugendlichen im Internet entdeckt hatte, hatte sie mich in ihren Bann gezogen. Aber jetzt, nachdem ich von Filo aus erster Hand erfahren hatte, wie es wirklich gewesen war, begeisterte sie mich noch mehr. Je länger ich mich damit beschäftigte, desto mehr fiel mir auf, dass Filos Geschichte große Ähnlichkeiten mit dem biblischen Gleichnis vom verlorenen Sohn[5] hatte:

Auch Filo verließ seinen Vater und wäre in einem fremden Land, respektive auf dem Meer, beinahe umgekommen vor Hunger. Auch er wünschte sich, wenigstens Schweinefutter essen zu können. Aber die Kokosnüsse, die sie normalerweise tatsächlich den Schweinen verfütterten, waren alle aufgebraucht. Auch er bereute, was er getan hatte, und bat seinen Vater um Vergebung. Auch er war tot gewesen und wieder lebendig geworden. Auch er war verloren gewesen und wiedergefunden worden. Filos Vater verhielt sich ebenfalls wie der Vater des verlorenen Sohnes aus der Bibel. Auch er hielt Ausschau nach seinem Sohn, als er sich am Strand ein Zelt aufbaute. Auch er eilte ihm entgegen, sogar mit dem Schiff, fiel ihm um den Hals und küsste ihn und machte Filo keinerlei Vorwürfe wegen dem, was er getan hatte.

---

5   Nachzulesen in Lukas 15,11-32.

Es gab noch weitere Parallelen. In der biblischen Erzählung ist die Rede vom älteren Sohn, der immer beim Vater geblieben war und für ihn geschuftet und ihm kein einziges Mal widersprochen hatte. Er hatte versucht, die Liebe seines Vaters durch Leistung und ein anständiges Leben zu erwerben, und konnte nicht verstehen, warum der Vater ein Fest für den jüngeren Sohn bereitete, der doch immer alles falsch gemacht hatte. Ich musste an die Dorfbevölkerung auf Atafu denken und all ihre strengen Regeln und moralischen Gesetze, die bei Nichteinhaltung mit harter Strafe geahndet wurden. Die Insulaner waren gottesfürchtige Menschen. Aber sie hatten die Freiheit des christlichen Glaubens gegen das Erfüllen von Vorschriften eingetauscht.

Tun wir Christen nicht oft dasselbe? Wie oft schlagen wir Menschen wie Filo in die Flucht, weil wir ihnen keine Freiheit, sondern ein eng geschnürtes moralisches Korsett präsentieren, das wir nicht einmal selbst in der Lage sind zu tragen. Wie gut, dass Gott gnädiger und barmherziger ist, als wir es oftmals sind. Wie gut, dass Gott Filo auf dem Meer nicht erst seine Sünden vorhielt, bevor er sein Gebet beantwortete. Wie gut, dass wir zu ihm kommen können, wie wir sind – mit Schuld beladen, voller Fehler, kaputt und völlig nackt, bekehrt oder nicht. Und wenn wir zu ihm beten, aus aufrichtigem Herzen, dann antwortet er und überschüttet uns mit dem Regen seiner Gnade. Jedes Mal. Jedes einzelne Mal. Jemand hat einmal gesagt: »Gott ist immer nur ein Gebet weit entfernt.« Und genau das haben Samu, Filo und Etueni auf dem Meer in eindrücklicher Weise erlebt.

Und die Geschichte war ja noch nicht zu Ende! Gott schrieb weiter, gerade in diesem Moment, und ich fand mich mitten in der Geschichte wieder! Gott hatte mir Filo praktisch vor den Bug geweht, so wie er ihn vor den Bug der *San Nikunau* geweht hatte. Er war zum zweiten Mal verschollen, so erschien es mir. Er trieb in gefährlichen Gewässern mit seinem Gang-Leben und den Straßenkämpfen und dem Zukunftstraum, in einem Käfig professionell Menschen k. o. zu schlagen. Damals auf dem Meer hatte

Gott zwar Filos Leben gerettet, aber sein Herz war verschollen geblieben. Und ich wünschte mir nichts mehr, als dass es durch eine Begegnung mit Jonathon Walker und einem Besuch in einer lebendigen Gemeinde gefunden würde.

24   DER GOTTESDIENST

25. August 2013, in Sydney, Australien

Dies war der Höhepunkt meiner Buchrecherche. Auf diesen Tag
hatte ich hingefiebert wie ein kleines Kind auf Weihnachten. Dies
war mein letzter Sonntag in Sydney und der Tag, an dem ich Filo
mit in die *Hillsong*-Gemeinde nehmen und ihn mit Jonathon bekannt machen wollte. Filo hatte mir ja zugesagt, dass er mitkommen
würde, Jonathon auch, und soviel an mir lag, hatte ich alles getan,
was in meiner Macht stand, damit dieses Treffen zustande kam. Ich
hatte sogar am Samstag dafür gefastet, etwas, was ich sonst selten
bis nie tue. Na ja, ich hatte dabei nicht auf alles Essen verzichtet.
Aber jemand hatte mir einmal erklärt, fasten würde bedeuten, zu-
gunsten einer Sache ganz bewusst auf etwas zu verzichten, was man
sehr mag.

Somit beschloss ich, auf das zu verzichten, was ich am allerliebs-
ten mochte – und den letzten Schokoladenkeks in der Schachtel liegen zu lassen. Man würde kaum glauben, was für ein innerer Kampf
es sein kann, einen ganzen Tag lang einem einzigen letzten, verfüh-
rerischen Schokoladenkeks zu widerstehen. Ich liebe Schokolade,
und diese Sorte gab es in Deutschland nicht. Sie hieß »Einfach gött-
lich«, und darunter stand in geschlungener Schrift auf der Packung:
»Völlig unwiderstehliche Kekse in Echtmilchschokolade.« Ich habe
die Kekse packungsweise verschlungen, so unglaublich gut waren
sie. Und diesen einen letzten Keks nicht zu essen, war für mich ein
fast übermenschliches Opfer, obwohl es im Grunde absolut lächerlich war im Vergleich zu dem, was Filo auf dem Meer ausgestanden
hatte.

Aber ich war noch nie so gut gewesen im Fasten, also dachte ich,
ich fange klein an. Und es war mir wirklich sehr ernst damit. Ich
wollte *unbedingt*, dass Filo einen Gottesdienst in der *Hillsong*-Ge-

meinde erlebte. Ich wollte *unbedingt*, dass er den Ex-Gang-Anführer Jonathon kennenlernte. Es *musste* einfach klappen, auch wenn die Gemeinde sich auf feindlichem Gang-Territorium befand und Filos Mutter mir bisher immer einen Strich durch die Rechnung gemacht hatte. Diesmal *musste* es klappen. Es *musste* einfach!

Jonathon schrieb mir in einer E-Mail, es wäre ihm nicht möglich, Filo abzuholen, da er vorher mit einem Freund fischen ginge. Aber er würde auf jeden Fall zur *Hillsong*-Gemeinde kommen und uns beim Eingang treffen. Kein Problem. Nathanael, ein Schweizer aus der *Hillsong*-Wohngemeinschaft, besaß ein Auto und erklärte sich bereit, den Fahrdienst zu übernehmen. (Nathanael kam aus Adelboden und hatte prompt ein Navigationssystem in berndeutschem Dialekt eingebaut, worüber ich mich kugelte vor Lachen. Ich bat ihn sogar, ein paarmal absichtlich falsch zu fahren, weil es sich einfach zum Schreien anhörte, wenn die Stimme langsam und gemütlich sagte: »Jetzt häsch's glaub lätz verstande, tuesch luege ...«)

Wir erreichten Filos Haus. Ich fand ihn in der Wohnzimmergarage. Er war frisch geduscht und wirkte ganz aufgeregt. Er trug schwarze Jogginghosen und fragte mich, ob es in Ordnung wäre, so gekleidet zu einem Gottesdienst zu gehen. Ich schmunzelte und sagte ihm, das sei völlig okay.

»Darf meine Freundin Nina auch mitkommen?«

»Klar«, sagte ich.

Filo ging zur Kommode und holte die Holzschatulle vom Schrank, in der er die Fotos von damals aufbewahrte. Er öffnete sie und fischte eine Kette heraus. Es war eine schwarze Schnur mit einem aus Perlmutt gefeilten Anhänger in Form einer kleinen Schildkröte.

»Hier«, sagte Filo und gab mir die Kette. »Für dich.«

»Für mich? Danke!« Ich war ganz gerührt. Filo hatte mir die handgemachte Kette von Atafu schon bei meinem letzten Besuch gezeigt, und ich hatte ihm gesagt, wie hübsch sie sei. Und jetzt schenkte er sie mir! Einfach so! Das hatte ich überhaupt nicht erwartet. Ich hängte sie mir gleich um.

Wir gingen zum Auto. Ich betete immer noch Sturm, dass nicht plötzlich Filos Mutter aus dem Haus kam und es ihm doch noch in letzter Sekunde verbot mitzukommen. Zugetraut hätte ich es ihr. Aber – Gott sei Dank! – ließ sie sich nicht blicken. Auf dem Weg nach Parramatta bedankte sich Filo bei mir, dass ich ihn mit zum Gottesdienst nahm. Während uns die Stimme des Berner Komikers Rüedu mit witzigen Kommentaren auf Bärndütsch durch Sydney lotste, quetschte Nathanael Filo über sein Abenteuer auf dem Meer aus, und genau wie bei mir strahlte Filo, als er ihm erzählte, wie es jedes Mal geregnet hatte, wenn sie gebetet hatten.

Das *Hillsong*-Gebäude war riesig, fast wie ein kleines Stadion. Hunderte von Menschen tummelten sich vor dem Eingang. Ich hielt Ausschau nach Jonathon und hoffte, dass er beim Fischen nicht die Zeit vergessen hatte. Er *musste* einfach kommen! Er und Filo *mussten* sich einfach kennenlernen! Und heute Abend war die Gelegenheit dazu, wahrscheinlich die einzige Gelegenheit, die sich bieten würde. Etwas nervös schaute ich mich um.

Komm schon, komm schon, dachte ich. *Lass mich jetzt nicht hängen, Jonathon! Wo steckst du bloß?*

Endlich. Nach ungefähr fünf Minuten entdeckte ich den Hünen in der Menschenmasse. Er trug wieder seine schwarze Wollmütze und legere Kleidung wie ein Rapper. Da er alle um einen Kopf überragte, war er nicht zu übersehen. Ich atmete auf. Gott sei Dank! Jonathon war da, Filo auch. Das Treffen fand statt! Ich war furchtbar gespannt, wie Filo auf den Ex-Gang-Führer reagieren würde. Hoffentlich ging meine Rechnung auf. Hoffentlich war Jonathon wirklich genau der richtige Mann, um Filo aus der Reserve zu locken.

Der Maori war mit seiner Frau gekommen und schritt fröhlich lachend auf uns zu. Wir begrüßten uns, und ich machte Jonathon und Maria mit Filo, Nina und Nathanael bekannt. Ich hatte Filo erzählt, dass Jonathon kommen würde und dass er bis vor zwei Jahren Anführer einer Gang gewesen sei. Filo war ziemlich steif und zurückhaltend, als er Jonathons Hand schüttelte. Er sagte auf einmal keinen Ton mehr und wirkte fast ein wenig eingeschüchtert.

Jonathon versuchte, mit ihm ins Gespräch zu kommen, doch Filo blieb auf Abstand. Ob ich mich getäuscht hatte? Nun, wir würden sehen. Viel Zeit zum Reden hatten wir im Moment ohnehin nicht, da der Gottesdienst gleich begann. Jonathon und Maria hatten bereits anderswo Sitzplätze reserviert und sagten, sie würden uns im Anschluss wieder hier am Eingang treffen. Also trennten wir uns und betraten die Halle.

Sie war gigantisch groß, die Bühne ebenfalls. Ich war noch nie in einer so großen Gemeinde gewesen. Sie bot bestimmt Platz für viertausend Leute und war zum Bersten voll. Links und rechts von der Bühne hingen zwei enorme Bildschirme für die Live-Übertragung. Wir fanden einen Platz unten in der hintersten Reihe. Filo und Nina setzten sich ganz außen an den Rand, und ich hoffte, dass sie nicht plötzlich wieder aufstehen und hinausgehen würden, weil sie sich nicht wohlfühlten. Als dann das Licht gedimmt wurde, die Band zu spielen begann, der laute Bass durch die Halle dröhnte und die Menschen wie bei einem Pop-Konzert aufsprangen, die Hände hoben, klatschten und sangen, fürchtete ich erst recht, es könnte zu viel für Filo sein. Ich hatte ihn zwar vorgewarnt, dass der Gottesdienst, den wir besuchten, sehr modern wäre und nicht ganz das, was er sich vermutlich darunter vorstellte. Am liebsten hätte ich zu ihm hinübergeschielt, um seinen Gesichtsausdruck zu checken, traute mich aber nicht.

Entspann dich, beruhigte ich mich selbst. *Du hast deinen Teil getan. Ab hier übernimmt Gott.*

Und das tat er. Und *wie* er das tat! Mir war gesagt worden, *Hillsong* hätte gerade diesen Monat jeden Sonntagabend ein ganz außergewöhnliches Programm, aber keiner wusste, wer heute predigte, noch worüber. Nathanael vermutete, es könnte ein gewisser Brendan Brown sein, war sich aber nicht sicher. Ich betete einfach, dass es nicht irgendeine intellektuelle Predigt sein würde, sondern etwas Praktisches, womit Filo auch was anfangen konnte. Ich hatte ja keine Ahnung, was uns erwartete ...

Die Anbetungszeit war zu Ende, das Publikum setzte sich. Erst jetzt fiel mir ein Boxring auf, der mit ein paar Seilen und vier Pfosten auf der Bühne aufgebaut war. Auf den Großbildschirmen wurde ein Video gezeigt, in dem zwei Sportreporter einen Kampf in der Arena ankündigten. Zwischendurch waren ein paar Szenen von einem Mann hereingeschnitten, der seilsprang, am Strand joggte und einen Boxsack bearbeitete. Nathanael, der neben mir saß, flüsterte mir zu, das wäre Brendan Brown. Dann fiel ein Spotlicht auf eine Frau. Die australische Flagge wurde auf die Bildschirme projiziert, und die Frau sang die australische Nationalhymne. Alle erhoben sich und sangen mit. Ein altes Mikrofon, wie es früher bei historischen Events und mit Musiklegenden wie Elvis im Einsatz war, segelte langsam von der Decke in den Boxring hinunter, zu einem Mann mit weißem Hemd und schwarzer Fliege, der es entgegennahm und erneut einen Kampf ankündigte.

»Ladys and Gentlemen! Aaare you readyyy?!!!«

Die Menge tobte und sprang von den Sitzen.

Was ist denn hier los?, dachte ich.

Es herrschte eine Atmosphäre, als würde hier wirklich jeden Moment Mike Tyson oder Wladimir Klitschko hereinkommen. Die Spannung war schier unerträglich. Das Spotlight glitt hinüber zu einem stämmigen schwarzen Mann am Bühnenrand. Er sang voller Inbrunst den berühmten Song »Eye of the Tiger«, während ein weiteres Spotlight auf den mittleren hinteren Halleneingang gerichtet wurde, nur ein paar Meter von uns entfernt.

Und da kam er herein, Brendan Brown, mit schwarz-gelbem Boxermantel und roten Boxhandschuhen. Mit den Fäusten in die Luft schlagend, ging er durch den Mittelgang in Richtung Bühne, während ein Kameramann vor ihm herlief und ihn dabei filmte. Ich glaubte meinen Augen nicht zu trauen. Ein Prediger, der als *Boxer* auftrat?! Ich meine, wie krass war *das* denn? Wie oft passierte es, dass ein Prediger mit *Boxhandschuhen* zur Kirche kam? Ich hatte so etwas jedenfalls noch nie erlebt. Und das ausgerechnet jetzt, da Filo im Publikum saß, dessen ganzes Leben sich nur ums Kämpfen drehte! Ich war überwältigt. Es kam mir vor, als hätte Gott dieses Spektakel einzig und allein für Filo inszeniert, einzig und allein für ihn. Und er traf damit voll ins Schwarze. Filo beugte sich über Nina hinweg zu mir herüber und fragte mich völlig fasziniert:

»Ist der tatsächlich ein Kämpfer?!«

»Ich weiß es nicht«, antwortete ich. »Ich glaube schon!«

Und da wusste ich, in diesem Moment, als ich Filos kindlich leuchtenden Augen sah, dass Gott seine ungeteilte Aufmerksamkeit hatte.

Brendan betrat die Bühne, stieg in den Ring und boxte gegen einen roten Sandsack, den ihm sein Trainer hinhielt. Dann gab ihm der Trainer etwas zu trinken. Brendan wischte sich mit einem weißen Handtuch den Schweiß von der Stirn, spuckte in einen Eimer und stellte sich mit erhobenen Armen wie ein Sieger an den Rand des Boxringes, um vom Publikum gefeiert zu werden. Nach dieser Showeinlage zog er die Boxhandschuhe aus und begann mit einbandagierten Händen zu predigen.

»Als ich ein kleiner Junge war und auf dem Spielplatz zum ersten Mal meine Faust ballte und sie einem anderen Jungen ins Gesicht schlug, hat sich mein Spielplatz in ein Schlachtfeld verwandelt. Genau dasselbe ist mit Adam und Eva im Paradies passiert, als sie die verbotene Frucht aßen. Von diesem Moment an war die Welt kein Paradies mehr, sondern ein Schlachtfeld. In dieses Schlachtfeld sind wir alle hineingeboren, ob wir es wollen oder nicht. Und die Kämpfe, die wir kämpfen, sind nicht nur äußerlich. Die größte Schlacht findet in unserem Innern statt, in unseren Gedanken, in unseren Herzen. Wir wollen das Richtige tun und tun doch oftmals das Falsche. Ständig sind wir hin- und hergerissen zwischen Gut und Böse. Sogar der Apostel Paulus beschreibt diesen Kampf.« Brendan blätterte in der Bibel und las aus Römer 7 ab Vers 14.

Das Gesetz ist also gut, weil es vom Geist Gottes kommt. Ich aber bin als Mensch wie in die Sklaverei verkauft und werde von der Sünde beherrscht. Ich begreife mich selbst nicht, denn ich möchte von ganzem Herzen tun, was gut ist, und tue es doch nicht. Stattdessen tue ich das, was ich eigentlich hasse. Ich weiß, dass mein Handeln falsch ist, und gebe damit zu, dass das Gesetz gut ist ... Immer wieder nehme ich mir das Gute vor, aber es gelingt mir nicht, es zu verwirklichen. Wenn ich Gutes tun will, tue ich es nicht, und wenn ich versuche, das Böse zu vermeiden, tue ich es doch.«

Brendan klappte die Bibel zu und machte eine Pause.

»Paulus gesteht, dass ihn dieser innere Kampf schier zur Verzweiflung bringt«, fuhr er fort. »Geht es dir nicht auch so? Du willst gut sein, aber es gelingt dir einfach nicht, immer nur gut zu sein. Wie auch? Kein Mensch bekommt es hin, immer nur gut zu sein. Es ist dieser Urkampf, der damals im Paradies begonnen und die gesamte Menschheit wie Soldaten auf ein Schlachtfeld geworfen hat. Und sosehr du es dir auch wünschst, du schaffst es nicht, diese Schlacht zu gewinnen.«

Der boxende Prediger ließ seinen Blick über die Zuhörer schweifen: »Und jetzt kommt die gute Nachricht: Es gibt einen, der sie bereits für dich gewonnen hat. Er ist aus den Reihen der Soldaten hervorgetreten, um den eigentlichen Feind, den Teufel, in einem dramatischen Zweikampf herauszufordern. Und dieser mutige Held ist kein Geringerer als Gottes Sohn, Jesus Christus. Gott hat dem Teufel diesen Zweikampf schon im Paradies angekündigt. Er hat ihm geschworen, dass sein Sohn ihm den Kopf zertreten würde. Und genau das hat Jesus getan, vor zweitausend Jahren, als er am Kreuz auf Golgatha für all das, was du verbockt hast, starb. In dem Moment, als er am Kreuz ausrief: ›Es ist vollbracht!‹, hat er dem Teufel den Kopf zertreten. Er hat die Schlacht ein für alle Mal entschieden und dir damit die Möglichkeit gegeben, als Sieger vom Schlachtfeld zu gehen und ein völlig neues Leben zu beginnen. Du bist frei. Sofern du das willst.«

Brendan ging mit seinen einbandagierten Händen und seinem Boxermantel auf und ab. Er erläuterte, was dieses neue Leben in Freiheit bedeute: dass Jesus uns eine völlig neue Einstellung ins Herz legen würde, wie ein Paradies in Form eines Samenkornes. Das Schlachtfeld existiere zwar weiterhin, aber je mehr wir das Samenkornparadies in uns wässerten, desto mehr würde es sich über unser inneres Schlachtfeld ausbreiten. Alles, was wir tun müssten, sei, Jesus unser Schwert zu geben und aufzuhören, aus eigener Kraft einen Kampf zu kämpfen, an dem wir ohne seine Hilfe zerbrächen.

Zum Schluss bat Brendan diejenigen, die Jesus ihr Leben geben wollten, ihre Hand zu heben. Überall in der Halle gingen Hände nach oben. Natürlich wünschte ich mir, auch Filo würde seine Hand heben, was allerdings nicht geschah. Ich ließ mich deswegen nicht entmutigen. Dieser Abend war auch so schon grandios gewesen. Alles, von Brendans spektakulärem Auftritt als Boxer bis zu seiner Predigt, war derart präzise auf Filos Situation zugeschnitten gewesen, dass ich es noch immer kaum fassen konnte. Gott hatte zu Filo gesprochen, das stand außer Frage. Und irgendwann würde das Samenkorn, das heute in ihn hineingelegt worden war, aufgehen.

Nach dem Gottesdienst fragte ich Filo, ob es ihm gefallen habe. Ja, antwortete er. Draußen trafen wir uns wieder mit Jonathon und seiner Frau. Tja, und was dann kam, war die absolute Krönung des Abends, ein Schlussbouquet, wie es perfekter nicht hätte sein können. Das, was ich mir so sehr gewünscht hatte, traf ein: Das Eis brach.

»Und?«, fragte ich auch Jonathon. »Wie fandest du es?«

Der große Maori zuckte die Achseln. »Na ja, war irgendwie nicht so mein Ding«, gestand er offen. »Etwas zu verrückt für meinen Geschmack. Also, wenn *wir* Gottesdienst feiern, machen wir es uns für gewöhnlich einfach im Garten gemütlich und schmeißen ein paar Steaks auf den Grill.« Er blickte zu Filo. »Weißt du, was ich meine, Bro?«

»Yeah!«, sagte Filo sofort, und seine Augen hellten sich auf. Die beiden klatschten sich spontan ab, lachten, und in diesem Augenblick wusste ich, dass Jonathon Filos Herz erobert hatte. Er redete auch gleich munter weiter, so, als wären sie seit Jahren beste Kumpel:

»Als Damaris dir gesagt hat, dass sie ein Buch über dich schreiben wollte, da hast du sie bestimmt für verrückt gehalten, hab ich recht?«

»Yeah!«, nickte Filo und grinste. »Ich hätte mich totlachen können.«

»Glaub ich gern«, kicherte Jonathon so heftig, dass sich sein ganzer wuchtiger Körper schüttelte. »Du lebst in Mount Druitt, und eine Autorin will ein *Buch* über dich schreiben? Ein *Buch*?! Das *kann* ja nur ein Scherz sein. Ich meine, wer kommt denn nach *Mount Druitt*?!«

»Ja, Mann«, lachte Filo. »Nicht mal Superman wagt sich nach Mount Druitt!«

Sie bogen sich förmlich vor Lachen. Dann fragte Filo Jonathon neugierig: »Kann es sein, dass wir uns schon mal begegnet sind? Ich glaube, ich hab dich mal in Mount Druitt an einer Straßenecke gesehen, und du hast Gitarre gespielt. Aber du hattest lange Haare, bis zu den Hüften. Stimmt's?«

»Ja, stimmt genau!«, bestätigte Jonathon. »Ich hatte 'ne richtige Mähne. Musste sie leider abschneiden nach einer Messerstecherei. Üble Geschichte. Erzähl ich dir bei Gelegenheit.«

Ich hörte den beiden fasziniert zu. Es war einfach unglaublich, was sich da vor meinen Augen abspielte. Genau so hatte ich mir das Treffen zwischen Filo und Jonathon vorgestellt. Genau so! Ich hatte mich also nicht getäuscht. Die beiden waren aus demselben Holz geschnitzt. Die Chemie zwischen ihnen stimmte. Sie hatten denselben Humor, dieselbe Art, sich auszudrücken und die Dinge zu betrachten, denselben Slang, sogar denselben Kleidungsstil! Alles passte. Und es kam noch besser.

»Gehst du gern fischen?«, fragte Jonathon Filo.

»Ja, tu ich«, sagte Filo erstaunt.

»Ich auch«, sagte Jonathon. »Vielleicht könnten wir mal zusammen fischen gehen. Was meinst du, Bro?«

»Ja, cool, Mann!«, willigte Filo ein.

Er war wie ausgewechselt. So unbeschwert und fröhlich hatte ich ihn noch nie erlebt. Was für eine Wandlung seit unserem ersten

Zusammentreffen, als er mit tougher Miene, die Fäuste unter dem schwarzen »Infernal«-Kapuzenpullover vergraben, vor mir gestanden hatte. Ich erkannte ihn kaum wieder.

Ich unterbrach das Gespräch und fragte, ob wir vielleicht etwas zusammen essen gehen sollten. Aber Jonathon wollte lieber nach Hause. Da er ja nur fünf Minuten von Filo entfernt wohnte, erklärte er sich bereit, Filo und seine Freundin gleich mitzunehmen. Filo war damit einverstanden. Bevor sie gingen, bestand ich darauf, dass wir diesen einmaligen Moment noch fotografisch festhielten. Jonathon stellte sich neben Filo, legte ihm wie ein großer Bruder den Arm um die Schulter, und die beiden strahlten um die Wette in die Kamera. Es war ein unbezahlbarer Anblick, einfach überwältigend.

Nach dem Fotoshooting war es Zeit, Abschied zu nehmen. Ich umarmte Jonathon und dankte ihm, dass er gekommen war.

»Wär toll, wenn du mit Filo in Kontakt bleiben könntest«, sagte ich. »Ich glaube, er braucht jemanden wie dich.«

»Keine Sorge«, versprach Jonathon und zwinkerte mir zu. »Der Junge ist bei mir in guten Händen.«

»Ich weiß«, sagte ich. »Nochmals vielen Dank. Es war großartig, dich kennenzulernen, Jonathon.«

»Die Freude war ganz meinerseits, Damaris.«

Ich verabschiedete mich von Maria, dann von Nina und trat zu Filo. Ich umarmte ihn, auch wenn ihm das, glaub ich, etwas peinlich war.

»Danke, dass du mir deine Geschichte erzählt hast, Filo. Du hast mich echt beeindruckt.«

Filo lächelte etwas verlegen und wusste nicht so recht, was er sagen sollte.

»Gute Heimreise«, meinte er schließlich mit liebenswürdiger Stimme. »Pass auf dich auf.«

»Du auch«, sagte ich.

Jonathon blies zum Aufbruch, und er, Filo, Nina und Maria spazierten davon. Ich schaute ihnen nach und sah, wie Jonathon und Filo sich bereits wieder eifrig unterhielten, während sie in der Menge verschwanden. Ich war mir sicher, dies war für Filo der Beginn eines neuen Kapitels, einer neuen Freundschaft und vielleicht sogar einer Begegnung mit Gott. Und dass ich eine kleine Rolle in seinem Leben hatte spielen dürfen, bewegte mich zutiefst. Der Bursche war mir wirklich ans Herz gewachsen.

Mach's gut, Filo, dachte ich mit einem Lächeln auf dem Gesicht und blinzelte eine Träne weg. *Du wirst deinen Weg schon finden. Ich glaube fest an dich.*

ZUSATZINFORMATIONEN

2014

Etueni Nasau   ist heute achtzehn Jahre alt und lebt immer noch auf Atafu, Tokelau.

Filo Filo   ist heute neunzehn Jahre alt und lebt wie Samu in Mount Druitt, Sydney.

Samu Pelesa   ist heute ebenfalls neunzehn Jahre alt und lebt in Mount Druitt, Sydney.

Weder Samu noch Filo sind – abgesehen von den zwei Monaten nach ihrer Rettung – je nach Tokelau zurückgekehrt.

Tokelauische Begriffe und Namen

Aumaga   Truppe der arbeitsfähigen Männer.

Faipule   Oberhaupt der Insel.

Fale   traditionelles polynesisches Haus.

Inati   Verteilsystem des Fischfangs für das ganze Dorf.

Lavalava   Wickelrock.

Lomaloma   Name des Krankenhauses auf Atafu.

Lotala   Name des Versammlungshauses auf Atafu.

Motu   kleine unbewohnte Insel.

Palagi   Ausländer.

Taupulega   Ältestenrat.

Tautai   Meisterfischer.

Orte

Apia	Hauptstadt von Westsamoa; von hier aus fährt das Schiff nach Tokelau.
Atafu	Name des nördlichsten Atolls von Tokelau; hier leben Filo, Samu und Etueni. Als Atoll bezeichnet man ein ringförmiges Korallenriff.
Fakaofo	Name des südlichen Atolls von Tokelau.
Mount Druitt	Vorort von Sydney, in dem Filo und Samu heute leben.
Nukunonu	Name des mittleren Atolls von Tokelau.
Suva	Hauptstadt der Fidschi-Inseln.
Sydney	Einwohnerreichste Stadt Australiens.
Tokelau	Südseeinselgruppe bestehend aus den drei Atollen Atafu, Nukunonu und Fakaofo.

INFORMATIONEN ZUR AUTORIN

Damaris Kofmehls Homepage:
www.damariskofmehl.org

Damaris Kofmehls E-Mail-Adresse:
kofmehl@hotmail.com

Damaris Kofmehl

Der Dealer
Die Geschichte des Ricco Sotelo

Paperback, 13,5 x 20,5 cm, 304 Seiten
Nr. 395.432, ISBN 978-3-7751-5432-1

Ricco ist Aufseher in einem der brutalsten Gefängnisse Kaliforniens. Als ihm sein Cousin Simon ein unmoralisches Angebot macht, wechselt er die Seiten und steigt als Partner in einen Drogenring ein. Doch die Drogenbekämpfungsbehörde ist ihm auf den Fersen ...

Demetri Betts, Damaris Kofmehl

Wilder Himmelskrieger
Geheimnisse meines Lebens

Paperback, 13,5 x 20,5 cm, 368 Seiten
Nr. 395.591, ISBN 978-3-7751-5591-5

Demetri Betts, der ehemalige Straßenjunge, Transvestit und Drogendealer steigt aus und wird Pastor. Doch im August 2012 nimmt sein einziger Sohn sich das Leben. Demetri beginnt zu trinken und erleidet einen totalen Nervenzusammenbruch. Genau dort keimt neue Hoffnung auf.

Bitte fragen Sie in Ihrer Buchhandlung nach diesen Büchern!
Oder schreiben Sie an: SCM Verlag, D-71087 Holzgerlingen;
E-Mail: info@scm-verlag.de; Internet: www.scmedien.de